Dominik Graf, *Schläft ein Lied in allen Dingen*

Dominik Graf

SCHLÄFT EIN LIED IN ALLEN DINGEN

Texte zum Film

Herausgegeben von Michael Althen

Alexander Verlag Berlin

Dank an Doris Dörrie dafür, daß eines der schönsten Polaroids, die Helge Weindler aufgenommen hat, für dieses Buch verwendet werden durfte.
Dominik Graf

2. Auflage 2010

Alexander Wewerka, Fredericiastr. 8, 14050 Berlin
www.alexander-verlag.com
info@alexander-verlag.com
Lektorat/Redaktion: Katharina Broich und Christin Heinrichs
Satz und Layout: Antje Wewerka
Umschlaggestaltung: Antje Wewerka unter Verwendung eines Polaroids von Helge Weindler
Druck und Bindung: Interpress, Budapest

Printed in Hungary (February) 2010
ISBN 978-3-89581-210-1

INHALT

AMERIKA

ITALIEN

EPILOG

ANHANG

VORWORT

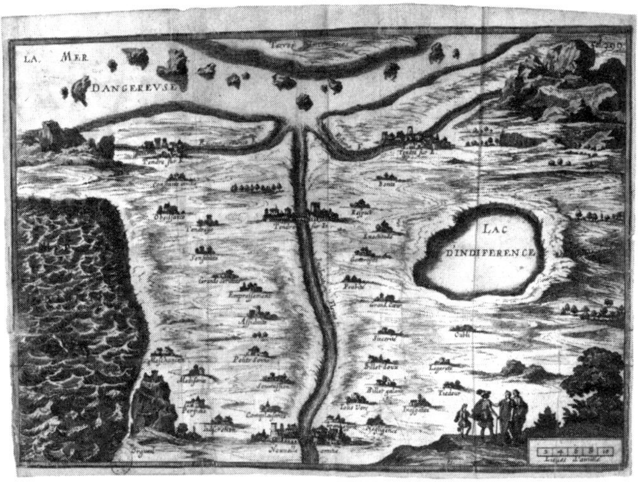

La Carte de Tendre von François Chauveau © wikipedia.fr

Stromschnellen im Fluß der Begeisterung

1654 erschien der erste Band des zehnbändigen Romans *Clélie, histoire romaine* von Madeleine de Scudéry, für den ein Illustrator namens François Chauveau die allegorische Karte eines fiktiven Landes gezeichnet hat, die sogenannte »Carte de tendre«, in der er ein Reich der Liebe entwirft, wo die Leidenschaft gebändigt und im Stil des galanten Barocks in einen Gleichklang der Seelen überführt wird. Eine Art zärtlicher Geographie wird darin erfunden, in der ein Fluß namens Neigung von einem Städtchen namens Neue Freundschaft in Richtung des gefährlichen Meeres der Leidenschaften fließt und dabei Orte wie Indiskretion oder Perfidie links liegen läßt, während Vernachlässigung und Vergessen rechts angesiedelt sind. In Westen liegt das Meer der Feindseligkeit, im Osten der See der Gleichgültigkeit, aber nordwärts befinden sich Respekt, Güte und Zärtlichkeit.

So muß man sich diese Textsammlung von Dominik Graf vorstellen: Sie entwirft eine zärtliche Geographie des Kinos, eine Landkarte filmischer Zuneigungen, die in der Tat in ein Meer der Leidenschaften münden, dabei aber gerne den Umweg über Vernachlässigung und Vergessen nehmen. Denn diesen Filmen gilt Dominik Grafs besondere Zärtlichkeit. Da entwickelt er geradezu einen Verteidigungsfuror, der fürs Kino nicht nur ein Recht aufs Scheitern einfordert, sondern geradezu eine Pflicht. Als fände es seine wahre Bestimmung nur dort, wo es sich quer zu den herrschenden Vorlieben stellt. Das ist so ungewöhnlich nicht: Auch die Männer von der Nouvelle Vague haben ihr Verständnis vom Kino damit befeuert, daß sie inmitten amerikanischer Dutzendware auf einmal eine Handschrift, einen Stil freilegten. Und auch die Autoren des Neuen Deutschen Kinos haben erst einmal auf jene Filme reagiert, die eigentlich verpönt waren.

Das ist nur ein wenig aus der Mode gekommen, daß man sich querlegt zum mittlerweile allumfassenden Konsens, der in seiner popkulturellen sophistication glaubt, er habe alles, auch das Unmögliche schon mitgedacht. Bei Dominik Graf kann man lernen, daß das keineswegs der Fall ist, daß unsere blinden Flecken größer sind, als wir glauben, gerade und besonders in jenen Bereichen, die wir schon abgehakt glaubten.

Daß Regisseure über Film nachdenken, scheint eine Selbstverständlichkeit – daß sie aber tatsächlich auch darüber schreiben, ist eine Ausnahme. Dabei wäre die französische Nouvelle Vague ohne das Schreiben über Film nicht denkbar gewesen. Godard, Truffaut, Rohmer, Rivette – sie alle haben zum Filmemachen gefunden, nach- und indem sie übers Kino geschrieben haben. Auch die Regisseure des Neuen Deutschen Films haben ihr Schaffen stets mit Texten begleitet, in denen sie ihre Vorbilder reflektierten: Fassbinder über Sirk, Schlöndorff über Melville, Wenders über Western. Die Generation, die dann folgte, wirkte, was das Kino angeht, oft etwas geschichtsvergessen. Es gibt nur wenige deutsche Regisseure der Gegenwart, die sich schriftlich mit ihren Vorlieben auseinandersetzen – allenfalls Petzold und Tykwer –, und eigentlich nur einen, der das so kontinuierlich tut: Dominik Graf. Er hat mit *Die Katze* das deutsche Kino wieder spannend gemacht, ist mit *Die Sieger* spektakulär gescheitert und hat dann im Fernsehen die Freiheit gefunden, jene Handschrift zu entfalten, die einen Autor ausmacht. Parallel hat er eigene Arbeiten gespiegelt in seinen filmischen Vorlieben und Vorbildern und hat sich einen Horizont erschrieben, vor dem er die eigenen Arbeiten verstanden wissen will.

Als er einen Text über Robert Aldrich schickte, schrieb er: »Neulich sagte oder schrieb jemand, daß ich mit meinen Artikeln meine eigene Filmographie legitimieren will … Hmmm. Kann sein. What's wrong with that?« Natürlich ist daran nichts Falsches, sondern es ist der Idealfall. Es ist geradezu eine Voraussetzung für Autorenschaft heute, sich der Traditionen bewußt zu werden, in denen man steht oder in die man sich stellen will, sich im Einklang oder in Opposition zu befinden – und nicht das Filmemachen, wie es leider viel zu oft der Fall ist, als voraussetzungslosen Abenteuerspielplatz zu begreifen, in dem man sich nur durch learning by doing fortbewegt.

Wenn einer schreibend zurückblickt wie Graf, dann versucht er natürlich Muster zu erkennen, die sich aufs eigene Schaffen anwenden lassen. Wobei das nächstliegende Muster das Arbeiten im Genre ist, das schon die Nouvelle Vague gepriesen hat und das in gewisser Weise seither den Traum vom Filmemachen geprägt hat, gerade weil es in dieser Konstanz nur im amerikanischen Studiosystem möglich war – und nirgendwo weniger als in der heutigen deutschen Filmlandschaft. Graf hat darauf reagiert – und dreht seither vorwiegend fürs Fernsehen, wo er sich Mal um Mal genau jenen Raum erkämpfen kann, wo jenseits der Verkaufsargumente der Kinobranche eine Freiheit möglich ist, die auf die Zwänge von Formaten angewiesen ist. Daß ein Film wie *Das Gelübde* keinen Platz mehr im Kino findet, spricht nicht gegen den Film; und daß ein Film wie *Eine Stadt wird erpresst* mehr über ostdeutsche Gegenwart und Vergangenheit erzählt als das, was man aus dem Kino kennt, spricht nur gegen das Kino. Genre bedeutet ja, wenn man weiß, was man tut, gerade nicht Beschränkung auf Eingefahrenes, sondern die Möglichkeit, den Blick zu öffnen für das, was abseits der ausgetretenen Pfade liegt. Ohnehin interessiert Graf nicht das Abgezirkelte, das Kalkül, das in seiner Pfiffigkeit schon wieder kanonisierte Spiel mit den Vorbildern, wie es etwa Tarantino und seine Spießgesellen betreiben, sondern das Lebendige, das Körperliche, das Unberechenbare, das irgendwann beim Übergang der Siebziger in die Achtziger verloren gegangen ist. Und das findet er eben nicht nur bei jenen, die sich das auf die Fahne geschrieben haben, wie die Nouvelle Vague und das New American Cinema, sondern eher an deren Rändern, also eher bei Eustache und Pialat als bei Godard und Truffaut, eher bei Penn und Ritchie als bei Scorsese und Coppola, und sowieso eher bei den erwachsenen Späßen von George Roy Hill und Robert Aldrich als bei den kindlichen Allmachtsphantasien von Spielberg und Lucas. Dies ist also ein Buch, das darauf beharrt, daß es ein Kino vor und neben dem *Weißen Hai* und *Krieg der Sterne* gab, schon deshalb, weil es damals um Männer und Frauen und nicht nur um Jungs und ihre Ängste ging.

Genre ist natürlich eine romantische Idee vom Kino, die es auf jenes Handwerk zurückführt, das die Autorenpolitik scheinbar abgelöst hat, auf das diese aber genauso angewiesen war. Die Arbeit mit den Schauspielern, das Nachdenken über die Mise en scène, die Entwicklung der Stoffe sind eben auch immer ein Handwerk, das von der Routine profitiert, weil nur so persönlicher Ausdruck möglich wird, wenn man sich auf die Arbeit der Regie konzentrieren kann. Routine ist aber genau das, was im deutschen Film kaum möglich und für Graf nur im Fernsehen realisierbar ist. Seine Filme bleiben trotzdem Filme, weil sie eine Handschrift besitzen, die nicht vom Format abhängig ist. Und seine Erkundungen in die Filmgeschichte gehen gerne dorthin, wo Leute versucht haben, dem System, der Routine, den Zwängen, selbst im Scheitern etwas abzuringen, was man Stil nennen kann. Bei der Beschäftigung mit dem deutschen Film mündet das einerseits in radikale Sympathien für Klaus Lemke und Wolfgang Büld, aber auch in die Auseinandersetzung mit der Überfigur Fassbinder, die erstmal auf Normalmaß zurechtgestutzt werden muß. Bei den Engländern sind es Figuren wie

Roeg und Figgis, die immer wieder ihre Erfolge zur Auseinandersetzung mit dem System genutzt haben. Bei den Franzosen ist die Nouvelle Vague stets von der Selbstgefälligkeit bedroht, während der vermeintlich bourgeoise Claude Sautet für Überraschungen gut ist, und bei den Italienern mündet Rossellinis Radikalität in die Selbstzerfleischung durch Giallo und Zombiefilm – unter Umgehung von heiligen Kühen wie Pasolini und Fellini. Man könnte das noch fortführen, wie Graf den unbekannten frühen Andrzej Wajda gegen den kanonisierten späten ausspielt, aber es läuft immer auf dasselbe hinaus: Man wird bei ihm nicht finden, was die Feuilletons als Terrain längst abgesteckt haben, sondern immer eine bohrende Neugier entdecken auf Gegenden, die in Vergessenheit geraten, in Ungnade gefallen, aus dem Blick geraten sind. Und zwar nicht nur aus Trotz. Aber auch aus Trotz. Weil, wenn es etwas gibt, was das Kino heute dringender als je zuvor braucht, dann ist es dieser Trotz. Diese Eigenwilligkeit. Diese Verweigerung. Zoom statt Kranfahrt. Achselhaar statt Stromlinienförmigkeit. Und das Tollste ist, daß diese Vorlieben durch seine Filme gar nicht unbedingt gedeckt sind. Daß dabei die Vorbilder nie kopiert werden, sondern präsent sind als Folie, vor der sich seine Methoden beweisen müssen. Daß jemand Bezug nimmt, ist ein geläufiges Mittel heutzutage, aber daß er sich seinen eigenen Reim darauf macht, ist eine Ausnahme, die man immer nur aus anderen Kinematographien kennt.

Wenn ein Regisseur über Film schreibt, dann heißt das aber auch, daß sein Fokus unberechenbar ist. Als Redakteur bestellt man bei ihm keine Texte, sondern wartet, was kommt. Die meisten Regisseure haben bei der Arbeit gar keine Zeit, sich mit der Arbeit von Kollegen auseinanderzusetzen, und auch bei Graf ist das keine geregelte filmhistorische Annäherung. Wohin das Interesse wandert, läßt sich selten absehen. Mal hat man den Eindruck, es begleitet seine Arbeiten, mal braucht er den Gegensatz. Mal ist es der italienische Horrorfilm der Siebziger, der ihn voranbringt, mal die Auseinandersetzung mit den Klassikern, mal die Beschäftigung mit dem Ostblockkino. Und natürlich ist das auch gelenkt durch die Aufarbeitung der Filmgeschichte durch das Medium DVD. Wo früher für Regisseure Filmgeschichte aus dem bestand, was sie im Kino gesehen hatten, ehe sie sich für den Beruf entschieden haben, da ist heute theoretisch alles oder zumindest mehr als je zuvor zu Hause verfügbar. Auch von diesem Vergnügen berichtet dieses Buch: sich durch die Online-Angebote durchzuklicken, auf Filme zu stoßen, von denen man sich früher nie hätte träumen lassen – und schon deswegen hat das festgeschriebene Programmkino-Repertoire wenig Chancen gegen den schweifenden Blick des Internet-Flaneurs. Nicht alles, aber immer mehr ist verfügbar – und das führt zu einem anderen Sehen als früher, da man auf Kinematheken oder Kindheitserinnerungen angewiesen war, auf gemeinsame Kino-Erlebnisse und vereinzelte Entdeckungen. Heute ist alles immer da, und schon deswegen unterscheidet sich Grafs Auswahl von der Nouvelle Vague und dem Neuen Deutschen Film. Wo man früher immer Jahre warten mußte, bis eine Kinemathek eine Retro veranstaltete oder ein Fernsehsender sich erbarmte, da ist man heute nur einen Klick von jenen Kontinenten entfernt, die es zu entdecken gilt. Ein Klick, um ungarische Filme aus England zu bestellen. Um französische Filmmusiken verfügbar zu haben. Um koreanische Billigkopien von amerikanischen Prestige-Editionen zu ordern. Und insofern ist das ein Buch, das jener neuen Verfügbarkeit der Filmgeschichte Rechnung trägt wie der Unberechenbarkeit der Vorlieben. Wo früher, was Filme angeht, die Erziehung der Herzen an die Biographie geknüpft war, da ist sie heute und morgen nur noch Wille und Vorstellung.

Hinter diesen Texten steht also jene rare Leidenschaft, der Filmgeschichte habhaft zu werden, die nicht immer auf direktem Weg zum Ziel führt, wie man an folgender Mail sehen kann:

»Bei dem Cammell-Buch, das gestern ankam, dachte ich, es sei eine alte Bestellung von mir selber, die ich vergessen hatte! Wirrnis in meinen Bestell-Orgien. Hab kurz angefangen drin zu lesen, spürte den Sog, war dann aber durch die Mischung des letzten Films zu sehr abgelenkt. Hab mir trotzdem noch eine US-DVD mit der Doku über Cammell bestellt. Vielleicht gibt mir das den Kick, auch noch mal was über ihn zu schreiben.«

Der »Kick zu schreiben« ist ein Impuls, der etwas aus der Mode gekommen ist, aber natürlich der Autorentheorie innewohnt. Die Aufgabe, vor die einen Grafs Werk stellt, besteht darin, diesen Impuls mit seiner Neigung zum Genre zu versöhnen. Und dieser Impuls ist es auch, den es hinter diesen Texten sichtbar zu machen gilt. Also etwa so:

»Wie wäre es, wenn ich zum 50. Jahrestag des Ungarischen Volksaufstandes einen DVD-Artikel zu Filmen von Miklós Jancsó, Márta Mészáros und vielleicht noch zu einem Film von Károly Makk schreibe? Ich hab gerade angefangen, das Ostblock-Kino zu entdecken, unglaublich, bin total begeistert, bislang am schönsten *Adoption* von Mészáros, 1975, Schwarzweiß, Goldener Bär 1975 oder '76, aber natürlich inzwischen längst vergessen. Die DVDs gibt's alle wieder nur im Ausland ...«

Oder so:

»Gestern zum ersten Mal seit Jahren einen der alten Chabrols angesehen. *Die Unschuldigen mit den schmutzigen Händen*. Sicher nicht sein bester Film, aber mammamia, was für ein freches, böses Ding! Wäre das auch eine DVD-Kritik wert oder hattet ihr den schon? Sind ja ganz maue digitale

Abtastungen und kaum was an Extras, aber ich ahne schon nach dem ersten Film einen ziemlichen Wiederentdeckungswert. Romy Schneider, Rod Steiger, die Côte d'Azur, schon die erste Szene mit einem roten Drachen, den ein Nachbar auf der nackt im Garten liegenden Romy landen läßt, haut einen um.«

Oder einfach nur so:

»Ich würde gern was über die unglaublich komplizierten Paare von Remarque schreiben. Was hältst Du davon?«

Als Redakteur träumt man davon natürlich: Ostblock, Chabrol, Remarque. All diese Themen, die durch keine Aktualität gedeckt sind, veredelt durch die Beschäftigung eines namhaften Regisseurs. Das muß genügen. Und das tut es natürlich auch, weil man immer hofft, an dieser Schnittstelle zwischen Sehen und Schreiben etwas von dem zu erfassen, was Kino ausmacht. Denn daß ein Regisseur sein Sehen überhaupt reflektiert, ist die Ausnahme. Vielleicht tun sie das alle, aber wenige schreiben darüber – und wenn man sich bei Graf dem Fluß seiner Sprache überläßt, dann weiß man auch, warum er seine Filme so macht, wie er sie macht – woher ihre Lebendigkeit und Unbedingtheit rührt und woher ihre Zärtlichkeit und Zugeneigtheit.

Truffaut hat gesagt, Filme machen heiße, schönen Frauen bei schönen Dingen zuzusehen – und natürlich steht auch bei Graf der verliebte Blick immer wieder am Anfang der Beschäftigung mit Film:

»A propos Starlets der Vergangenheit: Bin gerade an Tina Aumont dran. Habe *Die Affäre Murri* gekauft, einen ziemlich faszinierenden Bolognini-Jahrhundertwende-Upperclass-Thriller à la *Innocente*, mit Deneuve und Giannini und Rey, aber sanft, weich und böse wie die Italiener halt so sind... und eben dieses irre *Lifespan* mit Kinski, das ich schon kannte. Und eine ziemlich gute *Carmen*-Version als Western mit Franco Nero. Auch wieder Kinski mit dabei und Aumont als Carmen. Vor zwei Jahren ist sie gestorben. Mit gerade mal 60. Tochter von Jean-Pierre Aumont aus der *Amerikanischen Nacht*. Anbei die Morricone-Titelmusik der *Affäre Murri*. Vielleicht muß man den Film dazu sehen, vielleicht spürst Du auch schon von der Musik her, wo der Hase läuft: Deneuve und Giannini als Geschwisterpaar in Bologna 1902 – der Bruder ermordet aus Liebe zur Schwester deren schrecklichen Ehemann. Und als seine leidende, sich ihrem Freund Giannini quasi unterwerfende Geliebte: Tina Aumont. Drei wunderschöne Menschen, die gleich in der Anfangsszene zusammen sind. Giannini und Aumont lieben sich dabei, Deneuve kommt rein, setzt sich daneben und redet mit ihnen über ihre beschissene Ehe, so als wären sie gemeinsam beim Nachmittagstee … Das Ganze wird dann sehr dramatisch und traurig.«

Das wäre dann auch schon wieder so ein Text, den man gerne gelesen hätte, aber aus dem dann nichts wurde, weil manchmal das Interesse weiterwandert, ehe es sich zu einem Text verdichtet hat, oder weil das eigene Arbeiten dann wieder die Überhand gewinnt. Das macht aber nichts, weil das Sehen auf DVD, bei dem man seinen Impulsen folgen kann, eben auch von solchen Kurzschlüssen lebt, bei denen kurz etwas funkt und dann aber die Leitung tot ist. Das ist schon auch ein verdammtes Paradies, durch das man sich da bewegt, wo man plötzlich Erinnertes und Erträumtes zur Deckung bringen kann, Gesehenes und Ersehntes. Und in Dominik Graf hat das Deutsche Kino den Mann gefunden, der sich durchs Filmemachen nicht daraus vertreiben lassen will. Und vielleicht ist es genau das, was dem deutschen Kino so oft fehlt: Daß man den Filmen ansieht, daß sie aus Liebe zu anderen Filmen, zum Kino entstanden sind. Denn Kino ist nicht nur das, was alle gern dafür halten, sondern das, was es zum Leuchten bringt, wenn man es wirklich liebt.

Um aber auf den Boden des Kinoalltags zurückzukommen, vielleicht noch ein Zitat aus einer Mail von Dominik Graf:

»Letztes Jahr in Hof hatte ich beim Nachhauseweg ins Hotel plötzlich einen Hofer Lehrer an meiner Seite, der mir nach wenigen Worten unbedingt mitteilen mußte, daß er meine Artikel immer irgendwie rhythmisch daneben findet, Satzbau, Länge der Sätze usw. Ich hab mich entschuldigt, indem ich sagte, daß ich immer ein bißchen so schreibe, wie ich vielleicht auch einen Vortrag halten würde, also eben im Redefluß, weil mich die Begeisterung dann davonträgt. Das hat ihn aber nicht überzeugt.«

Der eine oder andere möge sich hier vielleicht trotzdem davontragen lassen vom Fluß der Begeisterung, der ins gefährliche Meer der Leidenschaften weist. Denn ansonsten ertrinkt man im See der Gleichgültigkeit …

Michael Althen

PROLOG

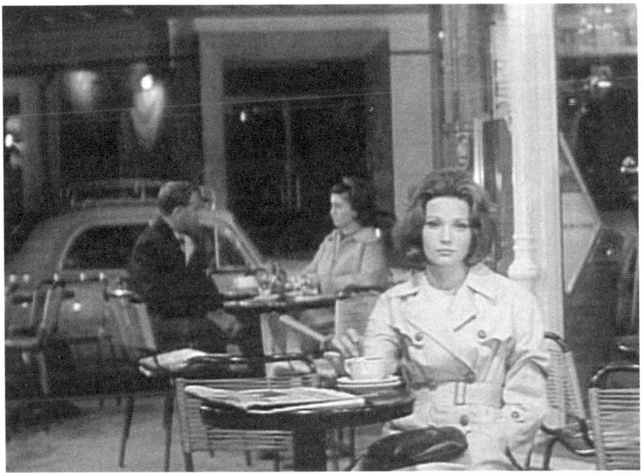

L'Ainé de Ferchaux von Jean-Pierre Melville © Studio Canal

Für eine Unbekannte

Ein Mädchen sitzt an einem Herbstabend in Paris in einem Café und wartet auf ihren Freund. Der stellt sich ein paar Häuser weiter auf eine Zeitungsannonce hin gerade bei einem reichen Bankier vor. Für eine Stelle als Privatsekretär. Es ist jetzt schon dunkel. Sie kann sich nichts zu trinken bestellen, denn er hat das ganze Geld bei sich. Und er hat ihr nichts dagelassen, obwohl sie ihn darum gebeten hatte. Mit dem Geld ist es bei den beiden an diesem Tag ohnehin so eine Sache: Gestern Abend hat ihr Freund wieder einen Boxkampf verloren. Es war seine letzte Niederlage, denn er wird nicht mehr im Ring stehen. Niemand will ihn mehr dort sehen. Er hat keine Zukunft. Also haben die beiden heute alles verkauft, was sie nicht unbedingt benötigen. Unter anderem ihre Wintermäntel.

Und nun sitzt sie in einem hellen, zu dünnen Regenmantel in dem Café und wartet. Ihr Gesicht ist weiß, umrahmt von lockigem dunklem Haar. Es wirkt ab und zu wie überbelichtet fotografiert – und manchmal wirkt es fast ein wenig leer.

Am Morgen des Tages sahen wir sie im Bett liegen. Es war schon fast Mittag. In einem weißen Bett in der kleinen Pension, in der die beiden seit Wochen wohnten und aus der sie sich später mit seinem einzigen Koffer und ihrer einzigen Tasche heimlich weggeschlichen haben, um die Rechnung nicht bezahlen zu müssen. Jedenfalls lag sie da morgens im Bett auf dem Bauch, und man sah einen Bikinistreifen auf ihrem Rücken, übrig geblieben vom letzten Sommer. War seine Liebe zu ihr im Sommer noch intakt?

Wie auch immer – nun wartet sie auf ihn. Ihr Gesicht drückt Zuversicht aus: Er wird gleich kommen. Heute morgen war er etwas roh, nachdem er hart den Vorhang aufgeschoben und sie geweckt und ihr Halsband abgerissen hatte.

Auch das wollte er versetzen. Abends im Café, bevor er zu seinem Vorstellungsgespräch ging, gab er ihr die Kette jedoch zurück und sagte, er habe es beim Juwelier nicht über sich gebracht, sie zu verkaufen. Sie freute sich und küßte ihn und sagte: »Ich wußte es, du kannst es nicht verkaufen. Ich kenne dich ...« Aber er hatte gelogen. Der Juwelier hatte die Kette nämlich nicht angenommen. Wollte ihr Freund sie nicht verletzen? Ihr nicht sagen, daß der Juwelier die Kette ihrer verstorbenen Mutter für so wertlos befunden hatte? Dann war das jedenfalls seine letzte freundliche Geste für sie.

Nun sitzt sie also im Café. Autos fahren vorbei. Aber sie sieht nicht hin, sie blickt auf den Gehsteig. Und sieht nicht, daß in einem davon, in einem großen dunklen Taxi, ihr Freund sitzt. Gemeinsam mit dem verbrecherischen alten Bankrotteur, dem berüchtigten Bankier, dessen Privatsekretär er nun ist. »Sind Sie frei? Können Sie Frankreich sofort verlassen? Heute abend?« hatte der ihn gefragt. Der junge Mann hatte ohne zu zögern bejaht. »Haben Sie eine Familie? Eine Frau? Eine Geliebte?« Der junge Mann hatte sofort verneint: »Ich hole nur noch meinen Koffer. Ich bin sofort wieder da.« Und er war zurück ins Café gegangen, hatte im Rücken seiner Geliebten schnell den Koffer hinter der Theke geholt und sich verdrückt. Mit ihrem schönen, weißen Gesicht hatte sie währenddessen hoffnungsvoll weiter in die Richtung geschaut, aus der sie ihn zurückerwartete.

Und jetzt fährt er im Auto an ihr vorbei. Das Café inzwischen halb leer. Zwischen den wenigen Menschen sitzt sie, weiter wartend. In ihrem hellen, zu dünnen Mantel. Ein letzter Blick. Sie wird noch lange warten an diesem Herbstabend. Denn sie denkt ja, sie kenne ihn, und er werde sicher zurückkommen. Dann, später, wird sie vielleicht irgendwann fürchten, es sei ihm etwas passiert. Sie wird vielleicht die Polizei benachrichtigen? Die Krankenhäuser abklappern? In den Leichenhallen der Riesenstadt Paris wird sie vielleicht in den nächsten Tagen Tote sehen? Froh sein, daß er nicht darunter ist. Aber bald auch nicht mehr ganz so froh sein, daß sie so gar nichts mehr von ihm findet, kein Überbleibsel, keine Nachricht. Und dann wird sie irgendwann plötzlich wissen, daß er sie an diesem Abend verlassen hat. Und sie wird weinen, wenn sie an ihre Hoffnung denkt, die sie in jenem Moment noch hatte, in diesem Café.

Sie dachte, sie kenne ihn. Sie kannte ihn nicht.

Wo wird sie heute übernachten? Wie geht es weiter in ihrem Leben? Der nächste Mann wird es wohl schwer haben, zu ihrem Herzen vorzudringen. Denn es wird sicherlich vor Enttäuschung verschlossen sein.

»This is the way we make the broken hearts«, heißt es bei Ry Cooder.

Jetzt, in diesem Moment, steht ihr Herz noch offen für den Geliebten. Sie sieht so schutzlos aus, als die Geschichte sie verläßt – als die Kamera grußlos mit einem Blick aus einem dunklen Taxi an ihr vorüberfährt …

Es ist das Ende der Exposition. Nun kann der Film erst richtig beginnen.

Er stammt von Melville: *L'Aîné des Ferchaux*, zu deutsch: *Die Millionen eines Gehetzten*, nach einem Roman von Simenon. Melville war ein einzigartiger B-Movie-Regisseur, ein absoluter Meister des Thriller-Genres. Nach außen hin sind seine Filme schweigsame Maskenspiele. Sie vertrauen nicht dem üblichen Getobe und den bekannten Grimassen der Schauspieler, die ihren Rollen Identität und Emotion verleihen wollen. In Melvilles Filmen verbinden sich vielmehr die unterirdischen Flüsse in den Charakteren und in den Biographien seiner Figuren zu einem überzeugend naturgetreuen Abbild der Menschen und ihres Lebens.

Immer ist mir dieses Mädchen im Gedächtnis geblieben. Wie eine rührende Szene, die man im Leben als unbeteiligter Zeuge miterlebt hat. Dabei ist sie nur eine Nebenfigur des Films. Daß sie tragisch sein könnte, sagt schon die erste Kamerabewegung, die sie einfängt, am Abend zuvor beim Boxkampf, während der Anfangstitel. Die Kämpfer wärmen sich noch auf, da fährt die Kamera aus dem Ring auf sie zu, die nervös in der hintersten Reihe der Zuschauer sitzt. Als habe ihr Freund ihr keinen Platz direkt am Ring gegeben, wo die Frauen der Boxer sonst sitzen. So als schäme er sich für sie. Die Hände in den Taschen des Mantels sitzt sie genauso da wie später im Café. Und weil so viele Zuschauer um sie herum sitzen und weil Melville aber mit der Kamera nicht näher an sie heranfahren wollte, macht er sie für uns kenntlich, indem er sie in ein helleres Licht setzt als ihre Umgebung. Dieser kleine Spot auf ihrem gespannten, mitfühlenden Gesicht, auf ihrem hellen Mantel, läßt sie fast wie eine Erscheinung aussehen. Als sei sie schon nicht mehr wirklich da …

Der Boxer wurde von Jean-Paul Belmondo gespielt. Die Schauspielerin – Malvina Silberberg – ist unbekannt geblieben. Sie ist verschwunden, so wie ihre Figur aus diesem Film verschwindet. Aber ihre Episode erinnert mich immer daran, was Film zu erzählen vermag.

DEUTSCHLAND

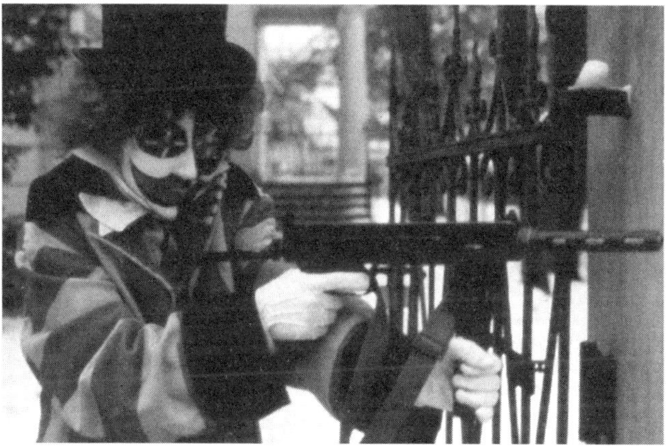

Die dritte Generation von Rainer Werner Fassbinder © Kinowelt

Arme deutsche Filmseele: Nicht befreit

Der Gang in die Nacht von Friedrich Wilhelm Murnau, 1921

Das erste Drittel dieses Films ist ein Wilhelminisches Sittendrama. Berühmter Augenarzt wird von Nachtclubsängerin verführt. Er verläßt daraufhin seine zuvor lange angebetete Jugendfreundin und zieht mit dem Varieté-Luder auf eine Hallig, um dort zu forschen und zu praktizieren.

Nach dreißig Minuten tritt Conrad Veidt auf, und zwar als blinder Maler, der auf diese Hallig, seine Heimat, zurückkehrt. Es ist das bekannteste Bild des Films: Veidt wird stehend auf einem Boot an Land gerudert, hinter ihm eine unendliche Meereslandschaft, starr sieht er ins Nichts, uns entgegen.

Der Film scheint jetzt, mit Beginn des zweiten Drittels, in seinem eigentlichen Genre angekommen zu sein. Ein Zombiefilm, der sich gewissermaßen selbst aus dem Sittenmelodram herausgefiltert hat. Und wie bei einem Dämon, der einem ausgesaugten Wirtskörper entsteigt, zeigt Murnau in den nächsten vierzig Minuten, was ihn an dem Stoff wahrscheinlich begeistert hat: der blinde Maler wird von dem genialen Arzt geheilt. Als der Maler sehen kann, verliebt er sich aber unglücklicherweise sofort in die Nachtclubsängerin. Die war von ihm schon vorher sehr beeindruckt, als er kurz nach seiner pittoresken Ankunft in einer fantastischen Einstellung am helllichten Tag blind an ihrem Zaun vorüberschritt; im Hintergrund dieses Bildes grasten Kühe in der Sonne. Die Frau blickte ihm berührt und verunsichert nach. Selten war ein gleißend helles Tagbild so dunkel. Der Arzt wird zwar nun rasend vor Eifersucht, er hat aber der Macht der Emotionen der beiden nichts entgegenzusetzen.

Am faszinierendsten in diesem Mittelstück des Films ist wohl der Prozeß der Heilung des Blinden: Der Maler liegt mit einer Binde über den Augen zu Hause auf seinem Bett, und der Arzt gibt die Anweisung, die Binde erst um sechs Uhr abzunehmen. Bis dahin, bis zu diesem großen Moment, an dem alle erfahren werden, ob der Maler wieder sehen kann oder nicht, entfacht Murnau nun ein tolles mystisches Zusammenspiel von Schicksal und Natur. Sturm kommt auf. Das Meer wogt in großartigen Totalen, die schon beinahe aussehen wie in *Tabu*. Der Blinde wartet starr und allein unter seiner Binde auf den großen Augenblick. Die Nachtclubtänzerin hopst einsam und irgendwie etwas albern verführerisch im gemeinsamen ärztlichen Haushalt herum, aber der Sturm reißt die Fenster auf und läßt auch sie erschauern vor dem Kommenden. Der Arzt seinerseits hat an diesem Tag einen Brief erhalten, in dem steht, daß seine Ex-Freundin zu Hause inzwischen vor Kummer ernsthaft krank sei. Ebenso einsam wie die beiden anderen Figuren des Dreiecks quält er sich bis sechs Uhr mit Schuldgefühlen und unbestimmter Sehnsucht nach der Reinheit seiner Jugend-Geliebten.

Sechs Uhr abends oder morgens bleibt bei all dem etwas unklar, die Bilder könnten ebenso einen stürmischen dunklen Tag erzählen wie auch eine stürmische Nacht. Das Wunder geschieht dann jedenfalls, der Maler kann um Punkt sechs Uhr wieder sehen. Übrigens passiert dies alles nahezu ohne Zwischentitel. Großartig, diese Spezialität Murnaus, wie er gerade seine gewaltigsten Szenen nicht stummfilmtypisch beschriftet.

Der Arzt fährt am nächsten Tag in die Stadt, besucht seine Ex-Freundin, wird aber zu ihr nicht vorgelassen. Als er am Abend zerknirscht auf die Hallig zurückkehrt, ist das Unglück schon passiert: Maler und Sängerin haben sich getroffen, sozusagen zum ersten Mal wirklich gesehen, sich »erkannt« und unsterblich ineinander verliebt. Das erklären sie dem Arzt auch sogleich nach seiner Rückkehr, als er sie bei einem Spaziergang in den Dünen stellt. Wieder so ein irrer

Moment: eine halbnahe Dreier-Einstellung, die beiden frisch Verliebten links im Bild, der schon allein gelassene Arzt rechts. Das Gesicht des Arztes entgleist in absurdem Entsetzen ob der Liebesnachricht. Die beiden Verliebten hingegen halten sich umfangen und sehen dem Eifersüchtigen bei seinem Leid zu, so als hätten sie ihm gerade Gift eingeflößt und warteten nun gespannt und gleichzeitig angewidert auf die Wirkung. Der Arzt rennt von den beiden fort und irrt dem Wahnsinn nahe durch die Dünen.

Der letzte, der dritte Teil ist dann eine bizarre Kammeroper: Monate später erscheint die Sängerin schuldbewußt in der Praxis des Arztes, weil der Maler nun offenbar erneut erblindet. Sie bittet ihren Ex-Geliebten, ihrem neuen Geliebten nochmals zu helfen. Der Arzt – nach wie vor von Leidenschaft, Eifersucht und Rachedurst zerfurcht – verspricht es ihr, aber nur unter einer diabolischen Bedingung: daß sie sich das Leben nimmt. Weil er so unendlich leiden muß unter ihrer Untreue. Und sie hält sich auch noch prompt an die Abmachung. Die beiden Männer – Maler und Arzt – finden sie nach erfolgter Heilung tot zu Hause auf dem Diwan. Beide verzweifeln. Der eine an sich selbst und an der Verwerflichkeit seiner Rachegefühle, der andere am Schicksal: »Jeder des anderen Vampyr.« (Enno Patalas)

Vielleicht sollte Lars von Trier ein Remake dieses ursprünglich dänischen Stoffes in Erwägung ziehen. Man könnte aber auch sagen, daß *Der Gang in die Nacht* Murnaus Variante des *Professor Unrat* ist, wobei das Ganze ins Mythologische überhöht und mit Elementen des Zombiefilms gekreuzt wurde.

Der deutsche Film ist ja gern in Feierlaune und holt dabei stets dieselben alten Prachtstücke aus der Kiste, um sie als Urahnen und Zeugen seiner Triumphe neu zu beschwören: ewig schleudert bei unseren Preisverleihungen Marlene am

Pianola die Schenkel, ewig tapert Max Schreck als Nosferatu die Treppen in Lübeck hoch, ewig wirft Peter Lorre seinen gehetzten Blick über die Schulter, und ewig zwirbelt sich Emil Jannings im Nachtclub geziert den Bart – so als würden sie allesamt uns nachgeborene Regisseure noch immer weiter inspirieren. Aber inspirieren wozu?

Zunächst einmal sind wir heute ziemlich weit von dem Kaliber jener deutschen Filmemigranten- Stars entfernt. Das lustige und vernichtende Urteil, das die alte Marlene Dietrich viele Jahre später über Jannings' Leistung im *Blauen Engel* äußerte, zeigt, wie angenehm unernst eine so große Frau die Faxen des deutschen Films genommen hat: Jannings habe doch damals im Grunde nur einen »schrecklichen Brunnenvergifter« gespielt, sagte sie. Genauso ist es. Und das ließe sich hier, im *Gang in die Nacht*, von Olaf Fønss in der Rolle des Arztes Eigil wahrscheinlich auch sagen. Er spielt im Grunde dieselbe Spezies des erotisierten deutschen Akademikers im Nachtclub wie Jannings. Und seit jenen Jahren hagelte es ja dann auch in unseren Filmen triebgesteuerte Brunnenvergifter und leicht bekleidete Tänzerinnen, die zu allen Zeiten die Herzen der Professoren zum Zerspringen bringen und ihre Körper in Bewegung. Genau diese Art endlos geplagter deutscher Lust-Seelen bekommt man von *Gang in die Nacht* über den *Blauen Engel*, durch die Nachkriegszeit, bis hin zu Fassbinders *Lola* vorgeführt wie eine germanische Ikone.

Als ich vor zwanzig Jahren zum ersten Mal in Maximilian Schells Dokufilm hörte, wie Marlene Dietrich diese Bemerkung über Jannings machte, da kapierte ich geradezu schockartig: Es gab ja doch einmal so etwas wie tiefere Menschenkenntnis im deutschen Film. Jemand wie dieser Weltstar wußte, daß man solche erotisierten Situationen auch anders spielen und inszenieren kann, daß man nicht in kolportagehafte, aufgesetzte Dramatik verfallen muß, so wie sie es alle tun im deutschen Film, wenn es ernst und leidenschaftlich wird. Seit Beginn meiner Karriere als Kinozuschauer hatte mich das immer zutiefst irritiert: Warum ist das Menschenbild der deutschen Filme zumeist so klein? So getrieben? So verdruckst? So zerquält oder trübselig oder so künstlich lustig oder so aufgesetzt poetisch? Ein paar Beispiele von souveräneren Figuren gibt es ja. Aber wo sind die lebenserfahrenen melancholischen Ophülsschen Figuren später geblieben, wo die drei grandiosen Menschen aus *Unter den Brücken*, wo die raffiniert unterkühlten Figuren aus Pabsts Stummfilm *Abwege*, oder wo sind die Verrückten, die fröhlichen Desperados aus den ersten Klaus-Lemke-Filmen damals in Hamburg …? Einmal blickte ein Mann in einem deutschen Film lächelnd, neugierig, gelassen und dennoch zutiefst sehnsüchtig auf eine weibliche Sirene: Carl Raddatz. Das war ausgerechnet auch noch in einer Naziproduktion, nämlich in *Opfergang* von Veit Harlan, bei der Maskenballszene. Sein Blick auf die beiden blonden Masken an seinem Tisch ist schon allein der ganze Film: ein erwachsener Mann, der seinem Begehren gelassen und auf die mögliche Vergeblichkeit gefaßt begegnet: eine absolut singuläre Erscheinung unter den ewigen Lustmördern und den oft so alt gewordenen Jüngelchen des deutschen Films …

Abgesehen von den erwähnten phantastischen Szenenfolgen und Bildern finde ich also eines wirklich bemerkenswert an *Gang in die Nacht*: Er wirkt auf mich, als seien alle Probleme und Stärken des deutschen Films in ihm enthalten. Als rührten seine grandiosen Momente ebenso wie seine spezifischen Schwächen bereits an jene arme, händeringende Seele des deutschen Films, die dann spätestens nach dem Nazikino einfach gar nicht mehr zu sich selbst kommen wollte oder konnte.

Und wenn man nun achtzig Jahre später den Weihrauch um die alten deutschen Meister ein wenig wegwedeln dürfte, dann scheint es so, als nähme die chronische Un-Erwachsenheit des deutschen Films in Liebesdingen schon hier, 1921, in diesen stummen wilhelminischen Melo-Momenten des Films ihren Ausgang.

Für eine Minute bekommt *Gang in die Nacht* dann aber trotzdem noch mal etwas überraschend Spielerisches: als sich in einer frühen Szene des Films die Varietétänzerin als kranke Halligbäuerin verkleidet in die Arztpraxis ihres Mannes einschleicht, um ihn zu foppen. Da leuchtet es kurz ein wenig heller, koketter und freudvoller auf, und jenseits aller typisch deutschen Gefühlslähmungen denkt man für Augenblicke an die zeitgenössischen großen Klugheiten des Dr. Schnitzler über die Liebe. Aber Schnitzler mußte ja auch noch 1921 in Berlin für den *Reigen* einen Unzuchtprozeß über sich ergehen lassen. Und nur sein Tod 1931 hat verhindert, daß er seine Heimat Wien schließlich ebenso hätte verlassen müssen wie alle anderen deutschsprachigen Erzähler, die wirklich etwas von den Gesetzen der Liebe verstanden.

Wenn man einen Film wie *Der Gang in die Nacht* heute ansieht, dann zeigt er aber natürlich auch noch etwas anderes: Man sieht in seinen großen Momenten, daß in den fast abstrakten Abgründen der düsteren Filmgenres stets doch ein tieferes Wissen über die menschliche Psyche haust. Die Figuren in diesen Filmen mögen so albern sein, wie sie wollen, das hier eingebaute Zombiedrama hat Gesetze, die an sich schon zu faszinieren vermögen – und bei Murnau schlagen die Bilderfindungen alle denkbaren Vorbehalte natürlich jederzeit in den Wind. Das deutsche Kino hätte später an den Stäben seines selbstgebauten Käfigs wesentlich heftiger rütteln können, wenn es die dunkleren Spannungs-Genres so ernst genommen hätte, wie Murnau es tat. Dies ist der Weg, den *Der*

Gang in die Nacht – und die folgenden Großtaten Murnaus – für die deutsche Filmtradition angelegt hatte. Es ist der Weg, den wir statt all unserem knietiefen Waten in Filmkunst oder in Albernheiten immer auch noch hätten gehen können.

Thriller und Horrorfilme funktionieren ja wie eine Couch, auf die sich das kollektive wie das einzelne Ich einer ganzen Kultur legen und auf der es seine Bedrängnisse in Bildern und Geschichten ausdrücken kann. Und gleichzeitig gehört zum Genrekino auch eine befreiende kindliche Freude, Spannung oder Grauen erzeugen zu wollen. Von Fritz Langs *M* zu Hawks *Scarface*, über die eisigen Pariser Melville-Krimis zu den modernen Hongkong-Actionern ist es im Grunde immer nur ein kleiner Sprung. Genauso wie von *Nosferatu* zu *Night of the Hunter*, von *Wenn die Gondeln Trauer tragen* zu *Blair Witch Project*. Diese Filme sind immer die subversiven *little helper* der großen Mutter Filmindustrie gewesen; und es sind für viele Zuschauer auch die einzigen Filmdrogen, nach denen man wirklich süchtig werden kann.

Aber was kam nach den grandiosen Murnau-Grauensstücken, nach Langs Großstadtthriller in dieser Hinsicht noch bei uns? Edgar Wallace und *Tatort*. Und Hochmütigkeit gegenüber den Genres. Ein deutscher Großkritiker schreibt dieser Tage zu einem deutschen Nicht-Genre-Film »Urteile, Konzepte, in Filmfiguren geknetet, ergeben bestenfalls einen Genrefilm«. Er schreibt nicht »… ergeben bestenfalls einen schlechten Genrefilm«. Nein, das Genrekino an sich ist immer noch eine kulturell minderwertige Ware – so wie uns die Eltern in den Fünfzigern die Comics und die Groschenkrimis verboten haben. Wir bauen uns eben hierzulande schon unsere eigenen Käfige. Die Todesküsse der ausländischen Filmkritik brauchen wir gar nicht, um uns wie traumverloren zu allen Zeiten über die wahren Chancen und die wahren Schwächen unserer Filme hinwegzutäuschen.

Der deutsche Film und auch die, die über ihn schreiben – alle haben sie sich vielleicht durch die Jahrzehnte hindurch zu viele Über-Ichs geschaffen, um unsere kreative Matrix überhaupt noch mal ordentlich freipusten zu können? Mal war's der allseits geforderte Sozialrealismus, der die Figuren so oft in ihren biederen Seelen steckenbleiben ließ, mal war's eine fast bürokratische Idee vom Kommerz, der uns angeblich alle erzählerischen Kleingeistigkeiten aufdiktiert, mal waren's die politischen Diktaturen, die unser Kino ideologisch vereinnahmten. Und oft war es auch das Ideal der hohen Filmkunst und des Regisseursgenies, das die deutschen Autoren eigentlich beflügeln sollte und sie doch nur zutiefst beengte.

Der Geisterfilm, der Vampirfilm in Murnaus Sinn hat als Genre jedenfalls nie mehr wirklich nach Deutschland zurückgefunden. Das Veruntreuen der hierzulande miterfundenen Genre-Traditionen, das Nicht-Antreten dieses Erbes ist ein bleibendes Rätsel.

Man könnte sich ja vorstellen: Was hätte Murnau nach dem Krieg für Filme gemacht, wenn er in die Bundesrepublik zurückgekommen wäre? Wäre er hier mit seinen Ideen auch so verhöhnt worden, wie es Lang und Ophüls passierte? Gut möglich. Er hätte bis dahin sicherlich den spezifischen Genrefilm, den er selbst mit begründet hat, längst in die nächsthöhere Etage gehievt. Er hätte seine grandiose Naturmystik weiter zur Vollendung gebracht. Er hätte philosophische Figuren geschaffen, er hätte dem deutschen Nachkriegsfilm eine Art Luftkur von den Verliesen seines geistigen Gefängnisses verordnen können – so wie es Lang und Ophüls auch noch mal versuchten. Und man hätte ihn aber in der BRD niedergeschrieen und hätte nach Komödien und kitschigen Melodramen gezetert, und man hätte womöglich seine zusehends körperlichere Mythologie mit dem Pathos des Faschismus verwechselt; und er wäre wahrscheinlich darüber hinaus auch ein produktionstechnisch zu teurer Regisseur gewesen, und man hätte dann vielleicht ebenso wie bei Ophüls nach *Lola Montez* die bracheninterne Losung ausgegeben: »Vor Murnau wird gewarnt!«

Alles denkbar. Aber es ist ihm erspart geblieben, denn er starb ja schon 1931, als er in Kalifornien dem Tod in die Arme raste wie ein Held von Erich Maria Remarque. Ein halbes Jahr vor dem früh alt gewordenen Dr. Schnitzler.

Die Frau, die weint und winkt

Sylvie von Klaus Lemke, 1973

Sylvie ist Sylvie Winter: Elfe, Model, ebenso freßsüchtig wie verstört, unbedingt liebenswert, irgendwie luxuriös mit bayrischem Singsang in der Stimme. Eine Provinz-Göttin, in diesem Film wie ganz allein auf der Welt. Unterwegs in Flughäfen und auf bescheuerten Fotoshootings. »Wissen Sie – eigentlich bin ich Seemann«, sagt der Taxifahrer (Paul Lyss) in München mitten in der Nacht zu ihr – weil er den Weg nach Grünwald nicht findet. Und ein Melodram der Unmöglichkeit zwischen den beiden beginnt. Sie ist betrunken in seinem Taxi eingeschlafen, auf dem Weg zu einem reichen Mann (Ivan Desny), den sie am Nachmittag im Flugzeug kennengelernt hat und der sie heiraten will. Sie kommt nie bei ihm an. *Sylvie* – das ist das »kleine Fernsehspiel« der Siebziger, wie es schöner nie war, leicht, melancholisch, liebevoll. Und irgendwann in der Mitte des Films kommt exakt der Augenblick, in dem man vor fünfunddreißig Jahren nachts zufällig in den Film hineingeschaltet hatte – und man erkennt den Moment im selben Augenblick schon wieder und erinnert sich, daß man in das Mädchen Sylvie danach für einen Tag lang verknallt war.

Der Cutter hat bei Lemke dauernd zwei Aufgaben gleichzeitig zu bewältigen: einerseits den Film zu bewachen, daß er nicht auseinanderfliegt, und andererseits ständig den Rhythmus all der faszinierenden Einzelsequenzen in sich stimmig zu halten. Er muß die Szenen ausdehnen oder kürzen, je nachdem, und das beides stets im richtigen Moment, so daß man den grandiosen Figuren immer weiter folgen will ins Labyrinth von Lemkes Erzählungen von unmöglichen Begegnungen. Przygoddas Schnitt bei Lemke (außer *Sylvie* noch beim berühmten *Paul*, bei *Teenagerliebe* und *Liebe, so schön wie Liebe*) macht die Filme weicher, sanfter als sonst. Er mildert manchmal die Grobheiten von Lemkes tollen Zeitsprüngen, und er liebt sichtlich die Figuren mehr als alles andere. Wenn Sylvie ihrem Taxifahrer zuschaut, wie er sich von nächtlichen Kneipengästen den Weg ins reiche Grünwald beschreiben läßt und wie sie dabei ihren Hamburger gierig ißt (dazu klingt das wundervolle Akkordeon-Zwischenspiel aus »Backstreet Girl« der Stones) – das ist einfach wunderbar gefilmt und geschnitten. Jeder Moment hat die absolut richtige Länge. Vor allem wenn Lyss nur mit einem Auge Sylvies Interesse an ihm wahrnimmt, während ihn die hilfsbereiten Nachtschwärmer umringen und zuquatschen. Und wie sie dann ihrerseits guckt, als sie sein eines Auge auf sich gerichtet fühlt. Das ist ja meistens der Moment, in dem sich entscheidet, ob man einen Film liebt: wenn die beiden füreinander bestimmten Menschen sich zum ersten Mal offen oder heimlich in die Augen schauen. Solche Begegnungen der Blicke konnte Lemke immer schon inszenieren wie kaum einer.

Und so ist dieser Film auch einerseits gemacht wie alle anderen Lemkes, aber andererseits noch viel zarter als sonst: Alles wirkt wie neu ertastet, die Musik weht hinein, weht wieder hinaus, der erste Kuß in Riem am Flugsteig ist sanft, warm, liebevoll, stark. Dann löst Sylvie sich von Paul und sagt – ihre Lippen weich und groß: »Jetzt muß ich aber gehen.« Er fragt: »Kommst du wieder?« – »Nein.«

Völlig überraschend folgt nach diesem Kuß die erste Einstellung von New York; schweigend umkreist ein Helikopterflug lange die Twin Towers wie zwei zögernde Liebende. Sie sehen verletzlich aus im fahlen Sonnenlicht – als ahnten sie schon die Katastrophe voraus, die sie dreißig Jahre später einstürzen lassen wird. Nach dem zärtlichen Abschied in Riem wirkt New York zunächst wie unter einer Glasglocke, und dann schraubt sich der Flug zum Dach des einen der Doppeltürme hoch. Und dort oben hat das Fotoshooting bereits begonnen, das jetzt zwanzig Minuten lang die ganze Stadt in einer großen Montage mit Sylvies inszenierten Rollenspielen (in Männeranzügen!) verbinden wird. In New York schäumt Lemke geradezu über von Ideen, und der Schnitt scheint sich mehr denn je bombensicher zu sein im Rhythmus und in der haargenau richtigen Auswahl des Materials. Zwanzig Minuten lang erzählen Regisseur und Cutter jetzt gemeinsam, wie ein bißchen Zuneigung in Abwesenheit des anderen zur vermeintlichen Liebe wird. Sylvie verliebt sich erst in New York in den Mann, der sie in München geküßt hat und von dem sie hofft, daß er dort auf sie wartet.

Und was für ein Sammelsurium von heute im Kino und Fernsehens geächteten Mitteln ist in diesem Film enthalten – und eben nicht rausgeschnitten: die Menschen in Cafés, in den Straßenszenen, in den Zügen schauen dauernd in die Kamera! Der Zoom, der ständig die Personen rausholt aus ihrer Umgebung in eine Einsamkeit mit sich selbst – der Zoom ist dem Weltkino ja fast völlig verlorengegangen. Total überbelichtete Sequenzen zeigen fahle Figuren, die erst erkennbar sind, wenn sie in einen Tunnel eintreten. Der Off-Kommentar der Hauptfiguren wird hier scheinbar völlig inkonsequent eingesetzt, mal bei ihr, mal bei ihm, und einmal spricht Paul Lyss ihn sogar live direkt ins Bild hinein, das wir von Sylvie sehen, und die Kamera schwenkt dann zu ihm, während er spricht.

Am Ende flieht Paul vor Sylvies Verliebtheit zurück auf See. Sie weint und winkt und weint. Man sieht, sie liebt ihre Tränen vielleicht sogar mehr als ihn. Nur Lemke/Przygodda-Filme sind manchmal noch etwas schöner als Lemke-Filme.

Der Dschungelhauch der kleinen Filme

Der Alte – Zwei Mörder von Alfred Vohrer, 1977

Zweimal Alfred Vohrer, den Tarantino bei einem Auftritt zu *Kill Bill* vor einigen Jahren als »Genie« bezeichnete. Aber Vohrers Regie ist hier, 1977 – auf dem Höhepunkt der deutschen Autorenfilm-Ära –, erstmal nicht der Knaller. Die Schauspieler sind es und die Geschichten: Judy Winter und Christine Wodetzky in einem abstrusen Fall um eine ermordete Erpresserin. Vadim Glowna, der unschuldig einen Mord gesteht, weil er zu gerne den Mut gehabt hätte, ihn selbst zu begehen. In der zweiten Geschichte Günter Ungeheuer als grandios pathetischer Alkoholiker, der seine Frau liebt und sich aufs Falschgeld-Herstellen eingelassen hat.

Siegfried Lowitz, »der Alte«, saugt gleichsam das verborgene Leben dieser Fälle wie ein Süchtiger in sich ein. Er tut das ungefähr genauso BRD-nachkriegsgestählt und genußfreudig, wie er mit seiner Ehefrau auf der Couchgarnitur eine Flasche Wein aus Kristallgläsern schlürft. Sie: »Der war sicher teuer?« – Er: »Wenn wir einmal die Woche eine Flasche Wein zusammen trinken, dann soll die auch noch billig sein?«

Die Filme sind eher schlicht gedreht. Mit viel Zoomerei in seltsam leere Bilder stehen immer die Gesichter der Schauspieler im Mittelpunkt. Das allerdings mit vollem Recht. Und es sind zwei sehr eigenwillige Bücher von Karl-Heinz Willschrei, die ihre Kraft wie schleichendes Gift spätestens nach etwa dreißig Minuten entfalten. Judy Winter ist ganz und gar unbeschreiblich als junge Ehefrau von Hans Caninenberg und als geheime Exliebhaberin seines Sohnes. Es ist nicht zu fassen, daß dem deutschen Kino zu dieser Frau in den Siebzigern nichts anderes einfiel als Auftritte in der Serie, die Luggi Waldleitner nach den (zum Teil auch unterschätzten) Simmel-Stoffen produzierte. Hier ist sie eine verletzliche, kettenrauchende Schneekönigin, zu der man gerne in den Schlitten steigen würde, auch wenn es vielleicht den sicheren Kältetod bedeutet. Von ihrer wunderbaren Stimme ganz zu schweigen.

Und dem Produzenten Helmut Ringelmann, der auch für einige faszinierende Folgen des alten *Kommissars* und für die Zombie-Serie *Derrick* verantwortlich war, sollte man bald mal ein Denkmal am Südrand von München erbauen. Er hat dort als einer der ersten den deutschen Krimi zu seiner geheimen subversiven Kraft geführt. Denn der Polizeifilm ist seit vierzig Jahren in Deutschland eine kreative Turbine, die sozusagen im Untergrund ein blühendes Dasein führt. Wenn – wie auf dieser DVD – Drehbücher und Schauspielergesichter derart atemberaubend schräge Momente von Verführung und Aberwitz, von Abgrund und Sehnsucht vorführen dürfen, dann kriegt man eine traurige Ahnung von der möglichen Größe des deutschen Krimigenres. Aber der Dschungelhauch all dieser kleinen Filme ist ja kaum je bis in unser Kino gelangt. Dort herrscht von jeher eher die Tendenz zur Insektenforschung, zur Fallstudie, zu möglichst sexualgestörten Figuren, denen man die Flügel ausreißt, um sie in ihrer Liebeshilflosigkeit zu studieren. In deutschen Fernsehthrillern findet man dagegen oft die wirklich großen Figuren, die faszinierenden Verlierer. Zumeist sind es Frauen. Nur das Genre kennt eine solche Erhabenheit der dunklen Seelen, solch eine Souveränität von Protagonisten in Szenen, in denen sich der Boden vor ihnen auftut. Diese Art von Grandezza ist dem Kino weitgehend suspekt geworden. Wie die Schönheit.

Und so erweist sich Vohrers Regie hier, 1977, eben doch als zumindest sehr effektiv und als zeitlos großzügig, weil sie nichts anderes tut, als die sanft-eindringlichen Erfindungen des Autors Willschrei und die wunderbaren Schauspieler der beiden Filme auszustellen und sie zu stützen.

Ich bin ein Gefangener

Die dritte Generation von Rainer Werner Fassbinder, 1979

> *»Ich hatte neulich einen Traum, da hat das Kapital die Terroristen erfunden, um den Staat zu zwingen, es besser zu schützen. Sehr komisch, nicht? Hahaha!«*
> (Hark Bohm als unentwegt lachender Polizeiinspektor in *Die dritte Generation*)

Deutschland, Land der Verbrecher. Die schlimmsten sitzen bei uns immer ganz oben in den Führungsetagen der Konzerne. Deshalb können wir uns nach allen Katastrophen immer gut auf sie herausreden. Nach 1945 ebenso wie nach der mißratenen »Wende« von 89.

Westberlin, Winter 1978/79, wieder eine andere Zeit: Die verschneite Gedächtniskirche, damals noch ein echtes Menetekel deutschen Größenwahns, ragt aus dem Kudammviertel wie eine Caspar-David-Friedrich-Ruine in den ehrlich zwischen Ost und West geteilten Himmel aus Blei. Im Herzrhythmus der Peer-Raben-Begrüßungsmusik pochen einem darüber die Namen der Schauspieler und der Teammitglieder entgegen, Godard-ähnlich, nach Anfangsbuchstaben geordnet. Darunter eine Rückfahrt vom Panorama-Shot aus dem Europa-Center, Fernseher kommen ins Bild. Drei nebeneinander, auf einem läuft das stille, radikale Selbstmord-Ende von *Der Teufel möglicherweise* des damals aktuellen Bresson. Die Chefsekretärin Hanna Schygulla im beigen Kostüm schaut sich den Film im Chefbüro an. Und dann kommt gleich der Chef persönlich – Eddie Constantine – und will eine Telefonverbindung nach Houston/Texas. Texas, der Ort des Bösen – wie wir ja seit JFKs Ermordung wußten. Und wie wir es Jahre nach Fassbinders Tod sogar noch mal bestätigt bekamen in dem Errol-Morris-Dokumentarfilm *The*

Thin Blue Line: »Never go to Dallas!« hatte da die Mutter eigentlich ihrem Sohn, dem unschuldig wegen Mordes Verurteilten und um ein Haar vom Staat Texas gekillten Bürger Randall Adams aus Ohio, als Lebensmotto auf den Weg gegeben. Er hatte nicht darauf gehört. Der Dokumentarfilm *The Thin Blue Line* hat ihm dann das Leben gerettet.

Ja, Filme und Bücher können Leben retten, das war auch die Überzeugung in den Siebzigern. Und sie können und sollen auch ganze Gesellschaften ad hoc verändern – sonst taugen sie nichts, sagte man. Fassbinder dachte so einen Unfug natürlich nicht, wie man in der *Dritten Generation* gut sehen kann: Weil ein Konzern zu wenig Computer verkauft, wird eine Terrorzelle benutzt, um mit der Entführung eines Industriellen der Öffentlichkeit und dem Staat die dringende Notwendigkeit zur total vernetzten Überwachung vor Augen zu führen.

Die Terroristen als unwissende Geburtshelfer der Diktatur. Ein Plot wie in *Nada*, dem 1974er-Roman des genialen Krimi-Franzosen Jean-Patrick Manchette. Die RAF-Frauen und -Männer glaubten damals ja an eine exakt solche Entwicklung der Zeitgeschichte durch ihre Aktionen: der Staat möge angesichts seiner Bedrohung bitte sein wahres, sein totalitäres Gesicht zeigen und daraus resultiere dann bitte sehr ein sofortiger Volksaufstand. »Hahaha!« – man sieht dabei förmlich Hark Bohms Gesicht in diesem Film vor sich, grausam verzerrt wie ein Lachsack.

RWF zieht diesen RAF-Traum durch den Kakao seines bitteren Witzes und seiner – von Film zu Film wachsenden – inszenatorischen Virtuosität. Überall raunen hier die Nachrichten überlaut aus den Apparaten – weil: Achtung, man konnte ja jederzeit vom Staat abgehört werden! Die Tonebene quillt über von Off-Dialog und vom Geschwafel der Hauptpersonen, Worte, Worte, harte Kontraste in der Musik, eine schön nervende, labyrinthische Fassbinder-Klangsoße. Und oft haben sich seine Stamm-Schauspieler im Tonstudio später ja auch noch gegenseitig nachsynchronisiert. Das muß ziemlich lustig gewesen sein, und man sollte schließlich immer versuchen, beim Arbeiten möglichst viel Spaß zu haben. Vor allem, wenn man drei Filme im Jahr raushaut, wie es Fassbinder damals tat.

Diese Terroristen in der *Dritten Generation* sind Großbürgerkinder, verkleidungssüchtige Bürokraten der Anarchie wie in Joseph Conrads *Geheimagent,* sie sind (noch unschlüssige) Lesben im Ledermantel, traurige Ehefrauen, arbeitslose Facharbeiter. Alle treffen sich in Berliner Altbauwohnungen, in denen ständig ein neuer Übernachtungsgast klingelt. Einmal ist es ein gesuchter iberischer Anarchist, aufgemacht als Plakat-Gigolo, der die Lesbe (»Oh, das ist ein vulgäres Wort!«) sogleich ins Bett zerren will – »oder soll ich mir etwa einen runterholen?« Sozusagen »Carlos« als Tangokarikatur. Die Terroristen sind unter anderen Bulle Ogier, Harry Baer, Volker Spengler und Günther Kaufmann als Arbeiter, der gerne die irre Y Sa Lo per proletarischem Sex von ihrer Heroinsucht befreien möchte. Das liebste Losungswort all dieser WG-Lemuren für die große kämpferische Aktion ist: »Die Welt als Wille und Vorstellung«! – »Schopenhauer!« tönt der alte Großindustrielle und Vater des Terroristen Udo Kier auf dem Sofa seiner Villa: »Wir haben damals positive Bücher gelesen! Hegel zum Beispiel. Die Leute wissen heute nicht mehr, wozu sie leben, deshalb muß in jedem Leben ein Krieg her. Dann werden sie schon wieder merken, daß ein Menschenleben mehr wert ist als ein Stein!« Nur die Nebenfiguren sprechen hier manchmal noch seltsame Ahnungen, Schatten von RWFs Original-Meinungen aus, die Hauptfiguren reden alle nur blechklirrende Klischees. Den Vater spielt Claus Holm, eine echte Nachkriegs-Schauspieler-

Ikone. Und Fassbinders Mutter singt dazu – verkleidet als Wahnsinnige – deutsche Schlaflieder.

Eine wirkliche Groteske der Spät-RAF ist dieser Film, gefilmt als B-Movie in der gleichfalls bereits späten Ära RWF, ein Jahr vor *Lili Marleen*, drei Jahre vor seinem Tod. Am Ende bleibt – wie in *Nada* – kein Stein auf dem anderen, als der Konzernchef gutgelaunt und zuvorkommend in die Kamera seiner Entführer hinein sagt: »Ich bin ein Gefangener der ...«

Tja, einer der deutschen Autorenfilm-Regisseure durchschaute halt den ganzen Travestie-Zirkus vom deutschen Jung-Linken, entflohen aus gutbürgerlichen Schreckenswohnzimmern und tragisch verstrickt im bewaffneten Laokoon-Kampf gegen den immerbösen Obrigkeitsstaat. Und dieser eine, der andererseits natürlich auch genau wußte, warum es in diesem kaputten fetten Nachkriegs-Deutschland die RAF und ihre Taten nachgerade zwangsläufig geben mußte – der hieß Rainer Werner Fassbinder und seilte sich am Ende konsequenterweise einfach aus allem ab. Ein Regisseur, sanft wie ein sich langsam öffentlich vor seinen Freunden zu Tode saufender Poet, hart wie ein Selbstmord-Attentäter.

Und morgen ist übrigens der Bahntower am Potsdamer Platz dran. Parole: »Die Welt als Wille und Vorstellung!«

Wenn sich die späten Nebel drehen
Lili Marleen von Rainer Werner Fassbinder, 1981

Die dreifache Lupe

Es ist manchmal im deutschen Kino so, als begegneten einem gewisse Zeiten der deutschen Geschichte in Abständen immer wieder. Immer wieder anders – und nicht unbedingt immer wieder neu. Es ist wie mit der eigenen Biographie, die von uns zunächst erlebt, dann erinnert und schließlich mehr und mehr rückwirkend erträumt wird.

Fassbinder ist knapp nach dem Krieg geboren, ist in den Fünfzigern im Kino groß geworden, und so erscheint einem *Lili Marleen* heute wie ein Revival seines eigenen, erinnernden Blicks auf die deutschen Filme seiner Kindheit. Nachkriegskino revisited. So als hätte *Lili Marleen* auch in den Fünfzigern bereits so ähnlich gemacht werden können – was natürlich nicht stimmt. Denn natürlich war RWF ein ganz anderer Mann und lebte zu einer völlig anderen Zeit als Helmut Käutner *(Des Teufels General)*, Kurt Hoffmann *(Wir Wunderkinder)* oder Douglas Sirk *(Zeit zu leben und Zeit zu sterben)*, die – selten genug – den Blick auf die grausame, unmittelbare Vorausgeschichte des Wirtschaftswunders richteten. Diese deutschen Regisseure, die als einzige für einen solchen Film vor Oberhausen in Frage gekommen wären, hatten die Trümmer in den Städten noch vor Augen und hätten sie für die entsprechenden Szenen auch zur Verfügung gehabt. Sie waren ja mittendrin gewesen im Teufelstanz des deutschen Nazifilms bei der Ufa – Käutner und Hoffmann sogar bis zum Kriegsende in Babelsberg mit dabei. Beide wußten in den Fünfzigern genau, wovon sie hätten reden und erzählen können – und wovon sie nicht reden wollten. Und im Zweifelsfall konnten sie nachher immer sagen: Man ließ uns ja damals nicht. Aber all die alten Ufa-Leute arbeiteten in der westdeutschen Nachkriegs-Kino-Industrie, so als ob sie nicht mehr wissen wollten, was wirklich geschehen war. Der Widerspruch ihrer Biographien war später in ihren vergleichsweise harmlosen Filmen über die Nazizeit nicht mehr zu lösen.

Aber Fassbinder, der selbst dazu beigetragen hatte, das jüngere deutsche Kino vom Kopf her zu befreien, machte bei *Lili Marleen* im dreifachen Sinn etwas für ihn Neues: einen Film, der erstmals extrem teuer war (Zehn Millionen Mark – Fassbinder dazu: »Ich hab immer genau so viel Geld wie ich brauche, niemals mehr und meistens nicht weniger.«); er arbeitete mit einem Produzenten, den seine Kollegen des Autorenfilms als Altproduzenten beschimpft hatten: Luggi Waldleitner; und erstmals richtete er jetzt nach seinem Nachkriegshit *Die Ehe der Maria Braun* den Blick auf die Nazizeit. Er blickte dabei sozusagen durch das deutsche Fünfziger-Kino hindurch auf den morbiden kruden Glanz der Ufa-Filme bis zum Zusammenbruch des Dritten Reichs.

Es ist, als würden drei verschiedene Linsen beim Optiker übereinandergelegt. Es ging angeblich um die Wahrheit hinter der Story jenes »verdammten Lieds« »Lili Marleen« – so wie sie Lale Andersen in ihrem Buch schilderte. Darübergelegt war dann die Lügen-Glitzer-Weichfilter-Linse der Fünfziger – eben so wie Fassbinder das Wirtschaftswunderkino empfunden hatte. Und schließlich kam dazu der Anspruch des Autorenfilms im Jahre 1980 auf die politische Hoheitskultur nach 68.

Es gibt furchtbare Schmonzettendialoge in diesem Film (Buch: Manfred Purzer), vor allem zu Beginn. (Schygulla – glücklich zu Giannini: »Du bist verrückt« – Giannini: »Ja, verrückt nach dir.«) RWF wird schon wissen, wieso er sie nicht umgeschrieben hat. Vielleicht brauchte er genau diese Falschheit, diese Banalität, um darauf eine andere Schicht, ein anderes Stockwerk seines Hauses *Lili Marleen* aufrichten zu können. Es gibt Musikeinsätze wie bei Edgar-Wallace-Krimis mit entsprechenden *Hexer*-Reißzooms auf wichtige Gegenstände. Aber Schygullas wie immer unnachahmlich schläfrige, bayrische Litanei der Sehnsuchtsworte atmet von Anfang an etwas vom Zarah-Leander-Singsang und von der beunruhigend tief ins Germanentum zurückreichenden nordischen Diktion der Reichswasserleiche Kristina Söderbaum. Schygulla – diese seltsam verdrehte Wiederkehr der Ufa-Stars, diese Wiedergängerin unserer deutschen Träume von Kinogröße. Dann aber lacht sie plötzlich breit mit etwas schiefen Zähnen – weniger Zähne als Lale Andersen in natura, eher so viele wie Lotte Lenya –, und sie zeigt als modernes Zeichen der Achtziger-Jahre-Sinnlichkeit ihre goldenen Haare unter den Armen. Und sie singt das berühmte Lied auf eine Weise selber, die auch charmante »Falschheit« hat. Eigentlich schleift sie es eher – oder das Lied sie? – hinter sich her wie einen alten Reifen. So wie heute Bryan Ferry Marlene-Dietrich-Lieder singt. Auf jeden Fall inbrünstig.

Und aus welchem Kriegsfilm stammen wohl all die geborgten Aufnahmen der Explosionen und Schützengrabenmassaker? Denn Fassbinder selbst hat nur wenige Kriegsszenen gedreht. Und die, die er gedreht hat, hat er natürlich sehr geschwind, kostensparend und gelangweilt runtergeschrubbt: die Soldaten im Schützengraben und im U-Boot und vor der billig als Repro eingeblendeten afrikanischen Wüste, die ergriffen dem Lied »unter der Laterne« horchen. Dabei ist der Film im Schnitt völlig skrupellos: dieselbe Schützengrabenfahrt vom ersten Mal, 1941, als das Lied über den Belgrader Militärsender erklingt, benutzt er vier Jahre später im Endkampf noch mal. In Gegenrichtung. (Sie beginnt und endet jeweils auf einem Komparsen mit Blechhaube, den ich später unzählige Male in meinen kleinen Bavariaserien als Polizisten im Bild hatte.)

Das deutsche Kino in den späten Siebzigern war ja immer noch eine sympathische Brache, kommerziell fast nur erfolgreich mit unnachahmlichem Zeugs wie *Piratensender Powerplay*. Eine verminte kleine Wiese war der westdeutsche Film, genauso wie die Trümmerlandschaft gegenüber dem Haus Hiltenspergerstraße 24 in den Fünfzigern, in dem Lale Andersen wohnte. Auf der Brandmauer schräg gegenüber prangte alljährlich ein neues Persil-Plakat: »Persil 56 – das beste Persil, das es je gab.« Und 57. Und 58. (Da zogen wir dann weg.) Am Ende der Hiltenspergerstraße, am Josephsplatz gab es ein Kino, dessen Plakate man von weithin sehen konnte: Sandalenschinken, *Onkel Toms Hütte* …

Das ganze *Lili-Marleen*-Projekt profitiert jedenfalls von einem wie innerlichen Wissen der gerade erst vergangenen Nazizeit, so wie Fassbinder die BRD als Kind mitbekam. Ein Wissen, das sich bei ihm quasi über Bande in den deutschen Melodramen der Fünfziger spiegelt. An RWF war eben alles Widerspruch, alles Dialektik.

Die Farben – die Räume – die Achtziger

Man kann, glaube ich, sagen, die achtziger Jahre gebaren die letzten Seufzer eines deutschen Nachkriegskinos, das wiederum noch ganz auf den Katastrophen und den Errungenschaften der Nazifilm-Industrie basierte. Die gute alte Bavaria drehte in den Achtzigern mit großartigen amerikanischen Regisseuren (Robert Aldrich, George Roy Hill), und Petersen schuf dort *Das Boot* und später *Die unendliche Geschichte*.

München war damals, als *Lili Marleen* entstand, noch groß als Filmstadt. Die Entscheidungen für die Motive in diesem Film scheinen oft auch von der Kenntnis deutscher Architekturgeschichte in München gesteuert. Künstlichkeit, wohin man schaut. Nicht alles funktioniert heute noch beim Ansehen. Aber »minus mal minus« ergibt ja auch im Kino laut Robert Bresson manchmal wieder Plus. Das heißt: Künstlichkeit mit Künstlichkeit multipliziert kann wieder Wahrheit ergeben. Die innenarchitektonische Nachkriegswelt des Films (das Büro von Hassels, sein Hotelzimmer in München) erinnert an die sagenumwobene Fünfziger-Jahre-Riesenwohnung der Gloriafilm-Chefin Ilse Kubaschewski im Stachusrondell, mit Blick über die Häuser von München. Es ist die Chef-Architektur der Wirtschaftswunderzeit, die hier für die Nazizeit steht. Das Weiß in Weiß von Lale Andersens Führerwohnung! Weiß war nicht nur Andersens Lieblingsfarbe, sondern auch sowohl die des deutschen Vorkriegs- als auch des Nachkriegs-Führungspersonals. Man sieht Glaswände wie auf dem Obersalzberg. Kristalllüster, Perserteppiche, die sich in den Angora-Spielwiesen der Siebziger-Flokatis dann kleinbürgerlich fortsetzten. Event-Innenarchitektur.

Berlin ist nachgestellt in einer Straße, die mir eher in der Gewerkschafts-Zwanziger-Jahre-Siedlung Borstei in Neuhausen zu liegen scheint. Der Aufgang zur Reichskanzlei liegt – knallrot ausgeleuchtet – in der Münchner Musikhochschule, die ja ihrerseits auch in der Nähe eines alten Lieblingsnazigeländes lag – dem Königsplatz. (Und wann wurde der aus einem attraktiven Nazigranitteich wieder in beschauliches Spießergrün umgewandelt? In den Achtzigern.) Manche nächtliche Trümmerlandschaft, wenn dann der Krieg im Film in seine Endphase geht, wurde auch einfach auf alten Münchner Fabrikgeländen gedreht.

Fassbinder wollte laut Schygulla einen »höllischen Film« drehen. Deshalb borgten er und sein Kameramann Xaver Schwarzenberger sich die Farbgebung von Viscontis wahrhaft teuflischen *Verdammten*. Das Rot, das hier schimmert, ist jenes Rot, das Regisseur Eichinger später für eine einzige

Szene in seinem Wirtschaftswunder-*Mädchen Rosemarie* wieder recycelte. Und es ist auch das Rot des U-*Boots* und das Rot, in das der Kameramann Helge Weindler in seinem letzten Film *Keiner liebt mich* eine ganze Kölner Brücke tauchte, so als glühten in ihrem Stein die Bombenangriffe auf die Stadt noch nach.

Aber all diese Farblichtorgien stammen ja eigentlich ursächlich aus dem Nazikino (Harlans *Opfergang*). Das irre Gelb, Rosa, Grün in jener Szene, in der die Gestapo Schygulla und Giannini zusammenführt, damit sie sich verraten! (Sie tun es nicht.)

Dann das Blau in den Wäldern, in denen sich die Widerstandskämpfer zum Ende hin treffen, dann, wenn sich wirklich »die späten Nebel drehen«: Mendelsson/Giannini (= Rolf Liebermann, der sich über sein eigenes Pseudonym in Andersens Memoiren mokierte, er hätte es lieber mit h gehabt) und Lale Andersen/Schygulla (hier heißt sie Willie ... hat sie überhaupt im Film einen Nachnamen?) Dieses Blau hier, das ist das originale, das unnachahmliche Nachtblau der Achtziger.

Der Film als Zeitmaschine

Neben den Stars Schygulla, Giannini, Mel Ferrer und Christine Kaufmann ist eine Galerie von heute in den Hintergrund getretener Schauspieler zu sehen: Rainer Will, Harry Baer, der hier immer nur rumsteht am Klavier, Traute Höss als Polin, die Wehrmachtsfotografien schmuggelt. Roger Fritz als Nazi. Gottfried John jugendfrisch. Karin Baal, die heute nur noch Puffmütter spielen darf. Karl-Heinz von Hassel, der spätere Tatort-Komissar als liebeszerrissener, sehnsüchtiger Nazi. Nur Udo Kier – hier als Widerstandskämpfer mit verbranntem Gesicht – ist später noch auf seine Art der komplette Ausbruch aus der ganzen Fassbinderei in Richtung Hollywood gelungen. Giannini ist hier nicht im geringsten vergleichbar mit dem virilen Wahnsinn seiner Rolle in Viscontis *Unschuld*. Schon sein Peter-van-Eyck-Goldgelb im Haar verhindert eine gewisse Ernsthaftigkeit. Und daß er am Ende mit dem eigenen Lied tagelang von den Nazis gefoltert wird, ist natürlich reine Fassbindersche Bösartigkeit.

Der Film ist aber auch eine Galerie der Toten: Barbara Valentin – die Schygulla verrät. Elisabeth Volkmann, die vor ekstatischen, besoffenen Wehrmachtssoldaten an der Ostfront steppt (und es wirklich gut kann). Daniel Schmid als Zürcher Theaterpförtner. Volker Eckstein. Mel Ferrer. Erik Schumann. Und natürlich RWF selbst, mit Hut wie damals immer, vorgestellt von Udo Kier als »Chef unserer Widerstandsgruppe«!

Unvergeßlich Hark Bohms hysterisches Falsett, mit dem er am Ende, strafversetzt an die Ostfront lachend ins Gras beißt, nachdem er irgendwo im Dunkel »sein Lied« gehört und die Sänger fälschlich für »Kameraden« gehalten hatte. Es waren jedoch »Russen!«, lacht er tödlich getroffen.

Goebbels nannte das Lied einen »morbiden und depressiven Totengesang.« Und der Untergangsreigen, den Fassbinder inszenierte, wirkt auch wirklich ein wenig wie eine vorweggenommene Interpretation seines eigenen Verschwindens. 1982 starb Fassbinder. 1980, als er diesen Film drehte, da hatte er *Berlin Alexanderplatz* schon hinter sich, jenes Opus magnum, das er ebenfalls in der Bavaria abgedreht hatte und das ihn wohl weiter verfolgte ... Erik Schumann erzählt am Ende von *Lili Marleen* Hanna Schygulla noch mal die Geschichte des Berliner Mädchens, das von seinem Zuhälter ermordet wurde, und sie gehen dabei durch einen Wald nahe Berlin. Aber dieser Wald lag damals, 1980, in München. Auch das ist deutsche Filmgeschichte. Mit der Verlegung des filmischen Zentrums nach Berlin ist nach der Wende bleicher Protestantismus ins deutsche Filmleben eingekehrt. Fassbinders

Filme waren dagegen sozusagen ein katholisch-anarchischer Bilderrausch mit geradezu jesuitischer Selbst-Widerspruchs-Intelligenz.

1981 sagte eine Mitfahrerin auf der Transit-Autobahn, Richtung Westberlin, zu mir: »Wir sind die erste Generation, die vorbehaltlos auf die deutsche Geschichte schauen kann.« Ja, damals war das so. Bis 89.

Das Erbe von 89

Man hätte auf dem Weg weitermachen können. Aber 89 war dann endgültig Schluß mit der Komplexität eines politisierenden Blicks auf die eigene deutsche Geschichte. Die alle mundtot machende Wiederaufarbeitungsmaschine, die Reinwaschungswalze West/Ost, die Sentimentalisierungskampagne der deutschen Historie mit verdutzten Zeitzeugen, aus allen Ecken und Enden vor die Kameras gezerrt, begann rasant und hält bis heute an. Die Spielfilme zum Nazi-Thema wurden nach 1989 prompt matt und matter. Seitdem hat sich jener rückwärtsgewandte Engel der Geschichte (gemalt von Klee, beschrieben von Walter Benjamin) wahrhaftig weit aus dem deutschen Film zurückgezogen. Man könnte von heute aus gesehen auch einfach sagen, daß Fassbinder beim Blick auf die Nazizeit grundsätzlich die besseren und die intelligenteren filmischen Vorbilder hatte und daß er natürlich einen viel schärferen politischen Kopf hatte als seine Regie-Nachfolger. In diesem Punkt ist *Lili Marleen* gar nicht vergleichbar mit unseren graugrünen Opferdramen seit *Stalingrad* (1993) über *Dresden* (2005) bis heute. Inszenatorisch steif, filmisch stumpf, nur als Schmonzette verwertbar, kommen sie alle seit der 89er-Wende im deutschen Film/Fernsehen daher. So als hätten wir Deutschen mit der Wiedervereinigung den entscheidenden Berührungspunkt mit all den Widersprüchen, mit all der brutalen Dialektik unserer Geschichte verloren.

Wir müßten jetzt nach diesem peinlichen Niedergang des historischen Kinos eigentlich die eigene Vergangenheit erst mal wieder neu alphabetisieren lernen. Neu entschlüsseln. Max Färberböck hatte schon recht, als er 1998 während seines *Aimée und Jaguar*-Drehs von den »toten Bildern« sprach, die die Nazizeit im Kino der neudeutschen Aufarbeitungs-Industrie immer wieder wie von selbst auszulösen scheint ...

Und eine Montage wie die, die das Lied »Lili Marleen« mit den sterbenden Soldaten an der Front gegenschneidet – die würde heute wohl geradezu verboten. Das »Ende der Geschichte«, diese dümmliche Huntington-These von 89 – der deutsche Film hat sie jedenfalls in all seiner Event-Blödheit ernst genommen.

Lale – Melancholia

Das Namensschild Andersen in der Hiltenspergerstraße blieb nur ein Namensschild. Von 1954 bis 1958 lebten wir im selben Haus, in einem oberen Stockwerk. Einmal huschte sie in meiner Erinnerung im obligatorischen weißen Rollkragenpullover (stimmt die Erinnerung?) und mit sonnenverbranntem Gesicht freundlich an uns vorbei in ihre Wohnung in einem unteren Stockwerk, und man sagte zu mir, das sei nun Lale Andersen gewesen. 1959 hatte sie noch mal einen Riesenhit: »Ein Schiff wird kommen«. Da erst begriff ich, mit wem wir da in einem Haus gelebt hatten.

Im Internet werden noch zwei Briefe Rolf Liebermanns (Giancarlo Giannini) an Lale Andersen abgedruckt: Einer von 1937, in dem er sie bat, ihm in die Schweiz zu folgen, was sie nicht tat. Und einer von 1972, kurze Zeit vor ihrem Tod und nach Erscheinen des Buchs, auf dem der Film angeblich beruht: »Aber, was soll's, der einzige, der zu diesem Buch nichts zu sagen hat, bin ich. ›Versungen und vertan‹ heißt's in den Meistersingern ... Und solange wir nicht im Zorn, sondern in Zuneigung zurückblicken, war alles richtig und bleibt es gut ...« Das klingt eher nach dem Ende eines Ophüls-Films, nach dem allergrößten deutschsprachigen Regisseur. Max Ophüls, der 1955 in derselben Bavariahalle 4/5 seine großartige, aber finanziell desaströse *Lola Montez* gedreht hatte, in der RWF 1980 schließlich sein teuerstes Bild zu *Lili Marleen* drehte: Hanna Schygullas Auftritt vor Tausenden Nazis im Sportpalast. Daß in diese Einstellung viele der Komparsen hineingemalt wurden, das entsprach genau der Geisterbeschwörung des Films. Diese Totale wirkt heute wie die Zigaretten-Sammelbilder aus der Nazizeit. Unendlich weit weg, ein kleines Bild in einem umgedrehten Fernrohr.

Die Melancholie der echten Lale Andersen und ihrer unglücklichen Liebe, die hatte Fassbinder aber nicht. Daß er 1980 die rotglühende Untergangs-Star-Sonne ins deutsche Nachkriegskino zurückholte – solche befreiende Frechheit war viel eher RWFs Sache als Wehmut. Und die Unverschämtheiten des Films, die nahmen ihm die damaligen Autorenfilmfreundlichen Kritiker auch sogleich übel.

Melancholie lehnte RWF wohl als Temperament in der Arbeit sowieso eher ab. Auch wenn sie das beherrschende Element in Erik Schumanns wunderbar gealtertem Gesicht ist. Auch wenn Peer Rabens Melodien und Walzer immer nach traurigen Zirkusorchestern klingen. Auch wenn Hanna Schygullas melodische Sprechpsalme so nahe an Käthe Gold und an all den anderen Schnitzlerfrauen in Max Ophüls' herrlichem Hörspiel *Berta Garlan* dran sind ...

Der Film selbst beschwört drei filmische Zeiten und hält sie in sich gefangen wie der Bernstein das Insekt: 1980, als die Brachlandschaft Westdeutscher Film solche widersprüchlichen Geisterbeschwörungen noch zuließ; die fünfziger Jahre (den westdeutschen Kitschfilm ebenso wie Ophüls' Hochkunst); und letztlich vor allem – das war damals, als man in der BRD noch nicht offen sagen durfte, daß Harlans *Opfergang* ein faszinierender Film ist, wirklich sehr mutig: die Ufa-Nazizeit.

Und wenn man genau hinsieht, dann kommentiert er auch die Jetzt-Zeit im voraus. Jetzt gibt's kaum Brachen mehr im deutschen Film. Alles durchstrukturiert. Alle Widersprüche zugeklebt, bereinigt, niemand tut sich gegenseitig weh, alle wursteln einsam in ihren Schubladen vor sich hin. Echte Historie ist aus den Filmen erfolgreich weggeätzt, die wahre, die innere »Wende« hat ihre intellektuelle Kahlschlagmission erfüllt. Aus der Dreißiger-Jahre-»Bergman-Straße« (fürs *Schlangenei*) in der Bavaria ist jetzt der »Marienhof« geworden, und in den Hallen der Bavaria drehen sie heute Rätselshows. So ist es am Ende dann doch die Melancholie, die – seinem Regisseur vielleicht ganz unrecht – einem am stärksten ins Gesicht springt, wenn man diesen seltsamen Fassbinder-Spielplatz *Lili Marleen* nach fast dreißig Jahren noch mal besichtigt.

Das Marnie-Syndrom

Zwei Filme von Wolfgang Büld

Penetration Angst, 2003

»Film ist eine verderbliche Ware und zum schnellen Verbrauch bestimmt«, hat Wolfgang Büld schon in den Siebzigern an der Münchner Filmhochschule postuliert – und er hat sich seitdem daran gehalten. 1977 drehte er – mit dem verstorbenen Helge Weindler als Kameramann – die epochale Doku *Punk in London*. Danach hat er ziemlich erfolgreich die Untiefen des deutschen Populärfilms erforscht, von *Gib Gas – Ich will Spaß* über *Manta, Manta* bis zum *Trip – Die nackte Gitarre 0,5*. Seitdem arbeitet er vornehmlich mit Minibudgets auf Video, und jetzt kann man seinen vorletzten Film auch bei uns auf DVD sehen: *Penetration Angst*.

Helen scheint auf den ersten Blick ein hübsches, etwas naives Mädchen in einem englischen Städtchen zu sein. Sie freut sich auf ein abendliches Date mit einem idiotischen Sportwagentypen, der ihr aber dann natürlich gleich zügig an die Wäsche will. Sie warnt ihn zwar eindringlich, fleht ihn an: Alles, aber bitte keinen Vaginalverkehr! Er will aber nicht hören, und als er sie dann im Auto vergewaltigt, da erlebt er sein blaues Wunder. Außer Hemd und Hose auf dem edlen Sitzpolster bleibt nichts mehr von ihm übrig. Helen leidet nämlich sozusagen an einer Vulva dentata, die in ihrem Fall die Männer nicht nur anknabbert, sondern sie beim Orgasmus absolut restlos verschlingt. Und die von Mann zu Mann immer unersättlicher wird. Was den schönen deutschen Untertitel des Films »Fick mich und du bist tot« voll und ganz rechtfertigt.

Diese fatale Veranlagung ist bei Helen psychologischer Herkunft, sie nährt sich aus einem verschütteten Schuldtrauma, geradezu einem Marnie-Syndrom: Helen hat als

Kind den Liebhaber ihrer Mutter, der ihr nachstellte, versehentlich zum Krüppel gemacht. Bald muß Helen dann auch ihr Städtchen hinter sich lassen, sie verläßt ihren notgeilen Stiefvater im Rollstuhl und einen liebenswürdigen, aber etwas trotteligen Freund, der sie rein und selbstlos anbetet. In London sucht sie sich neue Beute.

Widerwillig muß sie den Dämon in sich füttern, sie wird ein weiblicher Jekyll und Hyde. In der Millionenstadt nimmt dieser Entwicklungsroman dann wirklich bizarre Wendungen, endet schließlich in einem Happy-End für die geheilte Helen auf der Isle of Wight. Auf dem Weg dahin gibt es noch einige der denkwürdigsten Szenen, die ein deutscher Regisseur in den letzten zehn Jahren gedreht hat, darunter eine Sexszene mit siamesischen Zwillingen.

Guter Geschmack ist nicht unbedingt das Thema dieses Films, den Wolfgang Büld 2003 mit englischen Darstellern an den Originalorten gedreht hat. Aber genau da, wo sonst in dem von kulturellen Über-Ichs so zerquälten deutschen Kino die Regisseure immer gleich ein Faß aufmachen müssen, wenn sie mal ein bißchen splatteriger, mal etwas politisch unkorrekter und ein wenig geschmackloser werden wollen, da ist hier alles anders. Hier passieren der Sex, die Abstrusitäten, die ganzen Muster der Exploitation-Movies, die phantasievoll reihum zitiert werden, alle diese Dinge geschehen irgendwie ganz selbstverständlich und mit sehr viel Ironie. Manchmal wird es auch konsequenterweise etwas albern, aber es bleibt bei allem immer sehr direkt.

Die Unschuld der Heldin (Fiona Horsey) bei ihren Raubzügen überträgt sich so quasi auf den Film. Und macht ihn sexy, vital und verblüffend. Durch Fiona Horsey, die als Scream-Queen inszeniert ist und gleichzeitig aber eine tolle Portion englischer Abgebrühtheit und Unnahbarkeit in die Hauptrolle mitbringt, kommt in das Spektakel an gewissen

Stellen eine echte Ahnung von Melancholie und Dunkelheit. Von dem Drama der siamesischen Zwillinge ganz zu schweigen ...

Sex and Crime und Spaß waren ja die Schlachtrufe einer gewissen deutschen Regie-Generation der achtziger Jahre, in jener Zeit also, in der die Kritik und die Historiker heute geradezu eine Leerstelle des deutschen Films sehen wollen. Dafür sind wir jetzt ja auch mit Volldampf wieder unterwegs zurück zur alten künstlerischen Korrektheit des Autorenfilms und zu seriöser Weltgeltung. Demnach scheint es nur folgerichtig, wenn einer wie Wolfgang Büld, der fröhlich die Genres mixt und durcheinanderwirbelt, zunächst auf Video (*Drop out*, 1998) und nun nach England als Drehort ausweicht. Im Making of auf der DVD kann man dann noch mal erahnen, wieviel Spaß es machen kann, so freudvoll-unabhängig und in Freiheit zu drehen.

Twisted Sisters, 2006

Ein in seinen Details mal wieder verblüffendes Recycling der sehr alten Geschichte von den so völlig unterschiedlichen Zwillingsschwestern: als Neugeborene voneinander getrennt, gehen die beiden Schwestern im Leben entgegengesetzte Wege. Die eine mordet Männer in Serie – auf der verirrten Suche nach der Liebe, die ihr versagt war. Die andere Schwester will vor allem ein behütetes, normales Leben führen und erfährt erst als erwachsene Frau, daß es ein tödliches Alter ego gibt, das ihr am Ende natürlich auch noch auf den Fersen ist.

In beiden Rollen erneut die großartige Fiona Horsey, die hier mordend durch Hamburg zieht. Sie verführt die Männer, die sie begehren, und bringt sie danach auf exquisit grausige Weise um. Eines ihrer Opfer hat neben seinem Bett ein Schlagzeug stehen. Fiona Horsey setzt sich – nachdem sie uns gezeigt hat, was man mit einem Feuerwerkskörper alles anstellen kann – nach getaner Arbeit blutbespritzt hin und spielt in Ekstase lachend ein paar schräge Rhythmen. Die Freude in ihrem Gesicht muß man gesehen haben. Am Ende des Films verschwimmen bei einem rituell anmutenden, langen Endkampf die Charaktere der beiden Zwillinge fast bis zur Unkenntlichkeit.

Wolfgang Büld hat in *Twisted Sisters* wieder aus dem Untergrund der unabhängigen Videoproduktion zugeschlagen. Und wieder kann man an seinem Film erahnen, daß Genreregisseure wie er sich vielleicht doch etwas mehr Spaß an der Arbeit erlauben als die Kollegen von der angestrengteren Filmkunst. Der tägliche und phantasievolle Umgang mit Blut, anderen Körperflüssigkeiten und ab und zu nackter Schönheit hatte ja immer schon eine inspirierendere Wirkung auf Regisseure als das Zentnergewicht schwerwiegender Themen. Und während unser offizielles deutsches Kino momentan dazu übergeht, die freudlose Suppe eines neuen asketischen Formalismus zu löffeln, sieht man hier geradezu dankbar, daß die menschlich wirklich überraschenden und direkteren Momente wenigstens noch im Genrekino weiterhin entstehen dürfen. Momente, die einen bei dem unverdrossen mutigen Wolfgang Büld dann quasi aus dem Nichts mit einem ebenso schockierenden wie erlösend vitalen Freiheitsgefühl belohnen können.

Augen, weit geschlossen

Frau Berta Garlan, ein Hörspiel von Max Ophüls, 1956

Vielleicht ist das, was durch das Ohr in unser Gehirn dringt, und das, was wir dann dort daraus machen, momentan eine assoziationsreichere und kreativere Welt als das, was die optische Wahrnehmung in unserem Kopf bewerkstelligen kann? Die Auge-Gehirn-Connection wirkt ja bei allen möglichen Gelegenheiten zur Zeit seltsam müde, wie ein altes und überfordertes Sinnesorgan. Filme, Videokunst, Performances, Ikonographien, neue Geschwindigkeiten. Alles entwickelt sich visuell erwartungsgemäß rasant und tritt dabei gleichzeitig auf der Stelle. Je schneller die Schnitte, desto langatmiger und redundanter werden die Bedeutungs- und Emotionsformeln im Kino. Jede noch so klitzekleine neue optische Form und ihre Symbolik wird den Zuschauern eingehämmert, bis es auch wirklich alle begriffen haben. Dem mitteleuropäischen Durchschnittsgehirn scheint das Auge seit Generationen dieselben überalterten Metaphern und Bedeutungen immer wieder im Recycling-Turnus anzubieten. Das Ohr dagegen entwickelt gerade erst Welten neuer Assoziationsmöglichkeiten und gleichsam neuer Aufnahme-Flächen. Und auf der akustischen Festplatte des Gehirns ist vielleicht auch ohnehin mehr Platz frei. Denn eine Melodie, ein Hörspiel, die ganze Welt des Klangs und seine erstaunliche Assoziationsbreite ist sozusagen auf kleinerem Terrain abzuspeichern als Spielfilme.

Demgemäß könnten deutsche Filmregisseure ihre Drehbücher ja beispielsweise erstmal als Hörspiel verwirklichen. Sozusagen als Bewerbungs-Kassetten zum gemeinsamen Anhören bei den Gremien- und Redaktionssitzungen. Damit das Vorstellungsvermögen der deutschen Branchen-Funktionäre nicht durch allzu einsame Leseerlebnisse der Drehbücher – oder vielmehr: durch die Lektorate dieser Drehbücher – überhitzt wird, sondern sich eher durch akustische Hilfestellung angenehm angeregt findet. Und wenn die beantragten Filme doch nicht bewilligt würden, dann wären sie immerhin schon mal als Hörspiele entstanden.

Aber man wäre mit der Idee nicht der erste: Denn das zweieinhalbstündige Hörspiel *Frau Berta Garlan* von 1956 ist der Film, den Max Ophüls nicht mehr machen durfte. Weil die deutsche Filmindustrie ihn nicht ließ. Trotz seiner bis dahin so großen Erfolge mit zwei anderen Schnitzler-Stoffen. Denn der eklatante Flop des sündteuren, genialen *Lola Montez* hatte ihn zum Regisseur non grata gemacht. »Vor Ophüls wird gewarnt«, hieß es in der Branche. Also inszenierte er den Film kurzerhand für das Radio in Baden-Baden.

Arthur Schnitzler und Max Ophüls waren vielleicht die fulminanteste Paarung eines Autoren mit einem Filmregisseur, die der deutschsprachige Film bislang kennt. Sie haben nur zweimal zusammen gearbeitet und landeten beide Male kommerzielle Riesenhits und absolute Klassiker: *Liebelei* 1932/33 und *Der Reigen* 1950. Der eine, der Autor, war der Segen des anderen, des Regisseurs. Denn Ophüls konnte seine großartigen, aber kommerziell enttäuschenden Erzählexperimente bei den Schnitzler-Stoffen endlich auch zu Publikums-Gold verwandeln. Eine Zusammenarbeit im üblichen Sinn war es aber nicht: Denn der Autor Schnitzler war leider schon gestorben, als der Regisseur Ophüls ihn erstmals 1932 verfilmte.

Man kann sich vorstellen, daß *Berta Garlan* vielleicht sogar der schönste der Schnitzlerfilme von Ophüls geworden wäre, wenn man das Hörspiel als Entwurf dafür nimmt: Hundertfünfzig Minuten lang entfaltet sich ein akustisches Tag- und Traumspiel über die Erinnerung einer Frau an ihre große, einstmals aufgegebene Liebe des Lebens, über ihr Hoffen auf das Wiedersehen, über die scheinbare Erfüllung der Begegnung und über die folgende brutale Einsicht in die Vergeblichkeit. Gestern, heute, morgen dabei stets in einem verwebt. Zunächst Melancholie, dann Vorfreude, dann Lust, dann harte Enttäuschung, schließlich Resignation, die am Ende Berta Garlan als Erkenntnis der Vergeblichkeit überwältigt.

Die Story dazu geht so: Eine junge Witwe in einer Provinzstadt provoziert die Wiederbegegnung mit der großen Liebe ihres Lebens, einem inzwischen berühmten Kapellmeister in Wien. Sie muß jedoch nach dem heiß ersehnten ersten Liebesnachmittag einsehen, daß der angehimmelte Mann sie sich als Teilzeitgeliebte halten will. Daraufhin gibt sie ihren Lebenstraum endgültig auf. Ihre Einsicht in den Verzicht auf alle Hoffnungen wird beschleunigt durch das tragische Schicksal einer befreundeten jungen Frau.

Hermann Naber hat in einem seiner packenden Berichte über die Ophüls-Hörspiele beim SWR ein wichtiges Zitat des Regisseurs zur Erotik des Stoffs *Berta Garlan* festgehalten: »Der Inhalt ist sehr bürgerlich und deshalb in seiner Absolutheit besonders schön. Läuft aber in meiner Empfindung Gefahr, spießig zu werden, wenn man den Kontrapunkt einschränken müßte: die Schilderung aller Sexualität.« Und Schnitzler hat in seinen skandalösen erotischen Momenten einen Leitfaden umgesetzt, den man vielleicht als generelle männliche Jugendstilangst vor der »gewaltigen Liebessehnsucht« der Frauen beschreiben könnte: »... Und wenn sie (die Frauen) aus ihrem höchsten Rausch langsam erwachen, sehen wir nicht, wie sie mit einem unheimlichen Staunen uns ansehen, nein, wie sie uns wiedersehen, um sich an uns zu erinnern, weil wir gerade in dem Moment ihrer herrlichsten Entzückung mit allen unsern höchst eigenen Eigenschaften, mit unserem Geist und unserer Schönheit, mit all den Tugenden und all den Lastern, womit wir sie gewannen, so unbeschreiblich überflüssig geworden sind, gegenüber dem ewigen Prinzip, das in der Maske eines Individuums erscheinen muß, um walten zu dürfen: denn der kurze und bewußtlose Augenblick, in welchem die Natur ihren Zweck durchzusetzen weiß, braucht nur den Mann und das Weib, und wenn wir auch sein Vorher und Nachher so erfindungsreich von den tausend Lichtern unserer Individualität umtanzen lassen – sie löschen doch alle aus, wenn uns die dumpfe Nacht der Erfüllung umfängt.« (Schnitzler in *Die Braut*) Ein wohliges Erschauern vor der projizierten Unendlichkeit der weiblichen Sehnsucht. Einerseits eine genaue Beschreibung vieler Momente des Sichlösens der Körper aus der Liebe auch in Ophüls-Filmen. Andererseits machte Ophüls aus Schnitzlers Stoffen einige der ersten wirklichen Frauenfilme der Filmgeschichte.

Und wie wäre es wohl, wenn man das Hörspiel *Berta Garlan* als Partitur nehmen würde und den dazugehörigen Film heute nachdrehte? Wenn also heutige Akteure mit den damaligen Stimmen sprechen würden, wenn man sich in der Inszenierung dem Rhythmus und der Erzählweise dieses »Hörfilms« ganz und gar anpassen würde und nur das Bild dazu neu »erfände«? Wie würde das aussehen? Wer würde wen spielen? Wessen Physiognomie würde zu welcher Stimme passen? Wie wäre es, Katja Riemann oder Martina Gedeck oder Jeanette Hain oder Doris Schretzmayer oder Nina Kunzendorf oder … als Berta Garlan anzusehen, mit der Stimme von Käthe Gold gesprochen? Und wen würde man heute besetzen für den angehimmelten Violinisten, den damals Kurt Meisel sprach? Oder für die Stimme Bernhard Wickis, ebenfalls somnambul im Ton, aus der Krankheit, Atemlosigkeit sprechend. Er wirkt hier schon ganz wie der ältere Bernhard Wicki, den man heute in Erinnerung hat, nicht wie der schöne, noch junge Mann, der er damals, 1956, war.

Und wie würde man im Bild den Zauber der ständig wechselnden Erzählebenen umsetzen? Die den Zuhörer mit ihren zwei Erzählern aus dem Off ständig verwirren, mit den Selbstgesprächen der Frau einerseits und mit dem Kommentator der Novelle andererseits. Diese Stimmen, die sich beide dauernd ineinander verschlingen und sich in die Biographie und in die Monologe der Frau förmlich in Zeit und Raum hinabstürzen. Wie verfilmt man die wellenförmigen Auf- und Abblenden der Stimmen, wenn sie sich überkreuzen, wenn sie klingen, als würden dauernd Schleier von den Figuren und Szenerien weggezogen und statt dessen neue Schleier vor das Bild geworfen werden? Kaskaden von Eindrücken überwältigen den Zuhörer, beleuchten den ganzen Kosmos des Gefühlslebens dieser Frau in diesen wenigen entscheidenden Wochen oder Tagen, die die Novelle erzählt. Die Stimmen ihres Lebens raunen, hypnotisieren, und die Erinnerung ist manchmal nicht von den gegenwärtigen Szenen zu unterscheiden. Manche Sätze werden wiederholt wie ein Mantra: »Liebst du mich?«, »Liebst du mich?«, »Liebst du mich?« fragt ihr langweiliger erster Mann sie gebetsmühlenartig. »Ja«, antwortet sie geduldig. »Ja.« – »Liebst …?« beginnt er wieder … und bricht ab. Und der Erzähler sagt: »Nach drei Jahren Ehe starb ihr Mann unerwartet.« Diese Stimmen bilden einen musikalischen Rhythmus, eine Wellenbewegung, auf der Käthe Golds Stimme ganz oben mit schläfriger Sehnsucht schwimmt. Eine Traumnovelle im Ton. Fast eine Entmaterialisierung von Raum und Zeit.

Und dann ist da, ganz so wie in seinen Filmen, jener Ophülssche Regie-»Zauberstab«, der jede kleinste Nebenrolle zu berühren scheint. Die fantastisch realistische Inszenierung der Nebenfiguren, der Komparserie: die Sonntagsdiners des Schwagers, das Gehuste und Gelächter der Gäste. Und jeder Kellner, Kutscher und Passant stimmt, jeder bildet einen sachlichen, trockenen Gegenpol zu Bertas aufgewühlter Gefühlswelt.

Man »hört« die Kamerafahrten förmlich und »sieht« die Tonebenen in Bilder realisiert. Sollte man bei einer Nachverfilmung die optische Ebene vielleicht besonders bescheiden anlegen, um damit die grandiose Hörebene zu unterstreichen? Und wo überhaupt das Ganze heute drehen? Tatsächlich in Wien und Umgebung? Im europäischen Osten? Oder im modernen Wiener Ambiente drehen, ganz ohne Kostüme? Optisch wie Kubricks Schnitzler, akustisch aber aus den fünfziger Jahren entstiegen? Oder könnte man extravagante Konzepte versuchen wie etwa: nur die Darsteller in Kostümen stecken lassen, um sie herum sehen wir aber die moderne Wiener Welt, und diese Darsteller wirken darin wie auferstandene Vampire einer anderen Zeit? Und manchmal – wenn Käthe Gold und Kurt Meisel spazieren gehen – müßte man vielleicht sogar überraschend à la Mel Brooks auf ein kleines Orchester schwenken, das in einer Seitenstraße sitzt und das die Joseph-Haydn-Themen des Hörspiels spielt ...

Ich stelle mir vor allem auch vor, daß man trotz der Trennung von Sprache und Bild im Spiel der Schauspieler eine Einheit entstehen lassen könnte. Und erst in dieser Einheit könnte man den eklatanten Unterschied der Sprachkultur der Schauspieler in voller Gänze nachempfinden, damals und heute als Gegensatz. So wie bei Jacques Offenbachs Operetten um die Jahrhundertwende stets ein absurdes Französisch gesungen wurde (ein gewaltig rollendes R beispielsweise), so hat man manchmal den Eindruck, es wurde der Wienerische Singsang zwischen den Kriegen als Kunstsprache des deutschen Films von allen deutschen Schauspielers erlernt und beherrscht. Wie würde sich dieser Sprachgesang auf die körperliche Beweglichkeit, auf die Mimik und Gestik der modernen Schauspieler auswirken?

Dieses Gedankenspiel mal beiseite gelassen: 2002 am Lido schreibt laut Tobias Kniebe ein anonymer Zuschauer als Kommentar zu Dörries *Nackt* einen verheerenden Satz. »Fordere niemals einen Deutschen dazu auf, von der Liebe zu reden.« Soweit ist es nun also. Und was ist mit Keyserling und Tucholsky und Thomas Mann, etc.? Und Lubitsch und Wilder und *Unter den Brücken* von Käutner und noch so einiges, und ... Man könnte bei diesem Satz vor Empörung losschreien, aber man ahnt auch, bezogen auf den deutschen Film: Soweit ist es ja im Grunde schon lange. Trotz aller beklagenswerter Ignoranz des Auslands unserem momentanen Filmausstoß gegenüber, so ganz unrecht hat der vorlaute anonyme Schreiber nicht. Denn es ist schon seltsam, wie wenige Motive dem deutschen Film seit jeher zum Thema Liebe eingefallen sind. Romantische Schwärmerei bis zur Selbstaufgabe, Anbetung, Minnesängerei, Verklemmtheiten ohne Ende, dramatischer Liebestod – das ja. Eifersuchtsexzesse, Liebesverlustsdepressionen – das auch. Verquälte Einsame ohne Ende, »Ich will ja nur, daß ihr mich liebt ...!!« Und Lustspiele und Happy-Ends und laue Pubertätsgefühle auch jede Menge. Aber die interessanteren Zwischenschattierungen der Liebe, die Unklarheiten, die Grauzonen des Gefühls, die Unentschiedenheiten, die Flüchtigkeiten, der Warencharakter des Sex und der Leidenschaft, der Realismus des Liebesmarkts, das Zartbittere, die echte Lebenserfahrung in der Ehe, kurz: all jene wirklichkeitsnäheren Ungefährheiten und alle harten Realitäten des Gefühls, die ja soviel größere Liebesfilme hervorbringen können als die leidenschaftszerfurchten Kolportagedramen – davon ist insgesamt sehr wenig im deutschen Film zu finden. Wir lieben kindisch idealisierend, wir hassen – oder wir versteinern in Lieblosigkeit. Das haben wir der Welt im Kino anzubieten, und gerade das mag die Welt ja eigentlich auch von uns.

Expressionismus. Bitte keine Zartheiten. Keinen Impressionismus in den Gefühlen. Sondern Vereinsamung, Minderwertigkeitskomplexe, die am Ende am besten gleich mental zu Formen des Faschismus führen. Und dennoch, den einen gefühlsechten deutschsprachigen Giganten der feineren, subtileren Sehnsüchte und der grausamen Liebeszweifel, den gab es in Deutschland ja doch: eben Max Ophüls.

Und der erinnert einen mit seinen Filmen daran, daß die größten Erkenntnisse über den Warencharakter der Liebe erstaunlicherweise in deutscher Sprache geschaffen wurden. Man glaubt es kaum, aber es ist so. Jede Begegnung mit Arthur Schnitzler oder Ophüls – auch unabhängig voneinander – kann einem stets wieder neu die Augen über das grausame Liebesspiel öffnen, an dem sie ihre Figuren teilhaben lassen. Die erste Maxime an der Oberfläche des Spiels lautet in etwa: Sexuelle Anziehungskraft und Leidenschaftsgefühle funktionieren gemeinhin nach den Prinzipien der Marktwirtschaft. Ein übertrieben reichhaltiges Gefühlsangebot führt daher häufig zu reduzierter Nachfrage, dagegen stachelt die Zurückhaltung des einen jeweils die Begierde des anderen um so mehr an. Und so kommt es dann, daß immer einer von beiden den anderen mehr liebt, einer sehnt sich mehr, und dieser eine leidet stets mehr als der andere, einer fühlt sich in der Liebe immer zurückgesetzt, wird eifersüchtig und hat zumeist am Ende auch Grund dazu, weil es den anderen längst nach neuer Sehnsucht verlangt ... so läuft nun mal die Liebe. Und für jeden wunderschönen Moment hat man x-fach zu bezahlen. Bei Schnitzler auch mit dem Tod.

Die zweite Maxime des Spiels: Niemals sind wir Tod und sehnsuchtsvoller Selbstauflösung so nahe wie im Sex. Und wir alle drängen pausenlos nach Wiederholung dieser Empfindung. Wie jene Ratten, die sich im Labor zu Tode onanierten, nachdem sie einmal den richtigen Knopf für die Stimulanz durch die Elektroden an ihrem Geschlechtszentrum gefunden hatten. Nur eine dünne zivilisatorische Haut trennt uns von einem geradezu selbstmörderischen Drang nach permanenter Befriedigung.

Das Spiel, das die beiden schildern, klingt brutal, ist aber im Grunde stets auch mit einer lebensfrohen und witzigen Variante versehen. Wer Schnitzler kalt und hart inszeniert, scheint ihn nur zu verdoppeln. Max Ophüls umgab Schnitzlers grausame und freudianische Wahrheiten mit scheinbar liebenswürdigen Girlanden, er versüßte die bittere Pille der eiskalten Schnitzlerschen Gefühlsmassaker. War aber nichts desto weniger letzten Endes ebenso gnadenlos in seiner Aussage. Kein Wunder, wo Ophüls doch schon als Kind alles Wesentliche begriffen hatte, als er den alten deutschen Gymnasiumsmythos vom »Guten, Schönen, Wahren« in der Kunst und im Leben mit den »guten, schönen Waren« in der Firma seines Vaters verwechselte.

Es fällt einem wie eine unwillkürliche Gedankenkette dazu ein: Wir stehen heute plötzlich und unerwartet vor einem neuen tödlichen Weltkonflikt, vor einem möglichen Krieg von der Größe, wie ihn die Macher jenes Hörspiels damals, 1956, gerade mal zehn Jahre hinter sich hatten. Und wie ihn die Schnitzlersche Welt um 1900 unwissentlich vor sich hatte. Bei uns geht auch eine Ära zu Ende. Unsere Staaten zerfallen vielleicht gerade ökonomisch ebenso zu Staub wie die alte Welt vor dem Ersten Weltkrieg? Auf der Tonebene von *Berta Garlan* können wir unsere physische Nähe zu Schnitzlers Paaren womöglich mehr ahnen und spüren als in jedem Film. Und auch wenn diese Figuren scheinbar unter den Trümmern zweier Weltkriege begraben sind: Es sind Paare wie aus versteinerter Asche. Das Hörspiel gräbt sie aus wie die Figuren in Pompeji. Und wir hören: Sie sind ganz dicht, sie sind uns ganz nah.

AMERIKA

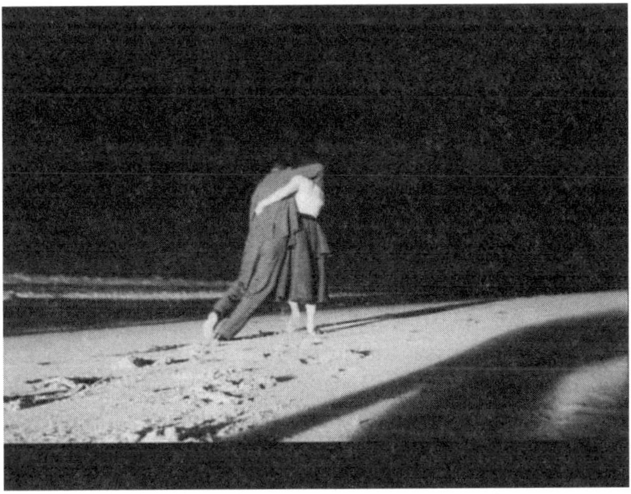

Kiss Me Deadly von Robert Aldrich © MGM Home Entertainment

Die Büchse der Pandora

Kiss Me Deadly (Rattennest) von Robert Aldrich, 1955

Der Titelsong gibt das Thema vor: »I'd rather have the blues than what I've got.« Nat King Cole singt es unter den (rückwärts laufenden!) Anfangstiteln wie ein anonymer Erzähler, den die Trauer übermannt hat. Was ist dem Mann geschehen? Der Song macht keine präzisen Angaben. Ist er verlassen worden, ist der Schmerz übergroß? Was hat er, das er lieber gegen den Blues eintauschen will? Ist er vielleicht im Besitz des gefährlichsten Koffers der Filmgeschichte, an dessen ungesundem Inhalt schon vor Beginn des Films einige Leute gestorben sind? Und an dem bald auch er selbst sterben könnte? Später im Film wird das Lied noch mal gesungen, von einer Nachtclubsängerin. Und zwar als Mike Hammer mit deutlicher Kampftrinkabsicht an der Bar hängt, weil man ihm den besten Freund getötet hat. Der war ein kleiner griechischer Automechaniker (»Wawawummmm!«), immer unternehmungslustig und fröhlich – und ging einem mit seinem etwas kindisch mediterranen Gemüt übrigens auch ziemlich auf den Wecker. Aber er gab Mike Hammers Sekretärin Gelegenheit zu einem ihrer schönsten Dialogsätze, als sie sich mal wieder an ihren Chef ranpirscht: »›Wawawumm‹ hat gesagt, in Griechenland würdest du ›Mikali Sfiros‹ heißen ...« Und sie küßt ihn dabei so sehnsüchtig, als würde sie ihn nicht mehr loslassen, bevor sie nicht zusammen im Bett liegen. Aber Hammer ist nicht bei der Sache, denn er denkt den ganzen Film lang an eine andere Frau. Christina Baley, die zu ihm sagte, daß ihr Vorname der einer italienischen Dichterin ist, einer Christina Rossetti. Diese Poetin kennt so jemand wie Mike Hammer natürlich nicht, aber ihre Gedichte werden ihm gegen Ende auf die entscheidende Spur helfen.

Der Privatdetektiv Mike Hammer aus L.A. hat Christina Bailey (Cloris Leachman) zu Beginn des Films kennengelernt, als sie ihm barfuß mitten in der Nacht auf einer Küstenstraße verzweifelt winkend vor den Wagen lief. Er hat sie mitgenommen, er hat sie an einer Polizeisperre vorbeigeschleust, die ihretwegen (»Eine Frau ist aus dem Irrenhaus ausgebrochen!«) aufgebaut war, er drückte sie an sich wie eine Geliebte, und die Polizisten schöpften keinen Verdacht. An einer nächtlichen Tankstelle ließen die beiden einen halben Baum entfernen, der sich beim Bremsmanöver ihretwegen um die Lenkung gewickelt hatte. Dann fuhren sie weiter, und Christina redete plötzlich ein paar sehr aggressive – und für damalige Filmzeiten ziemlich unübliche – Dinge daher über Mann und Frau im allgemeinen. Sie machte sich lustig über das landläufige Bild der »Frau als unvollkommenes Wesen, das als Ergänzung einen Mann braucht«. (Und Mike Hammer dachte da offensichtlich einen Moment lang: ›Na, ob sie nicht doch zu Recht im Irrenhaus war?‹). Und dann wurden sie beide gekidnappt, Hammer kriegte eins über den Schädel, und als er wieder aufwachte, lag er bereits mehrere Tage im Krankenhaus. Man hatte Christina während seiner Ohnmacht zu Tode gefoltert (wir haben nur ihre zuckenden Beine gesehen und ihre grausigen Schreie gehört), und man hatte sie dann – Christina hat ihr Geheimnis nicht preisgegeben – beide zusammen im Auto einen Berg runtergeschoben. Hammer hat angeblich nur mit knapper Not überlebt.

Wochen später – oder sind es Monate? Dieser Film geht so grandios lässig mit Zeit um! – verläßt er ohne sichtbare Spuren des Erlebten das Krankenbett. Aber die Erinnerung hat ihn fest im Griff. Christina Bailey hat ihm in jener Nacht an der Tankstelle heimlich noch ein kleines Briefchen an seine Adresse geschrieben, und sie hat es dem Tankwart gegeben, der solle eine Briefmarke draufkleben und es einwerfen. Jetzt findet Hammer den Brief, begraben in seiner alten Post, nachdem inzwischen nahezu jeder abgemurkst oder entführt wurde, mit dem er seit dem Krankenhaus Kontakt hatte. Auf dem Zettel stehen nur fünf Worte: »Bitte, vergessen Sie mich nicht.« Nein, Hammer vergißt sie nicht. Er kommt durch ihre Briefzeile auf das passende Gedicht jener Dichterin mit Namen Christina. Und damit dann auf das Versteck der ominösen Kiste, hinter der alle her sind. Inzwischen weiß Mike Hammer auch, daß Christina von der Polizei in eine Privatklinik gesteckt worden war, weil sie durch Zufall wußte, wo die Kiste mit dem strahlendem Uran (aus Los Alamos stammend!) deponiert war. Diese Kiste, die an der Westküste inzwischen offenbar von verbrecherischer Hand zu verbrecherischer Hand ging wie die Büchse der Pandora.

Den Schlüssel zum Versteck der Kiste hatte Christina Baley runtergeschluckt, bevor sie starb. Der Forensiker bei der Polizei hat ihn in ihrem toten Körper gefunden und will ihn Mike Hammer teuer verkaufen. Die zum Kassieren geöffnete Hand des Mannes klemmt Hammer freudig brutal in der Schublade ein, in der dann auch der Schlüssel liegt. (In der deutschen TV-Fassung geschnitten.) Und mit dieser ziemlich harten kurzen Szene beginnt der Wahnsinn des Schlußkapitels des Films, der am Ende in ein kleines Hiroshima am kalifornischen Strand mündet. Hammer – angeschossen – steht mit seiner entführten Sekretärin, die er kurz vor der Explosion des Urans noch retten konnte, im Pazifik. Und starrt – wie wir – gebannt auf das Desaster auf dem Kontinent hinter ihm. Auf jenen Dämon der Machtgier um jeden Preis, der der amerikanischen Geschichte schon lange im Nacken sitzt, weit vor Los Alamos und weit über den 11. September hinaus.

Ralph Meeker als Mike Hammer boxt, bourbontrinkt und küßt sich durch den ganzen Film wie in einem Billigwestern. Die Kinnhaken knallen auf der Tonspur, daß es eine Freude ist. (Man hat damals noch für Gesichtstreffer im Ton abgeschnittene Gewehrschüsse verwendet, deshalb klingen sie immer wie Sylvesterkracher.) Aber Christina Baley hat bei Hammer ihre Spuren unauslöschlich hinterlassen. »I'd rather have the blues than what I've got.« Melancholia – sie ist am Ende doch immer die schönste aller Geliebten.

Kiss Me Deadly war nicht Robert Aldrichs erster Spielfilm, aber er hat die Gangart eines unglaublich selbstbewußten Debüts. Gelassen benutzt er Tempo, Action, rasante Zeitsprünge ebenso wie lange, ruhige Einstellungen. Man kann dabei den radikal zynischen Ton des Films ebenso lieben und bewundern wie die großartigen Inszenierungen von Orten: das böse Haus am Strand. Das labyrinthische Treppenhaus des Apartmenthauses von Christina Baley. Die Wohnung Hammers, wenn er zu Beginn aus dem Krankenhaus zurückkommt und in einer zweiminütigen Einstellung überprüft, ob ihn zu Hause vielleicht bereits etwas Unvorhergesehenes erwartet. Aber es wartet auf ihn nur sein wunderbarer Anrufbeantworter mit den großen Tonbändern, der attraktiv an der Wand installiert ist. Er ist das – neben der Kiste Uran – tollste Requisit des Films.

Überhaupt gibt es ungewöhnlich viele ungeschnittene Einstellungen, das deutet auf zügige Dreharbeiten hin und spricht für ein relativ geringes Budget. Aber wozu braucht es Geld, wenn man Szenen wie diese inszenieren kann: Hammer fährt auf ein Clubgelände, wo sich der Gangster Evello mit seinen Kumpanen aufhält. Evello hat dem Privatdetektiv großzügig ein Auto vor die Tür gestellt, an dessen Zündschloß und in dessen Motor Mike Hammer und »Wawawumm« gemeinsam erst mal zwei Bomben finden und entschärfen mußten, bevor man es benutzen konnte. Hammer parkt ein, und direkt hinter ihm steigt eine sehr attraktive blonde Dame im Badeanzug aus einem Sportwagen genau gleichen Modells. Es ist Evellos Halbschwester. »Unsere Autos sind Zwillinge«, sagt sie ein wenig beschwipst im Badeanzug und öffnet ihm die Autotür. »How do you do?« fragt Hammer höflich. Sie antwortet fröhlich: »Crazy« – und küßt ihn. Dann sagt sie: »You taste better than anybody I know.« Und fragt ihn bittend: »Noch mal?« Hammer – »Ok« – küßt sie noch mal. Danach schaut sie ihn sehnsüchtig an: »Sind Sie sicher, daß wir uns noch nicht kennen?« Er lacht. Sie beschwert sich über die Freunde ihres Halbbruders: »Sie sind häßlich, haarig, rauchen schwarze Zigarren und reden zu laut. Aber Sie sind nett!« Leider hat Hammer nach dieser Begegnung sofort wieder anderes zu tun, und danach taucht sie – sie heißt »Freitag« – nie wieder auf. »Freitag« (Marian Carr) ist unglaublich. Betrunken, fröhlich, liebesbedürftig.

Manche Linien der Story sind vielleicht etwas dürftig gekennzeichnet – völlig egal. Wichtig ist nur, daß alle, wirklich alle jenen Koffer haben wollen, der die Katastrophe beinhaltet. Und vor allem die kurzhaarige Blondine will ihn ganz dringend haben, die sich lange Zeit für die beste Freundin und verängstigte Ex-Zimmergenossin Christina Baileys ausgibt. Kurzhaarfrisuren waren ja bei Frauen in Hollywoodfilmen schon immer ein tendenziell gefährliches Anzeichen. Und diese »Gabrielle« ist dann am Ende auch wirklich so verrückt, wie Christina Bailey es nur angeblich war. Sie (Gaby Rodgers) ist eine der ersten in einer langen Linie von irregewordenen Frauen bei Aldrich.

Und nicht zu vergessen: Hammers Sekretärin Velda (Maxine Cooper), seine eigentliche Geliebte, die Balletttänzerin werden will. (Er sagt anfangs im Krankenhaus zu ihr: »Du bist nie da, wenn ich dich brauche.« Sie darauf: »Du brauchst mich nie, wenn ich da bin.« Geht's noch kürzer?) Der Schweiß auf ihrem Gesicht, wenn Hammer sie mitten in der Nacht aufweckt oder wenn er sie bei ihren Gymnastikübungen an der Stange unterbricht, ist derselbe Schweiß, den Aldrich zwanzig Jahre später der reichen Frau am Anfang von *Die Kampfmaschine (The Longest Yard)* im Gesicht schimmern läßt; einer Frau, die von Burt Reynolds Sex einfordert für das Geld und für das tolle Auto, das sie ihm gegeben hat. Den Glanz des Begehrens im Gesicht der Frauen, den sieht man oft bei Aldrich. Und die Männer zucken meistens davor zurück wie vor Schlangen. Und machen dabei eine eher jämmerliche Figur. »I'd rather have the blues than what I've got.« Der angebliche Nur-Männerfilmer Aldrich hatte eben ziemlich unerwartete Facetten.

Die schwarze Serie wird nie aussterben, sie wird in endlosen Variationen fortgeführt werden. Und ihre besten Filme, zumal die Privatdetektiv- und Polizeithriller – und das sieht man hier so deutlich wie selten! –, werden immer als Film pur daherkommen. Ganz dem Detail, dem jeweiligen Moment hingegeben. Es kommt letztlich immer nur auf die einzelnen Szenen an, nicht unbedingt auf die Schlüssigkeit des Ganzen. Die Dramaturgien der Storys spielen gerade mal so lange eine Rolle, wie die Geschichte dauert. In der Erinnerung bleiben vor allem tolle Dialoge, Musik, Licht und Schatten, Choreographie, Traum, Alptraum, Gewalt, sarkastischer Humor, Schönheit, Sex, Sehnsucht und Melancholie. Und so soll es sein.

Eine Frage der Selbstbeherrschung

The Private Life of Sherlock Holmes von Billy Wilder, 1970

Morgens. Dämmerung. London, Ende des 19. Jahrhunderts. Eine sehr schöne, blonde Frau, Belgierin oder Französin (gespielt von Geneviève Page) die nachts halb ertrunken aus der Themse gefischt worden war, mit nichts als der berühmten Adresse Baker Street 221 B und einem Gepäckschein in der Tasche, erwacht in der Wohnung des größten aller Detektive. Sie ist nackt, man hat sie ihrer nassen Kleider entledigt. Sie ist sehr verwirrt. Sie weiß nicht, wo sie ist. Sie sucht ihren Ehemann. »Emile? Emile?« ruft sie schlaftrunken und sehnsüchtig. Ihr Mann ist verschwunden, sie sucht ihn, sie fürchtet, er könnte tot sein, das ist das einzige Konkrete, was sie am Vorabend über ihr Schicksal geäußert hat.

Sie steht auf und geistert nackt durch die Wohnung im Zwielicht, bis sie auf Holmes trifft, der nachdenklich an einem Fenster im Gegenlicht steht. Bei Wilder ist ein Gegenlicht sogar in einer dämmrigen Wohnung immer noch so, daß wir alles sehen, was sich im Gesicht des Mannes abspielt. Wir befinden uns hier schließlich in der filmischen Klassik, und für die zählt nicht das Licht der Natur, sondern nur das Licht, das der Erzählung notwendig erscheint.

Geneviève Page fragt den gegenlichtigen Schatten am Fenster: »Bist du es, Emile?« Sherlock Holmes antwortet: »Ja, mein Liebling.« Natürlich tut er dies aus rein investigativen Motiven, vielleicht verrät sie ihm nun ihr Geheimnis?

Sie ist überglücklich, ihn zu sehen. Sie umarmt ihn: »'alt misch, 'alt misch ganz fest.« Er tut es. Sie legt sich in einen großen Sessel und bittet ihn, zu ihr zu kommen. Sie schließt die Augen. Sie streckt die Arme nach ihm aus, erzählt kokett mit ihrem absurden französischen Akzent, sie habe sich neulich ein Negligé gekauft, nur für ihn, für ihr Wiedersehen; ob er das albern fände? »Aber nein«, antwortet Holmes. Sie wirkt immer noch wie im Traum. Sherlock Holmes, der Kokser, der Frauenhasser (»Wenn eine Frau lächelt, dann ist die Suppe schon vergiftet.«) betrachtet sie, wie sie da liegt, scheinbar emotionslos. Ihre Nacktheit ahnen wir natürlich nur. Dann kommt er zu ihr.

Eine sehr erotische und zärtliche Szene. Sie ist doppelbödig und gezinkt, weil die Frau ihre geistige Verwirrung nur spielt. Sie ist Spionin im Auftrag des Geheimdienstes des deutschen Kaiserreichs und will mit Holmes Spürsinn den Weg zum streng geheimen U-Boot-Projekt der Engländer finden. Und später fragt Watson, ob Holmes ihre Nacktheit und ihre geistige Verwirrung in dieser Situation ausgenutzt habe? Natürlich, sagt Holmes. Watson ist empört. Holmes beruhigt ihn: Er habe nur den Stempelabdruck des feucht gewordenen Gepäckscheines in ihrer Hand verglichen. Hat er wirklich nur …?

Miklós Rózsas tragische, immer irgendwie antik klingende Quinten-Musik (diesmal aber mit schluchzender Sologeige!) macht die Szene zusätzlich zu einem ungemein tiefen Geständnis der Sehnsucht des kalten Mannes Sherlock Holmes nach dieser Frau, von der er in diesem Moment schon weiß, daß sie ihn belügt, und deren Lüge er dennoch so gerne glauben würde … Wenn er es nur könnte. Wenn er seine tiefe Skepsis für einen Moment überwinden könnte.

Billy Wilder war nie einer meiner Lieblingsregisseure. Er wurde dazu zu oft zitiert, zu oft als leuchtendes Beispiel vorgeführt. Seine Filme galten als perfektes Kintopp, und Kintopp mochte ich nie. Kintopp war immer genau das am Regisseursberuf, was ich verabscheute. In den Siebzigern galt Wilder kurze Zeit als verstaubt, in den Neunzigern wurde einem quasi die Regisseurslizenz in Deutschland entzogen, wenn man Wilder nicht per se großartig fand. Aber auch meine Ignoranz hatte irgendwann ein Ende, dann, als ich diesen allerschönsten aller Wilder-Filme im Fernsehen sah: *The Private Life of Sherlock Holmes.* Damals war der Film noch nicht in einer grausig grünstichigen, weichgewaschenen Kopie zu sehen, sondern er hatte entsprechend seinem Thema düstere und leuchtendere Farben. Er war ein kommerzieller Mißerfolg gewesen, das stand damals in der TV-Ankündigung – und das machte ihn schon mal interessanter. Jemand schrieb: »Wilders einziges Selbstporträt«. Und Wilder selbst betrachtete ihn angeblich als mißlungen. Das machte noch mehr Hoffnung. Und so war es dann auch. Der Film ist längst nicht so mit dramaturgischem Schmieröl eingerieben wie die meisten anderen Wilders, er hat Längen und Umwege, und das ist sein großes Plus.

Und für mich ist der beste Dialog aller Wilder-Filme dieser: Wenn Holmes mit seinem Rauschgiftbesteck in der Hand den Weg in sein Kabinett antritt und Watson ihn jedes Mal empört fragt: »Holmes, wo ist Ihre Selbstbeherrschung?« Holmes antwortet, während er die Tür hinter sich zuzieht: »Berechtigte Frage.« Von diesem Moment an war auch ich Wilder-Fan.

Der tödliche Rummel der guten Leute

Tollkühne Flieger (The Great Waldo Pepper) **von George Roy Hill, 1975**

Ein Film von mausoleumshafter Klarheit. Alle Bilder sehen aus wie gestochen, wie mit einer Lichtnadel ins Blau des Horizonts getrieben. Der endlos weite Himmel der USA bildet den unbeteiligten Hintergrund zu den irrsten Fliegerstunts, die es bis dato in Hollywood gegeben hatte. Robert Redford als Doppeldecker-Einmannshow »The Great Waldo Pepper« tingelt Anfang der zwanziger Jahre über die vereinzelten Dörfer in Nebraska. Er begrüßt die Landeier, die ihm zuschauen, jedes Mal mit: »Hello, you good people!«, nimmt sie mit auf einen kleinen Rundflug und fliegt ihnen dann ein paar Kunststücke vor. Fünfzig Minuten lang geht alles gut, Susan Sarandon hat einen ihrer tollen frühen Kurzauftritte, und der Film ist ziemlich lustig wie meistens bei George Roy Hill. Aber man ahnt bereits, daß Redfords Nettigkeit seltsam ins Leere läuft. Dann ereignen sich zwei tödliche Unfälle, und der zweite ist so grausig, daß Waldo Pepper durchdreht und vor Verzweiflung ein kleines Volksfest förmlich kaputtfliegt. Das ist der Moment, in dem bei George Roy Hill eine Art Publikumshaß durchbricht. Der Haß, den viele gute Entertainer in sich tragen, weil sie wissen, daß sie auch im größten Applaus einsam sind und daß die Zuschauer, die »good people«, mit ihren ewigen Forderungen nach »höher, schneller, weiter, härter!« sie im Ernstfall irgendwann sogar in den Tod treiben werden.

Von diesem Unfall an ist der Film von geradezu marmorner Tragik. Ein Grabstein für die großen Kampfflieger des Ersten Weltkrieges, deren Seelen niemals mehr auf den Boden zurückkamen und die als Show-Attraktionen, als selbstmörderische kleine Punkte am Horizont endeten. Der Schluß ist dann eisig und von Marschmusik und Motorengeheul durchdröhnt: Waldo Pepper darf endlich in Hollywood den Luftkampf gegen den berühmten deutschen Flieger Kessler austragen, den er sich als Gegner schon immer gewünscht hat. Es ist ein absurdes Schattenfluggefecht, ohne Schußwaffen und dennoch für beide tödlich.

Der Film war leider damals ganz und gar kein Hit, trotz des bewährten *Butch Cassidy*-Teams mit Regisseur Hill, Redford und William Goldman als Drehbuchautor. Die DVD ist dementsprechend ärmlich ausgefallen und enthält nur den Film. Obwohl allein schon die Stunts jede Art von Dokumentarmaterial gerechtfertigt hätten. George Roy Hill hatte die Story von »Great Waldo Pepper« selbst entwickelt, er war Navy-Pilot gewesen, sowohl im Zweiten Weltkrieg wie auch später im Korea-Krieg. Vorher hatte er Musik studiert, und zwar immerhin bei Paul Hindemith. Schließlich schrieb er ein erfolgreiches TV-Stück über den Luftkampf. Aus solchen von Kriegen zerrissenen Biographien, aus den hochbegabten Regieanfängern der Fünfziger, die ihre Karriere fast ausnahmslos beim Fernsehen starteten, rekrutierte Hollywood dann jene hellsichtige, zutiefst skeptische Generation der Sechziger, zu der George Roy Hill ebenso gehörte wie auch Sidney Lumet, John Frankenheimer, Franklin Schaffner, Sam Peckinpah, Arthur Penn oder Robert Altman danach. Und wie vor ihnen schon der etwas ältere Robert Aldrich. Diese Regisseure waren bereits das eigentliche Neue Hollywood. Sie waren tollkühne, ziemlich besessene Kämpfer. Sie bereiteten mit ihren grandios sarkastischen Genrevariationen beharrlich den Boden für die nächste Generation. Für die Kinobabys und die Filmhochschüler, die nach ihnen kamen – die Coppolas, Spielbergs, Lucas' und Scorseses, die man später als den Höhepunkt des ruhmreichen »New Hollywood« feierte.

Was für eine Klasse Hill hatte, zeigte er direkt nach dem knallharten Flop von *Tollkühne Flieger (The Great Waldo Pepper)*, als er die Ärmel aufkrempelte und den vielleicht besten Film seiner Karriere machte: *Schlappschuß* – eine wundervoll melancholische und bittere Farce aus den Niederungen des US-Eishockeys. Profisport, Unterhaltungskino, Luftakrobatik – alles dieselbe Art von Drecksgeschäft. Alles eine Art Rattenrennen, das es gilt, mit Würde, mit möglichst wenig falschen Kompromissen, mit Professionalität und mit Liebe zur Sache bis zum Ende zu bestehen. So, wie es einer wie George Roy Hill beharrlich versucht hat.

Wo waren Sie, als Kennedy erschossen wurde?
Night Moves (Die heiße Spur) von Arthur Penn, 1975

Die Musik und das Licht

Night Moves, Die heiße Spur, Arthur Penns klassischer Detektivfilm von 1975 mit Gene Hackman in der Hauptrolle, ist für mich der Sundowner der New Hollywood-Ära. In vielerlei Hinsicht. Erstmal ist er ein Film wie das Ende aller Hoffnungen der Sechziger (wenn es in jenen Sechzigern jemals wirkliche Hoffnungen gab – alle redeten stets und reden immer noch davon, aber ich bin zu spät dafür geboren). Ein Ende in vollkommener Melancholie, ohne Zorn. Ein perfektes Abbild verlorener Illusionen. Und man kann den Film auch quasi langsam schlürfen wie einen Drink; er schmeckt wie ein Schluck unter Freunden, er hat viel guten sarkastischen Humor, er verliert auch in den rasantesten Momenten nicht gerade den Verstand (wie überhaupt selten ein Arthur-Penn-Film), und er läßt einem den glasklaren Durchblick, den es braucht, um die bösartigen Intrigen langsam zu erahnen. Der Film ist eiskalt, mit herzerwärmenden Momenten, und er ist enorm entspannt erzählt. Diese besondere Qualität liegt unter anderem maßgeblich an der Musik von Michael Small. Ein Jazz-Rhythmus mit einem singenden Bass treibt die Titelmusik vom ersten Bild an, nach ein paar Takten kommt dann die sehr eingängige und lakonische Hauptmelodie dazu, die erstmal von einem Vibraphon gespielt wird. Kontrastiert wird dieses Hauptthema während des gesamten Films immer wieder von zart dissonanten Bläser-, Flöten-Akkorden. Es sind flirrende, langgezogene Flächen, wie man sie schon von Jerry Fieldings *Wild Bunch*-Musik her kennt. Oder von Lalo Schiffrins Musiken zu *Mission Impossible*. Oder von den Gil Evans' Arrangements zu Miles Davis' »Aranjuez«-Version. Diese geradezu klingelnden hohen Bläsersätze bedeuten im amerikanischen Film von den Sechzigern an bis weit in die Siebziger hinein immer dasselbe, bei Peckinpahs Mexiko ebenso wie bei Miles Davis' Spanien: nämlich Hitze, Wüste, Staub, Anspannung, dichte Atmosphäre, zum Zerreißen gespannt. Und blendendes Licht. Licht, das einen erblinden läßt. Licht, aus dem sich aber auch allmählich eine Erkenntnis für die Hauptfigur formen könnte wie eine Fata Morgana. Diese Erkenntnis kann Tod und Vergeblichkeit der eigenen Anstrengungen sein. Oder auch einfach die finale Beantwortung der Frage »Wer war's«?

Ich habe diese flirrenden Flötenflächen zum ersten Mal in der »Paulus«-Episode von Rossellinis *Geschichte der Apostel* gehört. Sozusagen in ihrem Urzustand. Natürlich in dem Augenblick, in dem Saulus quasi ein Licht aufgeht und er zum Paulus wird. Das ist nur konsequent, denn sowohl Rossellini wie Penn glauben als Regisseure – auf völlig unterschiedliche Weise – sehr fest daran, daß es von Nutzen ist, mit Filmen ein wenig Licht in die Höhle der Unwissenden zu bringen. Damit wir alle im Kino mal ein bißchen mehr erkennen als immer nur die ewig gleichen Schatten an der Wand. Selbst wenn es weh tut. Denn im Film tut es den Figuren Arthur Penns sehr weh, wenn ihnen die Augen geöffnet werden. Schon die Art wie Helen Keller in *Licht im Dunkel* (*The Miracle Worker,* 1962) eine gewisse Helligkeit in ihrem vollkommenen Dunkel zuteil wird, ist nicht nur Humanismus, sondern es ist auch eine unerbittliche, quäkerhafte Variante der amerikanischen Aufklärung. Eine körperliche Qual wie in einer Besserungsanstalt. Immer steht bei Penn die Bigotterie der Gesellschaft gegen die melancholische und gleichzeitig auch rebellisch einsame Einsicht des einzelnen. Ob Billy the Kid, Helen Keller, der Detektiv Harry Moseby, Little Big Man etc. … sie haben alle sozusagen schon einmal resigniert; sie wissen zuviel über sich und die anderen, und dies quasi schon lange bevor der Film beginnt, ihre Geschichte zu erzählen. Die Geschichte droht jeweils mit Tod oder mit Licht zu enden. Oder mit Tod im Licht.

Night Moves (Die heiße Spur) fängt an in L.A. Ein klassischer Privatdetektiv-Fall: Alleinstehende saufende Mutter, Ex-Starlet und steinreiche Produzenten-Witwe, sucht ihre entlaufene minderjährige Tochter, die sich beim Stiefvater in Florida verkrochen hat; aber so einfach ist es natürlich nicht, alle sind eigentlich nur hinter der Erbschaft des armen Mädchens her. Der Film endet dann im gleißenden Sonnenlicht mitten auf dem Meer mit einem der irrsten und lakonischsten Showdowns des amerikanischen Kinos überhaupt: Duell eines zweimotorigen Flugzeugs gegen eine kleine Motorjacht. Das Flugzeug fliegt beim Aufprall auseinander, säuft ab, und im Moment des Untergehens erst erkennt Gene Hackman den Piloten, der ihn killen wollte: er sieht ebenso überrascht wie wir den letztlich Schuldigen, der in seiner Kanzel im Todeskampf des Ertrinkens sichtbar wird. Dieser Moment ist scheinbar endlos lang und schweigend inszeniert. Hackman selbst ist schwer angeschossen dabei und sein Wissen nützt ihm nun vielleicht sowieso nichts mehr, denn er kriegt sein Schiff nicht mehr richtig flott. Am Ende sehen wir wie seine kleine Yacht sich endlos auf dem weiten Ozean im Kreis dreht. Dann wird es gleißend hell und die Titel-Musik kehrt zurück, fröhlicher denn je …

Schickt die alten, angefaulten Mythen endlich zum Teufel

Die Fackel der Aufklärung flackert ja doch immer sehr heftig in jenem Verblödungs-Sturm, den all die Nixons, die George Bushs und die Berlusconis entfachen, wenn sie mit ihrer Propaganda auftreten, und diese Fackel muß dementsprechend stets und von allen, die es besser wissen, gut beschützt werden. Penn hat die Fackel der Aufklärung sehr hoch gehalten.

Auch in *Night Moves* wissen die Figuren, daß sie 1975 in der falschen Zeit leben unter den falschen Popanzen, und sie wissen genau, wann ihre richtigen Helden starben: »Wo waren Sie, als Kennedy erschossen wurde?« – »Welcher?« – »Egal welcher«.

Der Tod dieser Idole hat in dieser Generation eine Lücke hinterlassen wie ein Atomschlag.

Gute Genrefilme spiegeln meistens ein noch schärferes Bild von der Gesellschaft, in der sie entstehen, als es Satiren, Komödien oder ernsthafte Dramen vermögen. *Night Moves* ist als Endpunkt des klassischen Detektivfilms eine der härtesten Bestandsaufnahmen der USA in den Siebzigern. Natürlich neben *The Long Goodbye (Der Tod kennt keine Wiederkehr)* von Altman, klar. Aber man sieht an diesen beiden Filmen auf jeden Fall eines: amerikanische Regisseure, die ihr Handwerk im Fernsehen gelernt hatten, sind in der New Hollywood-Ära zumeist gnadenloser mit den Kinomythen umgegangen als alle vor ihnen und bislang auch nach ihnen. Altman, Penn, Siegel, Lumet, Peckinpah, Frankenheimer hatten alle im Fernsehen ihre Westernserien absolviert, und als Kinoregisseure entlarvten sie dann die zerborstenen Idole des Westens in einer Weise, daß einem Hören und Sehen verging. Sie hielten sich dabei einfach an die hochneurotische Wirklichkeit der amerikanischen Geschichte, sie zersägten die Denkmäler, sie ramponierten alle Monumente erst mal bis zur Unkenntlichkeit. Daß Leute wie George Roy Hill unter den Trümmern dann teilweise wieder ein paar ganz charmante, Box-Office- und Oscar-taugliche Helden herauszogen wie Butch Cassidy, das wirkte auf uns jüngere Zuschauer damals auch eher falsch versöhnlich.

Die Diagnose der USA in *Night Moves* ist natürlich rabenschwarz, was sonst. (Wann wäre die Analyse einer westlichen Industriegesellschaft in einem wirklich guten Film eigentlich mal nicht katastrophal ausgefallen?) Absolut hoffnungslos. Immerhin wenigstens stark sonnendurchflutet. Und dies ist ja auch genau unsere Welt, wie wir sie eigentlich sehen wollen, wenn wir ihr die blöde Grinse-Maske vom Gesicht ziehen: vollkommen amoralisch, von verlogenen Idealen gerade noch zusammengehalten wie ein Wolkenkratzer, der an den Nahtstellen mit Taubendreck gekittet ist. Total kaputt. Aber wenigstens sexy. Auf grandiose Weise dem Todestrieb verfallen. Licht. Blut. Körper. Erkenntnis. Tod. Und das ist Arthur Penns Welt. In *The Left Handed Gun (Einer muß dran glauben)* lacht ein Kind über die groteske Position eines toten erschossenen Körpers auf der Straße. Unschuldiges Lachen? Oder schon dröhnendes Höllengelächter, als sei der Leibhaftige gerade in das Kind gefahren?

Peckinpah wollte, daß »die Leute sehen, was ein Schuß in einem Körper anrichtet«. Und zack! – schon standen (stehen ja auch heute wieder) die Sittenwächter und die Jugendschützer auf dem Plan und wollten (und wollen immer noch) das Publikum vor solcherart tieferen Erkenntnissen schützen. Wenn nämlich die Körper von Bonnie und Clyde von den unzähligen Kugeln geschüttelt werden, dann weiß man für Momente besser, was ein Mensch ist, als man es aus irgendeinem Kitschquark erfahren könnte: eine biologische Hülle, ein löchriger Beutel, gefüllt mit verschiedenen Körperflüssigkeiten. Es spricht dabei gewissermaßen der wissende Krieg, nicht der satte Frieden. Und Amerika ist halt immerzu im Krieg.

Penn hat die Mythen dieses ewigen paranoiden US-Kriegs nach innen und nach außen heftig angekratzt: er hat in *Little Big Man* den alten Westen zersägt, die Mythen der Gangster attackiert, und hier in diesem Film verpaßt er dem Mythos des amerikanischen *private eye* auf seine Weise ebenso tiefe Schrammen, wie es Altman im Zwillingsfilm *The Long Good-*

bye getan hat. Gene Hackman ist ein Mann mit kinderloser, fast zerstörter Ehe (was ja noch sozusagen zum Berufsbild des kalifornischen Privatdetektivs gehört), er lebt in einem normalen Einfamilienhaus, mit einer erfolgreichen und gebildeten Frau, die sich mit ihrem Liebhaber Rohmerfilme anschaut.

Erwähnen muß man da natürlich sofort den berühmten Dialog über Rohmer: »Kommst du mit? Wir schauen uns einen Rohmerfilm an.« – »Nein, danke, ich habe schon mal einen Film von Rohmer gesehen. Es war, als ob man zuschaut, wie Farbe trocknet.« (Christian Petzold hat mich nochmal darauf aufmerksam gemacht, daß in der deutschen Synchronisation »Rohmer« amerikanisch ausgesprochen wird, also so ähnlich wie Roumer. Warum? Wäre es sonst nicht lippensynchron zu kriegen gewesen?)

Als Hackman von seiner Dekolletée-bewaffneten Auftraggeberin (»Meine Titten waren die besten in Hollywood, als sie noch auf dem Markt waren«) auf das klassisch Geheimnisumwitterte seines Berufs angesprochen wird, sagt er: »Das war vielleicht so, bevor wir unsere eigene Gewerkschaft hatten.« Er ist seiner Frau nicht ebenbürtig in seinem dämlichen Schuhabtreterberuf, und das weiß er auch. Er ist eine gebrochene Existenz. Sein Selbstbewußtsein ist im Arsch. Einmal erzählt er von seinem Vater. Dem möchte man dann aber auch eher nicht begegnen, so wie Hackman von ihm erzählt. Eine Genealogie von emotional unfähigen Männern tut sich vor einem auf. Nur: Hackman ahnt vielleicht als erster in der Reihe von Testosteron-Idioten, die ihre kriegerischen Männermythen aufrechterhalten haben, die Wahrheit dahinter. Erscheint *Night Moves* mir vielleicht auch deshalb als derjenige Penn-Film, der auf unglaubliche Weise bei all seiner Todesstille herzerwärmender ist als beispielsweise seine Renner wie *Bonnie and Clyde* oder *Alice's Restaurant*.

Gene Hackman, die Frauen, die Dialoge

Eine wirklich seltene Frauenriege hat Gene Hackman hier um sich: Melanie Griffith, Susan Clark, Jennifer Warren. Und die Dialoge sind gelassen, klar, knapp, intelligent. Sehnsüchtig nach Verständnis füreinander und analytisch gleichermaßen. Alan Sharp heißt der Autor des Films.

Am herausstechendsten unter den Frauen wirkt Jennifer Warren, eine heute verschwundene Diva, verewigt für eine Handvoll grandioser Filme in den Siebzigern. Als sie nach zehn Minuten ihres Auftritts endlich die schreckliche Wollmütze absetzt, worauf ihr Haar wie Gold um ihr Gesicht fällt, und er sie anschaut wie ein Prinz in einem Märchen die Prinzessin, die ihm immer zugedacht war, da sagt sie: »Geben Sie es zu, Sie haben gedacht, ich hätte ein Glatze.« Und wie er dann zurückgrinst!! So wie er auch grinst, als er zufällig wieder mal mit ansehen muß, wie Melanie Griffith zum x-ten Mal ihren Busen aller Welt präsentiert. Er wendet sich ab und lächelt still für sich in einem Sinn von »Muß das sein? Muß man uns armen Männern sowas antun?« Hackman ist in diesem Film der ganz große Hackman, der Hackman aus Coppolas *Conversation*, der irre Cop aus den *French Connections*, der, der spätestens bei *Bonnie and Clyde* als Schauspieler für alle Welt geboren wurde, und auch der, der leider dann bei Penns *Target* zehn Jahre später auch nicht mehr so richtig helfen konnte. Vielleicht weil Penn da vergaß, dem Film eine ähnlich knallharte Schlußapotheose zu geben, wie er sie sonst immer so effektsicher aus der Tasche gezogen hatte?

Night Moves ist in seinen Beziehungen durchweg ein einziges Schlachtfeld. Erstmal beschattet der Detektiv, der früher Sportler war, seine eigene Ehefrau und erfährt, daß sie fremdgeht. Der Mann, mit dem sie fremdgeht, wirkt sehr distinguiert, hört Bach, geht am Stock und hat – wahrscheinlich als größten Trumpf – keinen solchen Schnurrbart wie Gene

Hackman/Harry Mosby. (Eigentlich erinnert der Liebhaber ein wenig an Arthur Penn selbst, wie man ihn aus der großartigen Doku *Das Auge, das Licht, der Film* (1995) von Lars-Olav Beier kennt, finde ich.) Stur und unkommunikativ verweigert Hackman sich nach der Entdeckung des Ehebruchs zunächst einer Aussprache mit seiner Frau, Susan Clark. Bis sie kurz vor dem Showdown wieder zusammenkommen. Und da erzählt er ihr zum ersten Mal, daß er auch seinem verschwundenen Vater einstmals nachspioniert hat, bis er ihn nach monatelanger Suche in Baltimore auf einer Parkbank sitzen sah, wo er in ein Comics vertieft war und die Lippen mit den Worten, die er las, mitbewegte. Er ging damals, ohne den Vater gesprochen zu haben. »Ich bin nicht besonders stolz darauf.« Seine Frau seufzt auf vor Glück, daß er in diesem Moment einmal so offen mit ihr ist: »Es hat so lange gedauert, bis wir so weit gekommen sind, ich möchte das nicht alles wegwerfen.« Und dann muß er am anderen Morgen doch noch mal nach Florida. Sie bringt ihn zum Flugplatz, und als er zögert, wegzugehen, sagt sie ein bißchen unter Tränen, sozusagen als einziges Argument dafür, sich jetzt noch mal für kurze Zeit zu trennen: »Du kannst nicht zurückkommen, wenn du jetzt nicht fliegst.« Man weiß am Ende des Films nicht, ob er am Leben bleibt, und ob er jemals nach Hause zurückkommen wird. Sein ganzes Leben war er hinter Spuren her, und diese Spur hat ihn vielleicht in den Tod geführt.

Das Schlachtfeld in *Night Moves* zieht sich vor allem senkrecht zwischen den Generationen hindurch: über die Mutter von Deli (»Das kommt von Delilah, ihr Vater hatte ein Faible für biblische Stoffe.«) erfährt man ganz nebenbei, daß ihr Vater ihre Mutter erschossen hat. Als Hackman das kleine Mädchen bei ihrer Mutter zu Hause abgeliefert hat, als er sein Geld kassiert hat, da sieht er im Wegfahren, wie sich die glückliche Familie in der Garageneinfahrt schon wieder prügelt. Und der alte Stuntregisseur, den Hackman kennenlernt, ist sauer, weil ihm die jungen Stuntmen die Mädchen ausspannen. Und Hackman mit seinem Vaterkomplex, und so weiter und so fort.

Und das senkrechte Generationen-Schlachtfeld wird sozusagen waagerecht weitergeführt, im Ehekrieg.

Der Liebhaber: »Ich glaube, Harry will, daß ich rausgehe.«

Die Ehefrau: »Ich halte das nicht für nötig.«

Der Liebhaber: »Ich denke, Harry hält es vielleicht für nötig.«

Der Ehemann (Harry): »Harry denkt, wenn Sie ihn noch mal Harry nennen, stopft er Ihnen die Katze in den Rachen.«

So läuft das. Und ab nach Florida.

Dort kommt die Liebesszene mit Jennifer Warren (die sich hinterher als ein Ablenkungsmanöver entpuppt). Erstmal geht es um ein Schachspiel, das 1922 gespielt wurde und bei dem der Verlierer hätte gewinnen können, er sah aber seine Chance nicht. »Es tut mir noch heute leid, wenn ich daran denke, und ich war damals noch nicht mal geboren.« Und kurz darauf kommt einer jener besten US-Dialoge des Jahrzehnts. Hackman fragt Warren: »Wieso waren Sie so komisch heute Nacht auf dem Boot?« Sie kontert mit der Gegenfrage: »Wo waren Sie, als Kennedy erschossen wurden?«– »Welcher?« – »Egal welcher« – Er erzählt es ihr. Dann fragt er, warum sie ihm diese Frage gestellt hat? Sie: »Weil das eine der Fragen ist, auf die jeder eine Antwort hat.« Jeder Amerikaner vielleicht. Immer ist sie präsent, die Katastrophe dieser US-Generation.

Melanie Griffith und Gene Hackman: Sie erwacht schreiend wie ein Kind aus einem Alptraum. Hackman kommt zu ihr, nimmt sie in den Arm und tätschelt zart ihren Rücken, wie es der Vater, den sie nie hatte, vielleicht getan hätte. Sie bittet ihn: »Machen Sie weiter. Das soll einen ja an die Zeit erinnern vor der Geburt, an das Herz der Mutter. Glauben Sie, man kann so weit zurückdenken?« Er antwortet nicht, weil sie ihn in diesem Moment sehr rührt. (Ihrer katastrophalen Mutter schleudert er später im Sportjargon entgegen: »Bei einer Mutter wie Ihnen hatte Deli nie eine echte Chance!«). Er weicht Melanie Griffiths Blick aus: »Deli, ich weiß, das kommt einem alles sehr unverständlich vor, wenn man 16 ist. Aber keine Sorge, wenn man erst mal vierzig ist … (Pause, er schaut sie an) ist es auch nicht besser.« Sie lachen beide. Er grinst sein breitestes Hackman-Grinsen. Dann sagt sie: »Ich finde die Menschen scheußlich. Aber Sie sind ok.« Und er sagt, wieder sehr ernst: »Ja. Ich bin ein As.« Das ist der geheime Höhepunkt des Films und all seiner geschliffenen Dialoge (die ich übrigens gut übersetzt finde, denn man sehnt sich hier unendlich nach solchen Dialogen in deutschen Filmen, auch weil man nebenbei mitbekommt, daß unsere Sprache diesen Sarkasmus, diese emotionale Präzision durchaus hergibt, und auch, daß die deutschen Schauspieler diese Sätze wunderbar lakonisch hinkriegen würden). Wie er das sagt: »Ich bin ein As!« Das ist der Selbsthaß einer vaterlosen Generation, der inzwischen in Melancholie umgeschwungen ist. Einer Generation, die weiß, daß ihre Väter ja auch nur schweigende Monster oder endlosen Müll redende Weicheier und Betrüger waren. Und er gehört nun auch wieder einer Generation an, die bei dem Versuch, Väter zu sein, an ihre Grenzen stößt.

Arthur Penns bitterer Simplicissimus-Blick aus *Little Big Man* und seine Ironie aus *Bonnie and Clyde*, dieser gallige Satire-Blick, der möglichst »flache« Helden benötigte, die dann jeweils eher Sklaven seiner Story und seines Stils waren … dieser typische Penn-Blick auf die Welt scheint mir in *Night Moves* ungleich vertieft und erweitert. Alle Figuren haben drei Dimensionen und sind alle in drei Dimensionen miteinander verhakt und verbunden, zum Guten oder zum Bösen. Hackman soll Vater und Liebhaber gleichzeitig sein für all diese fantastischen Frauen, die ihn hier zufällig umgeben und die ihn wie eine Trainingswand für ihre Auflehnung und für ihre Sehnsüchte gleichermaßen benutzen. Und von allen Männern in diesem Film ist er tatsächlich noch immer bei weitem der beste. Er ist hilflos, kinderlos, verkracht, schwach und stark in einem, vielleicht würde er uns im Leben abstoßen, weil er genau wieder so einer ist, der sich hinter einer dieser bekannten männlichen Mauern aus Schweigen abschließt … aber der Film läßt ihn uns genauso ansehen, wie er damals auf seinen Vater auf der Parkbank schaute: ein wahrhaft klassischer Fall.

Sonderbar, daß man sterben kann, wenn man liebt

Zwei Verfilmungen von Erich Maria Remarque

Daß es solche Autoren wie Erich Maria Remarque tatsächlich einmal in Deutschland gab! Erfolgsschriftsteller, die sublime, komplexe Liebesgeschichten in vermeintlich triviale Plots gießen konnten, und zwar so, daß buchstäblich alle Welt sie verstand – man glaubt es heute kaum.

Immer verzweifelte Paare – eine Frau und ein Mann, die sich am Abgrund ihrer beider Leben zum ersten Mal treffen und die kurze Zeit noch mal zusammen lieben und leiden. Die alle Aufs und Abs im Zeitraffer durchmachen, obwohl sie beide doch schon dachten, daß sie für die Liebe gar nicht gemacht sind. Paare auf Zeit, Paare, die am Ende doch vom Moloch der politischen Zeitläufte verschlungen werden. Seelen-Adel sind sie allesamt – und zumeist Alkoholiker. Wahrhafte Helden, indem sie ihr Leben – geradezu gegen ihren Willen – doch immer weiter ertragen.

Verirrte, Namenlose, Todkranke, Identitätssuchende an mondänen Orten. Solche Situationen gab es im Europa der Dreißiger tausendfach zu erzählen. Bei *Triumphbogen* ist es Paris, noch kurz vor der Katastrophe des deutschen Einmarschs. Überall Flüchtlinge, illustre Emigranten aus Nazideutschland, aus Franco-Spanien und der Stalin-Sowjetunion. Ein erstklassiger deutscher Chirurg ohne Paß (Charles Boyer) schlägt sich recht und schlecht mit Notoperationen in Privatkliniken durch. Bis er auf Ingrid Bergman trifft, die er nachts auf einer Brücke daran hindert, sich umzubringen. Bergman spielt eine Italo-Rumänin, eine verkrachte Schauspielerin, aber begnadete Sängerin mit dem Künstlernamen »Joan Madou«. Sie ist eine Frau, die stets aus Angst vor Gefühlen flieht. Vor den eigenen und vor den Gefühlen der Männer. Am Ende flieht sie auch wieder von Boyer fort, aber diesmal in die falschen Arme, und stirbt schließlich an der Eifersucht ihres neuen Gefährten, der sie bei einem Streit versehentlich tödlich anschießt. Boyer kann ihr mit aller ärztlichen Kunst nicht mehr helfen.

Lewis Milestones Regie beeindruckt dabei weniger als Remarques tolle Story und die grandiosen Darsteller Bergman und Boyer (der hier dem späten Remarque häufig geradezu unheimlich ähnlich sieht). Ingrid Bergman heult so lebensnah und so schön verquollen, wie nur sie das kann. Sie ist wie eine organische Erscheinung, kreatürlich und völlig direkt; im Weinen, im Lachen, Lieben, Traurigsein. Ihre wundervolle körperliche Präsenz erscheint einem vor allem in den Szenen, in denen sie sturzbetrunken spielt, noch weicher und wärmer als sonst.

Milestone kämpft wacker, aber letztlich chancenlos gegen die Studiokulissen, in denen er Paris erbaut hat. Gegen das Gezeter der langweiligen Großmusik, die vom ersten Moment an wie ein Flächenbrand unter den Szenen liegt. Roberto Rossellini rettete Bergman ja nur kurze Zeit später aus diesem düsteren Pappmaché-Schuppen der Hollywood-Welten, in dem sie zu ersticken drohte. Er holte sie bekanntlich zu sich nach Italien, hinein in die echte Sonne und an die frische Luft des Neorealismus.

Aber der Film! Der Stoff! Was für eine Gelassenheit im Erzählen! Was für eine Dunkelheit im Melodram! Einsamkeit zeichnet sich im Film ja besonders scharf und plastisch ab in der Welt des Luxuriösen. Charles Boyer geht – trotz seiner kümmerlichen materiellen Existenz – in teuerste Clubs und Spielsalons. Weil dort seine illustren Leidensgefährten aus ganz Europa arbeiten. Er ist eigentlich ein stockdüsterer Charakter: Charles Laughton, ein großartiger, extrem böser Nazi, tötete Boyers Geliebte in Deutschland, weil er versuchte, ihr mit Gewalt ein Wissen zu entlocken, das sie gar nicht besaß

– sondern nur ihr Geliebter. Und Boyer schwieg. Es gelang ihm schließlich nach dem Tod der Frau die Flucht. Das schlimmste dabei war aber: Er hatte diese Frau, die sich unfreiwillig für ihn opferte, gar nicht wirklich geliebt. Und an dieser Schuld – an der Nichtliebe – trägt er besonders schwer.

Das Tolle an den Remarqueschen Menschen und Liebesbeziehungen ist, daß sie so unverblümt kompliziert sind. Die Liebe macht diesen Figuren meistens Angst. Und ihre Sehnsucht – wenn sie sich denn für einen Moment lang die Sehnsucht zu leben getrauen – darf auf gar keinen Fall eine billige Kitschversion sein, das würden sie sich schon aus Stilgründen nicht verzeihen. Also ist ihr Gefühlsweg letztlich immer auch ein Weg zurück in asketische Einsamkeit. Und wenn man solche Figuren kennenlernt, dann merkt man plötzlich, daß man allen Schmalzwerken der Filmgeschichte ja niemals wirklich verziehen hat. Wir treffen bei Remarque gleichsam auf eine emotionale Elite. Und in seinem Fall ist das Publikum dieser Komplexität der Gefühle sogar ausnahmsweise meistens gefolgt. Vielleicht in stummer Bewunderung für diese heroischen, glamourösen Gespenster.

Bobby Deerfield von Sydney Pollack ist vielleicht die bislang schönste Remarque-Verfilmung, weil sie dem »Dämon des Melodramatischen« – wie Rossellini das genannt hat – kaum einen Meter Platz läßt. Es ist eine sanfte, diskrete Umsetzung, mit einer großartigen Marthe Keller und einem stillen, depressiven Al Pacino. Der nach dem schweren Unfall eines Kollegen kriselnde Formel-1-Rennfahrer Bobby Deerfield trifft in einem Schweizer Sanatorium auf die schöne Lebefrau aus Italien. Sie hat eine große Klappe und provoziert den gefühlskranken Rennprofi. Dann verlieben sie sich. Sie gehen auf Reisen zu ihr nach Hause in Florenz. Zunächst verschweigt sie ihm ihre tödliche Krankheit. Sie will mit diesem

Mann noch einmal das Leben genießen. Aber Bobby Deerfield will nun gleich seinen abenteuerlichen Beruf aufgeben und mit ihr seßhaft werden. Aber: »Wenn man glaubt, man sei sicher, dann ist man immer lächerlich und kurz vor dem Absturz« (Remarque). Als Deerfield eifersüchtig wird auf Marthe Kellers Lebensgier, auf ihre Neugierde nach anderen Menschen, als er sozusagen banal wird – da knipst sie den Schalter ihrer gemeinsamen Liebe ebenso abrupt aus, wie sie ihn angeknipst hat, und entschwebt mit einem italienischen Grafen bei einer Heißluftballon-Rallye in der Toskana. Aber sterbenskrank ruft sie ihn Monate später wieder, und er kommt zur ihr. Er begleitet sie in den Tod. Am Ende fährt er nochmals – wie zu Beginn – mit dem Autozug durch den Tunnel, weg aus der isolierten Todesstation im Schweizer Gebirgsort Leukerbad, zurück in die Welt. Und Dave Grusins wundervolle Filmmelodie summt dazu.

Mehrmals hat Remarque diese Geschichte erzählt, in frühen Kurzgeschichten und in einem ersten Roman, bis sie schließlich in seinem letzten Roman *Der Himmel kennt keine Günstlinge* ihre endgültige Form fand. Es spiegelt sich in dieser Konstellation der beiden Liebenden auch die ruhelose, legendäre Affäre des schwierigen Autors mit Marlene Dietrich.

»Sonderbar, daß man sterben kann, wenn man liebt.« Diesen bereits lebensfernen Satz aus Remarques Roman sagt Ingrid Bergman auf ihrem Totenbett, und Marthe Keller in *Bobby Deerfield* könnte ihn ebensogut sagen. Alle sind sie hochsensible Amateure, was das Leben betrifft. Sie können erst dann wirklich lieben, wenn sie Abschied nehmen müssen. Letztlich vielleicht sogar erst dann, wenn sie selbst oder wenn ihre Geliebten sterben.

In einer der schönsten aller Sydney-Pollack-Szenen will Marthe Keller, daß Al Pacino mit ihr unterwegs auf der

Straße in Florenz seine eindrucksvoll blöde Sonnenbrille absetzt, mit der er aussieht wie ein dummer kleiner Italo-Macho. Er weigert sich, weil er Angst hat, erkannt zu werden. Daraufhin ruft sie laut und deutet auf ihn: »Hier ist Bobby Deerfield! Der große Bobby Deerfield, der berühmte Rennfahrer!« Kaum jemand unter den Passanten reagiert. Und Al Pacino muß selbst lachen.

Die Szene ist wie eine Improvisation dieser beiden Schauspieler, ein unglaublich glücklicher Moment, in dem die zwei Liebenden sich in Lachen miteinander verbinden. Pacino und Marthe Keller waren nach dem Film eine Weile ein Paar. Vielleicht ebenso wie bei Remarque? Vielleicht auch wie zwei Menschen, die sich auf einem Hochseil einander nähern, um dann, wenn sie sich gefunden haben, gemeinsam in die Tiefe zu stürzen.

Das Land, in dem Banknoten verbrannt werden
Zwei Verfilmungen von Ross Macdonald

Die Hauptfigur dieser beiden Filme wurde nur deshalb »Harper« genannt, weil Paul Newman nach den Erfolgen von *The Hustler* und dem Western *Hud* unbedingt wieder eine Rolle mit dem offenbar glückbringenden H im Namen spielen wollte. Eigentlich heißt jener Privatdetektiv, den er 1966 und 1975 zweimal spielte, Lew Archer. Und er ist die Erfindung des großen Ross Macdonald, jenes Schriftstellers, mit dem Sigmund Freud in den amerikanischen Detektivroman offiziell Einlaß fand. Macdonald schilderte stets labyrinthische Katastrophen in verrotteten und verlogenen kalifornischen Millionärssippen. Lew Archer wird in jedem seiner Romane angeheuert, um jemanden oder um etwas zu finden, was den Reichen abhanden gekommen ist: einen Ehemann, ein teures Bild, ein Haustier, eine Tochter. Und Archer führt im Lauf der Geschichten immer sozusagen ein Skalpell durch die verdrängten Schichten dieser Familien.

Lauren Bacall begrüßt Newman zu Beginn von *Harper* mit dem Satz: »I've heard you're good in finding things – my husband has disappeared.« Besser kann man die Atmosphäre nicht charakterisieren. Stets kommt es dann zu Tragödien, die aber bei Archers Arbeitsbeginn schon nicht mehr zu verhindern waren, denn ihre Anfänge liegen weit in der Vergangenheit, und sie gebären nun zwangsläufig die tödlichen Showdowns in der Gegenwart. Ganz am Ende von *Unter Wasser stirbt man nicht (The Drowning Pool)* versucht der Polizeichef von Beau Rivage, einem kleinen Örtchen in den Sümpfen um New Orleans, Harper zu erwürgen, und schreit dabei verzweifelt: »Warum haben Sie das alles ausgegraben! Warum?!« Und Newman ist schon fast ohnmächtig unter dem bestialischen Griff, da läßt der verzweifelte Mann ihn plötzlich los und bricht weinend zusammen. Harper/Archer hinterläßt dort Zerstörung, wo vorher Lüge war. »Sie sind von einer Hexe angeheuert worden, um Abschaum zu finden«, sagt einer zu ihm in *Harper*. Mit Abschaum ist der entführte Ehemann der Hexe Bacall gemeint.

Die rabenschwarzen, kranken und traurigen Seelen in diesen Filmen brauchen als Gegenwicht den Glanz von Reichtum und Schönheit, und sie brauchen den glitzernden Humor geschliffener Dialoge. In *Harper* war dafür der Drehbuchautor William Goldman *(Butch Cassidy)* verantwortlich, und der Zuschauer kann sich auf seinen grimmigen Witz verlassen. Aber auch die Autorenmannschaft von *The Drowning Pool* (inklusive Walter Hill) hat ihre Sache nicht schlecht gemacht. Die Millionenerbin Melanie Griffith (im Film wirkt sie wie vierzehn, in Wirklichkeit war sie damals schon zwei Jahre älter) entsteigt da dem Pool des Herrenhauses und flüstert Newman mit ihrer kleinen Daisy-Duck-Stimme ins Ohr: »How would you like to help me put on some suntan lotion?« Und er antwortet: »Wouldn't help, honey. You're gonna be burnt out by the time you're thirty.« Denselben Typus von gottverlassener junger Tochter einer steinreichen Familie gibt es bereits in *Harper*, gespielt von Pamela Tiffin.

Wir begegnen ihr zum ersten Mal, wie sie auf dem Sprungbrett ihres Pools mit dem Hintern zu Tijuana-Rhythmen wackelt, um den – hier hinreißenden – Chauffeur und Piloten Robert Wagner zu verführen. In der fast skandalösen Erotik dieser beiden kaum erwachten und doch schon verlorenen Nymphen Melanie Griffith und Pamela Tiffin liegt genau das Paradox der Macdonaldschen Stoffe: nämlich die Sehnsucht nach einer Unschuld, zumindest irgendwo in der Seele dieser jungen Mädchen, die jedoch von den Abgründen in ihren Familien schon längst aufgefressen sind.

Die *Harper*-DVD enthält einen Audiokommentar vom Autor Goldman. Großartig, ihm zuzuhören, wie er überflüssige Regie-Ideen bemäkelt, beispielsweise den absurden exotischen Vogel auf einer Stange, den ein vermeintlicher kalifornischer Guru während eines langen Dialogs mit Newman mit sich herumschleppen muß. Immer wenn Mann und Vogel wiederauftauchen, kräht Goldman heiser aus dem Off: »Here comes that damned bird again!« Bereits nach etwa zehn Minuten fällt bei Goldman jedoch der alles entscheidende Satz: »*Harper* war einfach nur ein Privatdetektiv-Film. Sonst nichts.« Und es folgt: »Solche Filme gibt es nicht mehr. *Der weiße Hai* hat kurz darauf alles verändert.« Goldman meint damit, daß die Studios erst nach Spielbergs Megahit von 1975 gemerkt haben, daß man mit Filmen ja noch viel mehr Geld verdienen konnte, als sie alle bislang gedacht hatten. Und damit setzte jene immense Nachrüstungsschraube des modernen Kinos ein, die das System letztlich von innen ausknockte. Goldman: »Heute wäre *Harper* mit einem Star, wie es Newman damals war, so unendlich viel teurer, daß man ihn ›wichtiger‹ machen müßte, aufgeblasener. Und der Held wäre nicht nur einfach ein einsamer Privatdetektiv, sondern er müßte ein tiefes Geheimnis haben, und er müßte den Mann von früher kennen, den er jetzt suchen soll, und blablabla ...«

Man kann mithören, wie Goldman die Litanei der Errungenschaften des heutigen Verkaufs-Mehrwerts von Filmen schon schier zum Erbrechen bringt: »Dies war nur ein Detektivfilm, ein Genre, das mit Bogart in den Vierzigern verschwunden ist, dann mit *Harper* wiederauftauchte und dann auch wieder verschwand.« Und: »Ich denke nicht, daß wir so bald wieder einen Film dieses Genres sehen werden.« In dieser Aussage liegt eine zornige Melancholie im Rückblick auf die Filmgeschichte. Der Virus des totalen Marketings hat das

Kino – völlig egal, ob Festival-Kunstfilm oder Kommerzprodukt – bis in seine kleinsten formalen Details hinein tödlich infiziert. *Harper* war dagegen ein Film, der schließlich nichts anderes geworden war als das, was der Produzent Elliott Kastner vom Autor Goldman gefordert hatte, als er ihn engagierte: »I want a movie with balls.« Einen Film mit Eiern. Und einen überraschenden Erfolg hat er obendrein gekriegt.

Neun Jahre später beim Nachfolgerfilm verlegte man Macdonalds *Unter Wasser stirbt man nicht* aus der Grillsonne des Pazifiks nach New Orleans. Und die faszinierend morbide Atmosphäre der alten Stadt fügt diesem Drama aus dem gierigen Ölgeschäft eine ziemlich interessante Note hinzu. Alles geschieht hier wie in Zeitlupe, tatsächlich wie unter Wasser. Die Verästelungen der Story, die Kulmination des Bösen – alles entwickelt sich so, als sähe man einer Verfolgungsjagd mit kaputten Autos zu, die nur halbe Kraft fahren können. Der Showdown spielt im stillgelegten Wassertank eines ehemaligen »Sanatoriums«. Der *bad guy* des Films (Murray Hamilton), der unbedingt noch mehr ölträchtiges Land in seinen Besitz bringen will, hat das Sanatorium gekauft. Und zwar deshalb, weil seine Mutter ihn als schwer erziehbaren kleinen Jungen dort hat einweisen lassen und man ihn damals mit einer schmerzhaften Wassertherapie aus Anakonda-dicken Schläuchen traktiert hat. Als Erwachsener hat er das Sanatorium dann stillgelegt und ist ein kleiner böser Junge geblieben. Und jetzt läßt er gegen Ende des Films seine eigene Frau (Gail Strickland) und Paul Newman mit dem mächtigen Wasserdruck aus den Schläuchen foltern. Als George Bush jr. noch ein heilloser Trinker war, da hätte er ganz gut so einen dreisten, verkommenen Millionärssohn aus Macdonalds Romanen abgeben können. Und der Titel *The Drowning Pool* bekommt heute um so mehr einen seltsamen Beigeschmack, als es ja derselbe George Bush jr. war, der den

Schauplatz New Orleans vor kurzem beinahe hätte absaufen lassen.

Ross Macdonald selbst äußert sich im damaligen TV-Feature über die Dreharbeiten erwartungsfroh zu dem Film. (Man ahnt im Interview allerdings bereits die ersten Anzeichen seiner tödlichen Krankheit – er starb 1983 an Alzheimer.) Er sagt, Paul Newman sei für ihn die hundertprozentig richtige Besetzung. Denn er gäbe seinem inzwischen doch ziemlich »intellektuellen« Detektiv über die Gerissenheit hinaus die notwendige Körperlichkeit der ersten Romane zurück. Paul Newman ist in *Harper* noch nicht ganz so cool wie später, er macht ab und zu noch eine Faxe zuviel. George Roy Hill sagte drei Jahre danach am ersten Drehtag von *Butch Cassidy* erstaunt zu ihm: »You are always trying to be funny!« Und vielleicht war das der entscheidende Hinweis, der den späteren, lässigen Newman vom frühen, manchmal zu viel spielenden Frauenschwarm unterschied. Aber die Sequenz in *Harper*, in der er eines Nachts demoralisiert und erschöpft zu seiner Frau (immerhin Janet Leigh) zurückkehrt, sie gegen ihren anfänglichen Widerstand verführt, um sie morgens wieder fast wortlos zu verlassen – in diesen Szenen widerspricht sein eisiges Spiel jeglicher heutigen Drehbuchregel von der notwendigerweise »sympathischen« Hauptfigur. Die erhoffte Wiederholung des großen Erfolgs von *Harper* blieb aber beim zweiten Versuch 1975 dennoch aus. Die Kinolandschaft war durch den Angriff der frühen Blockbuster bereits blöd geschossen worden. Zu blöd jedenfalls für solche Filme.

Auch der sanfte Ross Macdonald hatte manchmal diesen bösen, unnachahmlichen amerikanischen Biß, den Goldman so gut beherrscht. Als Lew Archer/Harper zu Beginn von *The Moving Target* (dem Roman, der *Harper* zugrunde liegt) von einem Chauffeur zu den teuren Villen am Ozean und zu seiner neuen Auftraggeberin kutschiert wird, da blickt er aus dem Fenster und bemerkt: »Der blaugraue Dunst in der Tiefe des Canyons sah aus, als würden sie dahinten Stöße von Banknoten verbrennen.« Geld verbrennen – das ist ja auch das, was die Bilderindustrie am besten kann. Die Diagnose für das moderne Kino nach der Killerattacke der Blockbuster (wiederum ist komplett egal, ob wir dabei über Kunstkino oder Kommerzware reden) könnte nach William Goldman lauten: Die Filme sind durchwegs zickig geworden wie hochgetunte Autos, sie sind voller falscher Töne, voller fauler emotionaler Behauptungen, sie sind in der Bildsprache formalistisch bemüht und von ihrer erzählerischen Substanz her kurzlebig wie Stubenfliegen. Mit einem Wort, das moderne Kino erscheint ebenso krank und verlogen (und leider nur halb so sexy), wie es jene kalifornischen Clans waren, die Ross Macdonald einst beschrieb.

Das Grauen, das Grauen ...

Apocalypse Now von Francis Ford Coppola, 1979

Die Reise ist wohl immer die filmischste aller möglichen Erzählbewegungen. Bei *Apocalypse Now* ist es die faszinierende Reise flußaufwärts auf einem Boot, direkt ins »Herz der Finsternis«. Der Captain der US-Armee Willard (Martin Sheen) bekommt den allerhöchsten Auftrag, einen außer Kontrolle geratenen Colonel namens Kurtz (Marlon Brando), der irgendwo im Dschungel des Vietnamkriegs einen sektenhaften Todeskult errichtet hat, einzufangen und dessen amerikanisches Irrenhaus in der Wildnis schnellstmöglich zu schließen.

Solange Martin Sheen mit seinen zwei Gefährten den Fluß hinunterfährt, seiner entscheidenden ersten Begegnung mit Kurtz entgegen, ist *Apocalypse Now* einer der besten Filme, die das Weltkino hervorgebracht hat. Sheen begegnet u. a. einem General, der während eines verbrecherischen Napalmangriffs auf ein vietnamesisches Dorf am Oberlauf des Flusses seine besten Surfer in die Wellen schickt: »Ich liebe den Geruch von Napalm am Morgen!« schreit der verrückte Militär mit dem weißen Stetson (Robert Duvall) seinen Hubschraubern entgegen. Sheen trifft auf drogenberauschte Soldaten, die die letzte Brücke des Flusses gegen einen unsichtbaren Feind sinnlos verteidigen, und er nimmt an einer gigantischen GI-Party teil, zu der Penthouse-Girls in den Dschungel eingeflogen wurden.

130 Minuten lang ist *Apocalypse Now* eine phantastische Fieberphantasie des militaristischen Wahnsinns, der die Amerikaner vom Zweiten Weltkrieg bis heute fehlgeleitet hat. In der 2002 von Coppola veröffentlichten neuen Schnittfassung *Apocalypse Now Redux* gibt es sogar noch zwei spektakuläre Reise-Episoden mehr zu sehen.

Doch ab dem Moment, in dem Willard auf den berüchtigten Kurtz in seinem Dschungelcamp trifft, schleppt sich der Film seinem Ende entgegen. In Joseph Conrads Novelle *Das Herz der Finsternis*, die *Apocalypse* zugrunde liegt, findet der Seemann Marlow einen bereits todkranken Kurtz, der im Zentrum des Kongo in einen rabenschwarzen Spiegel der westlichen Zivilisation und seiner eigenen Seele gesehen hat. In Coppolas Film verlieren sich dagegen Brandos Ambitionen in existenzialistischem Gefasel, ein bißchen so, als imitiere er Klaus Kinski im Halbdunkel einer New Yorker Studiobühne. *Apocalypse Now* begeistert mit einem perfekten und grandiosen ersten Teil und zerläuft dann ein wenig in eine Urwald-Coda, die ein freudianisches Mythenspiel zu zelebrieren versucht.

Francis Ford Coppola, der Eisenbieger! Der große Zampano, der das Unmögliche erzwingen wollte. Der die Gegenpole Kunst und Kommerz vor unser aller Augen in Hollywood zusammenzupressen versuchte. Bei *Apocalypse* hatte er die Idee, die Conradsche Geschichte von Afrika nach Indochina zu verlegen, mitten hinein in den Vietnamkrieg, von seinem Freund John Milius *(Conan, der Barbar)* übernommen. Beim Drehen war er dann aber vielleicht ab und an ein wenig zu sehr der Inspiration von Werner Herzogs *Aguirre, der Zorn Gottes* erlegen. Wie auch immer: Was Coppola aus Conrads spätkolonialistischer Alptraumnovelle machte, das bleibt einem in Erinnerung wie ein Jimi-Hendrix-Gitarren-Solo. Der Film ist eine psychedelische Symphonie, und er ist auch eine wirklich knallharte Beschreibung dieses für eine ganze amerikanische Generation so zutiefst verheerenden Kriegs.

Als Regisseure noch echte Männer waren
Das Kino des Robert Aldrich

Robert Aldrich (1918 bis 1983) gehört zu jenen großen Regisseuren der amerikanischen Filmgeschichte, die man zur Zeit im Kino am meisten vermißt. Aldrich war Pragmatiker, Genreprofi, Realist und amerikanischer Moralist der absolut hartgesottenen Sorte. Er hatte seinen Beruf von der Pike auf gelernt und als Regieassistent sowohl bei Chaplin, Wellman, Milestone und Renoir »als auch bei vielen schlechten Regisseuren zugeschaut«: »Man lernt nämlich seltsamerweise von den schlechten Regisseuren genauso viel wie von den guten«, sagte er.

Aldrich war Sproß einer sehr angesehenen Ostküstenfamilie, verwandt mit Nelson Rockefeller, aber er war Selfmademan und stählerner Demokrat, der sich schon früh in seiner Karriere für die Rechte der Regisseure gegen die Willkür der Studios einsetzte. Später war er mehr als zehn Jahre lang Chef der amerikanischen »Directors Guild« – angesehen, geschätzt und auch immer ein bißchen gefürchtet bis zu seinem viel zu frühen Tod. Die Sammlung von Interviews, die im Jahr 2004 in den Vereinigten Staaten erschienen ist (Robert Aldrich: Interviews, in der Reihe »Conversations with Filmmakers«, University Press of Mississippi), zeigt ihn nun als intelligenten, präzise reflektierten, sympathischen und manchmal aufbrausenden Gesprächspartner. Seine Gegenüber im Laufe der Jahre von 1953 bis 1983 waren Leute wie Peter Bogdanovich, Chris Petit und andere, und er gibt zu jedem Zeitpunkt seiner Karriere sehr interessante Antworten, sowohl zu seinen eigenen Filmen wie auch allgemein, wenn er nach den alten Studiotagen der Vierziger befragt wird oder wenn es später um die heraufziehenden, immer heftigeren Auseinandersetzungen im Business geht (beispielsweise mit dem Krimiautor

Joseph Wambaugh zur Romanverfilmung von dessen *Chorknaben*). Von seinen ersten, ultraschnell gedrehten Filmen *(Massai – Der große Apache, Vera Cruz, Rattennest)* über seine großen Erfolge (zum Beispiel *Das dreckige Dutzend*), seine Desaster *(Sodom und Gomorrha)*, seine ebenso gesellschaftskritischen wie schrill psychologisch angelegten »Frauenfilme« *(Was geschah wirklich mit Baby Jane?, Das Doppelleben der Sister George)* bis zum unglücklichen Zusammenbruch seines eigenen Studios und dem darauffolgenden halben Dutzend von letzten Meisterwerken in Serie (*Keine Gnade für Ulzana, Die Chorknaben, Das Ultimatum* und als Höhepunkt *All the Marbles*): Robert Aldrich war immer Vertreter eines harten und kompromißlosen Kommerzkinos, bei dem es seiner Meinung nach »nur darum geht, eine gute Geschichte mit spannenden Charakteren aufregend zu erzählen«.

Das ist allerdings typisches Profi-Understatement. Denn Aldrich erzählte seine Geschichten, wenn er gut drauf war, auf grandios direkte und dennoch tiefenwirksame, auf bössarkastische ebenso wie auf lakonische Weise, auf manchmal epische Art und dennoch eingefleischt pragmatisch und ökonomisch. Er war ein Mann mit vielen Gesichtern, der sich selbst absolut treu zu bleiben versuchte. Er war zwar berüchtigt für seine heftige Gangart, aber ebenso beliebt für seine sehr gerechte und soziale Arbeitsweise. Aldrich gilt heute als Männerregisseur, aber das ist eben nur eine Seite der Medaille. Sein Lieblingsthema definierte er mit der klassischen Plot-Linie: »Geschlagene Männer, die ihre Selbstachtung wieder zurückgewinnen.«

Lee Marvin (»Er war nüchtern sehr viel besser als betrunken, aber das wußte er leider nicht immer«), Burt Lancaster und Burt Reynolds waren die Protagonisten seiner erfolgreichsten Filme, aber eben auch Frauen wie Bette Davis. Über all der männlichen Härte schimmert bei ihm ein Schuß

Transvestitentum, Kabarett, Satire, Vaudeville durch. Diesen Aspekt gab es ja auch bei Hawks und bei Wilder schon zur Genüge, aber bei Aldrich haben die meisten Männer definitiv etwas noch Verzweifelteres als bei seinen Vorgängern.

Die Welt ist voller Gewalt

Aldrichs Ehrlichkeit in den Gesprächen ist manchmal frappierend. Zu *The Big Knife (Hollywood-Story)* sagt er: »Ich wünschte, ich könnte sagen, der Film war ein Flop, weil er so kompromißlos war – denn dann klänge das so, als wäre ich ein mutiger Typ. Aber so war es nicht: Jack Palance war eine Fehlbesetzung, und das Massenpublikum konnte den Konflikt des Films nicht nachvollziehen.« Oder Aldrichs Antwort darauf, warum seine Filme so gewalttätig sind und es auch sein müssen: »Zunächst mal: Die Welt ist voller Gewalt. Und ob wir es wahrhaben wollen oder nicht: Gewalt als Mittel zur Durchsetzung von Interessen ist bislang immer noch erfolgreicher als keine Gewalt. Viele Menschen, die wir heute bewundern, benutzten Gewalt. Wenn ich die Wahl hätte, mit meinen Filmen entweder Aufmerksamkeit durch Gewalt zu erregen oder mit meinen Filmen gar keine Aufmerksamkeit zu erregen – ich würde immer die Gewalt vorziehen. Die Frage nach Gewalt im Kino ist aber immer eine gute Frage, und ich weiß leider nie eine gute Antwort darauf.«

Man bekommt in diesem Buch ein lebendiges Bild von den Kämpfen, die ein Regisseur der Spitzenklasse in den Fünfzigern bis in die Siebziger hinein zu bestehen hatte. Aldrich gibt sich in den Interviews wahrhaftig nicht als Rechthaber und versucht, stets in seinem Urteil anderen gegenüber präzise und großzügig zu bleiben. Als Hollywood dann durch Filme wie *Bonnie and Clyde* und *Easy Rider* endlich renoviert wurde, da profitierte Aldrich (wie auch Peckinpah) auf seine Weise davon: Seine letzten zehn Jahre waren ab *The Grissom Gang* zwar voll von kommerziellen Enttäuschungen, aber er kompensierte dies mit immer besseren Filmen. »In jedem Jahrzehnt gelang ihm immer mindestens ein Hit. Und seine Flops waren wesentlich bessere Filme als die Erfolge der meisten anderen Regisseure«, schreibt Bogdanovich treffend.

Aldrichs Karriere ist ein Slalomlauf von einem Projekt zum nächsten, immer wieder Frustrationen, Kämpfe, unterwegs eigene Fehler und eine Menge Fehler anderer, aber immer wieder schaffte er es, dem kommerziellen Betrieb Glanzstücke zu entlocken. Sehr schön ist diese Achterbahnfahrt bereits recht früh nachzuempfinden in dem Joel-Greenberg-Interview von 1968. Im Verlauf seiner Karriere wurde Aldrich als Regisseur immer sicherer und souveräner. Der Ton seiner Filme wurde bissiger und witziger gleichermaßen, die Gewalt wurde härter, die Liebe zu den Figuren und zu seinen Schauspielern wurde verzweifelter und zärtlicher. Und ganz am Ende – als man ans Ende bei ihm noch gar nicht dachte –, da kam eine absolut irrwitzige und melancholische Zirkusnummer als Zugabe oben drauf: *All the Marbles (Harry läßt die Puppen tanzen)* mit Peter Falk, ein Film übers Frauen-Catchen mit einer schier unglaublichen Entscheidungsschlacht im Ring von über zwanzig Minuten Länge.

Typisch ist seine Antwort auf die Frage, wie er sich zu den damals neuen Regiestars Coppola, Spielberg oder Lucas verhielt: »We just say hello when we meet.« Er wußte, daß nach dem letzten Urgestein des großen Studiokinos, zu dem er gerade eben noch gehört hatte, nun die Filmhochschüler kamen, daß die Erbsenzähler und Videothekare, die Stubenhocker und Steueranwälte das Kino übernehmen würden, und er erkannte großes Talent da, wo er es sah (»Spielberg ist wohl der Beste von ihnen»), aber er ahnte auch, daß die echte Lebenserfahrung, die Leute wie Peckinpah, Fuller, Siegel und ihn selbst ausgemacht hatte, daß die mit diesen Pennälern aus den Filmen verschwinden würde.

1976, als er das *Das Ultimatum (Twilight's Last Gleaming)* in der Bavaria drehte, besuchte er uns einen Abend lang an der Filmhochschule. Rotgesichtig wie eine Tomate, zeigte er uns Studenten seine friedfertige und nette Seite und betonte in fast jeder Antwort die Wichtigkeit des Professionalismus beim Regieführen. Zuvor hatten wir alle Filme von ihm gesehen, die damals noch als Kopie in Deutschland erhältlich waren. Die manchmal unverschämte Erotik der erzählerischen Ökonomie seiner Filme, die schon die Herrschaften der *Cahiers du Cinéma* in den Fünfzigern kalt erwischt hatte, war auch für uns neu und fesselnd. Diese Filme wirkten wie eine Befreiung im Gegensatz zum selbstverliebten deutschen Autorenkino. Und ganz sicher haben die amerikanischen Regisseure, die in der Bavaria in den Siebzigern drehten, ihre unterirdischen Spuren im deutschen Kino hinterlassen: Aldrich, Norman Jewison, George Roy Hill, Bob Fosse et cetera.

Einsam sind die Tapferen

Eine einzige historische Sekunde von zehn Jahren lang gab es wirklich eine Art kleines Hollywood an der Isar. Am Nachbartisch mittags in der Kantine saß womöglich George Roy Hill während seiner Arbeit an *Little Drummer Girl (Die Libelle)* und unterhielt sich mit seinem Masseur. Die pure Anwesenheit solcher Männer bestärkte einige von uns in den Achtzigern darin, das ökonomische und konventionell spannende Geschichtenerzählen auch hierzulande ernsthaft zu versuchen. Und aus dieser kleinen Befreiungsbewegung des deutschen Films von seinen Kunstzwängen hätte vielleicht eine große Bewegung werden können, ein Kino der gänzlich undeutschen, unerwarteten und unseriöseren Sorte. Aber der Rest der Geschichte ist bekannt: Petersen und Emmerich sind längst nach Hollywood geflüchtet und fabrizieren dort ihr erfolgreiches Krautrock-Kino, während die anderen wenigen Protagonisten der deutschen Achtziger-Generation mehr oder weniger beim *Tatort* landeten. Einsam sind die Tapferen, und letzten Endes gilt sowieso immer nur, daß wer im Filmgeschäft überlebt, recht hat. Aldrich besaß sehr früh, in den Sechzigern schon, die Rechte an einem Roman, den Ende der Achtziger dann schließlich Bertolucci und der englische Produzent Jeremy Thomas zusammen verfilmten, mit Aldrichs Sohn als Koproduzenten: *The Sheltering Sky (Himmel über der Wüste).* Was hätte Aldrich mit dieser Geschichte wohl gemacht? Solche Fragen nach nicht verwirklichten Chancen erscheinen einem ja immer wieder wie unentdeckte Perlen im endlos öden Sand der offiziell gefeierten Filmgeschichte, und diese Perlen funkeln dann heimlich und vielversprechend im Dunkeln, nachts, wenn das rastlose und destruktive Getriebe der Branche mal für ein paar Minuten schläft.

Wenn das Eis bricht

The Dead Zone von David Cronenberg, 1983

Bei den Verhandlungen zur Wehrdienstverweigerung in den Siebzigern gab es eine beliebte Frage für verweigernde deutsche Gymnasiasten: »Wie hätten Sie gehandelt, wenn Sie gewußt hätten, was Hitler plant, und wenn Sie ihn früh in seiner Karriere gewaltsam hätten ausschalten können?« Ja, wie hätten wir denn gehandelt? So wie Christopher Walken in *The Dead Zone* natürlich, aber das hat sich natürlich keiner von uns getraut zu sagen, sonst hätte die Bundeswehr ihn ja gleich dabehalten. Johnny, die Hauptfigur von *Dead Zone*, stellt diese Frage an einem entscheidenden Punkt des Films seinem Arzt. Und der antwortet: »Ich helfe den Menschen, weil ich sie liebe.« Und fährt nach einer Pause fort: »Ich hätte keine Sekunde gezögert und hätte Hitler getötet.« Mit dieser Antwort sind für Johnny die Würfel gefallen …

Die Anfangstitel

Aus den idyllischen Ansichten eines friedlichen Neuenglandstädtchens schneiden messerscharfe Buchstabenstreifen allmählich den Titel aus. Als er komplett zu sehen ist, erhebt sich die Musik zu einem ersten großen und düsteren Zeichen: »Dead Zone«! Musik Michael Kamen. Inzwischen ist er ja Hollywoods Action-Spezial-Musiker geworden. Von ihm stammen *Titanic*, die *Lethal Weapon*- und die *Die Hard*-Serien und so weiter und so fort. *Dead Zone* ist aber bis heute seine beste Musik. Man beachte übrigens das Männchen mit Kapuze auf dem Bild der herbstlichen Landstraße. Es baut eine Brücke zu einem anderen berühmten Film-Männchen mit Kapuze. In Venedig, Sie wissen schon …

Das Lächeln

Christopher Walken als Englischlehrer Johnny zitiert in der ersten Szene Edgar Allan Poe vor seiner Schulklasse: »Shall be lifted nevermore!« Er ist am Ende des »Raven« angelangt, seine Stimme ist heiser, er ist selbst bewegt von dem Gedicht. Dann faßt er sich – und lächelt die Schüler geradezu strahlend an. »Ganz gut, hm?« fragt er, bekommt aber keine Antwort. Dieses Lächeln Christopher Walkens ist eines seiner schönsten überhaupt. Es ist völlig vorbehaltlos. Es verbirgt nichts. Man behält es den Film hindurch stets in Erinnerung, denn er wird nicht mehr sehr oft lächeln, und so schon gar nicht. Im Hintergrund ertönt die Pausenklingel, und er verspricht seiner rausrennenden Schulklasse beim nächsten Mal richtigen Spaß. Denn dann, sagt Walken, gibt es die Geschichte von »Sleepy Hollow«. »Sie wird euch gefallen, sie handelt von einem Lehrer, der von einem kopflosen Dämon besessen ist.« Die Schulklasse wird diese Geschichte aber nicht mehr von ihm hören, denn am selben Abend verunglückt ihr Lehrer im Auto fast tödlich und fällt für fünf lange Jahre ins Koma. Und die Geschichte des »kopflosen Dämons« wurde uns dann schließlich erst von Tim Burton Ende der Neunziger in seinem *Sleepy Hollow* erzählt. Gespielt von Christopher Walken. Sonderbar sind die Wege des Herrn …

Brooke Adams

Johnnys Freundin. Brooke Adams. (Wo ist die eigentlich geblieben? Hat sie aufgegeben in Hollywood wie Debra Winger? Spielt sie Mütter in Fernsehserien?) Sie war in den Siebzigern und Achtzigern der hübscheste Breitmaulfrosch Hollywoods. Daß Johnny eine derart beängstigend bigotte, eine zutiefst bedrängende Mutter hat, die immer noch darauf aufzupassen scheint, daß er bei schlechtem Wetter die richtigen Schuhe anzieht (und die aussieht, als sei die tote Mutter von

Anthony Perkins leibhaftig zurückgekehrt) – daß also dieses puritanische Muttergespenst ihm dennoch nicht den Blick auf Frauen verstellt, ist eigentlich erstaunlich. Johnny hat sich jedenfalls eine Kollegin geangelt, die warmherzig, witzig und liebevoll ist. Schade nur, daß er an jenem Schicksalsabend nicht auf ihr Angebot eingeht und über Nacht bei ihr bleibt. Daß er statt dessen mit dem Satz »auf manche Dinge lohnt es sich, zu warten« nach Hause fährt und dann dabei mit seinem VW in einen entgegenschlitternden Milchlaster rast. Dieser Dialogsatz weist ihn eben doch als wahren Sohn seiner Mutter aus. Weiß ist übrigens die Farbe dieses Films! Die Milch, die aus dem Laster fließt, der ewige Schnee, das immer blasser werdende Gesicht Johnnys, die weißen Blitze der Visionen, die ihn plagen … Die Mutter wird jedenfalls von Cronenberg für ihre Unerträglichkeit mit einem seltsamen Schlaganfall vor dem Fernseher bestraft. Wobei sie das grandios spielt, mit einem schiefen Mund nach Luft schnappend wie ein uralter Hecht, der gerade an Land gezogen wurde.

Und die Liebesszene, die dann später zwischen Brooke Adams und Christopher Walken doch noch – aber nur ein einziges Mal! – folgen darf, ist sicher eine der schönsten der achtziger Jahre, die ja bereits deutlich prüder waren als das Jahrzehnt zuvor. Man sieht sie nämlich gar nicht. Noch ein Hinweis auf den Geist des Puritanismus, aus dem sich dieser Film speist.

Die Episoden

The Dead Zone ist ein mehr oder weniger gut getarnter Episodenfilm. Die Gabe des »Sehens« beginnt Johnny sehr bald nach dem Erwachen aus dem Koma zu entdecken. Eine schmerzhafte Gabe für ihn. Johnny hatte immer schon die Fähigkeit, in das Leben anderer Menschen zu blicken, in ihre

Vergangenheit, in ihre Zukunft oder in ihre parallele Gegenwart. Auf der DVD findet sich eine geschnittene Szene, die erzählt, daß er diese Gabe schon früher hatte. Nur hat das Koma nach dem Unfall sein besonderes Talent erst sozusagen an die Oberfläche seiner Persönlichkeit treiben lassen. Das ist deutlich an *Don't Look Now (Wenn die Gondeln Trauer tragen)* angelehnt, wenn dort Donald Sutherland erst am Schluß versteht, was für besondere Fähigkeiten er eigentlich hat. Vielmehr: was für Fähigkeiten er *hatte*, denn im Moment des Verstehens stirbt er ja unglücklicherweise. »›So ein dummer Tod‹, sagte er sich, ›so ein dummer Tod!‹« – heißt es am Ende von Daphne du Mauriers Novelle. Auch Johnny in *Dead Zone* stirbt. Aber sein Tod ist ein bewußter Opfertod. Jedes von Johnnys »Gesichtern«, die ihm zusetzen und die ihn unendlich viel Kraft kosten, die ihn gleichsam von innen verbrennen, ist eine abgeschlossene kleine Geschichte. Und er stirbt wie ein Erlöser.

Die John-Carpenter-Welt der Serientäter–Dramaturgie war Mitte der Siebziger entstanden. *Dead Zone* ist sozusagen ein fotografisches Negativ dieses Genres: ein Mann, der serienweise Unglücke und Untaten voraussieht und sie zu verhindern bzw. einmal auch aufzuklären versucht. Und Christopher Walken, der Todesengel aus *The Deer Hunter (Die durch die Hölle gehen)*, der charismatische Killer aus *Heaven's Gate* ist hier als Schutzengel zu besichtigen.

Johnny sieht als erste Vision das brennende Haus der Krankenschwester, die ihm über das schöne, scheinbar schlafende Gesicht streicht. Er ergreift, wie aus dem Grab, plötzlich ihre Hand, und die Vision beginnt. Er sieht ihr Kind in einem brennenden Haus. Er schreit die Mutter verzweifelt an: »Sie können Ihr Kind retten! Es ist noch nicht zu spät! Schnell!!« Das Kind wird gerettet (auch ohne die Mutter). Cronenberg setzt Johnny bei dieser Vision sogar selbst unter Feuer, sein

Bett im Krankenhaus wird für kurze Sekunden ins Kinderzimmer verlegt, und er brennt quasi mit während seiner Vision. Das hätte bei anderen Regisseuren schön daneben gehen können, den heftig schmerzhaft agierenden Walken in ein »brennendes« Krankenzimmerbett zu legen und schreien zu lassen! Tut es hier aber nicht. Weil Cronenberg eben Cronenberg ist. Und weil dieser Film wie kaum ein anderer von ihm an der Oberfläche sanftmütig erscheint, aber darunter tickt wie ein eisiges Metronom, in einem langsamen Rhythmus, der die Geschichte unglaublich ökonomisch und flüssig erzählt, dem Ende entgegengehen läßt.

Als nächste kleine Vorführung von Johnnys Begabung folgt die Holocaust-Vergangenheit seines Arztes. Herbert Lom in der Rolle des Arztes mit der wirren Frisur und dem seltsamen Namen Wyszak (oder so) ist einer der vielen Coups einer traumwandlerischen Besetzungschemie in diesem Film.

Dann erleben wir das nur angedeutete private Drama eines superschlauen Journalisten, der Johnny bei der kleinen Pressekonferenz im Sanatorium seine Fähigkeiten zunächst partout nicht glauben will, der aber von ihm aus dem Stand heraus mit dem verdrängten Selbstmord seiner Schwester konfrontiert wird.

Und danach werden die Episoden länger, so als würde der Fluß des Films breiter, wenn er allmählich zum Höhepunkt hin strömt. Am grausigsten ist dabei sicher die Episode des Serientäters in Johnnys Kleinstadt »Castlerock«. Einer der tollsten Cronenberg-Momente, die ich kenne, sind hier die harten Schnitte aus dem nächtlichen Pavillon heraus, in dem Johnny gemeinsam mit der Polizei – Tom Skerritt als Sheriff ist die nächste Besetzungsattraktion: beeindruckend ruhig und melancholisch – dem Mörder durch die Berührung eines Opfers hinterher-»fühlt«, hinein in die Blitze seiner grausamen Vision: im selben Pavillon, bei stechend hellem Tag, im weißen Schnee, muß Walken gleichsam hilflos danebenstehen, wie der Mörder die Tat begeht. Er erkennt den Mann. Es ist ein Polizist. Und auch der hat wie Johnny zu Hause eine dieser amerikanischen Schreckens-Mütter, die in diesem Film herumspuken. »Du bist der Teufel!« faucht sie Christopher Walken an, als der begreift, daß sie ihren Mördersohn seit Wochen deckt. Dann nimmt sie ein Gewehr und schießt auf ihn.

Danach zieht Johnny von seinem Heimatstädtchen weg, weil er nicht mehr belästigt werden will. Er arbeitet fortan als Privatlehrer. Und es folgt die Eishockey-Episode seines Nachhilfeschülers, den Johnny aus seiner autistischen Kinderwelt geholt hat.

Anthony Zerbe

Dies ist die längste Episode in Johnnys Leidensweg: Anthony Zerbe als alleinstehender Millionärsvater sucht Johnny auf, um durch dessen »Fähigkeiten« seinen 12jährigen Sohn, der sich von ihm zurückgezogen hat, nicht nur zum Lernen, sondern auch zur normalen Kommunikation zurückzubringen. Johnny schafft das auch, er öffnet die Seele des Jungen. Sein Lächeln öffnet den Jungen. Und eines Tages beim Abschied vor dem Chauffeurswagen, mit dem der Junge immer abgeholt wird, als sie sich dort die Hand geben, da sieht er ihn in einem Eishockeydress unter dem Eis eines Sees versinken, gemeinsam mit anderen Freunden. Er sieht in diesem Moment voraus, daß ein vom Vater organisiertes Freizeitvergnügen im Tod enden wird. Er versucht, das Eishockeyspiel zu verhindern: »The ice will break!« schreit er Anthony Zerbe entgegen und schlägt mit seinem Stock eine Glaskugel auf dem Wohnzimmertisch entzwei. Der Vater schmeißt ihn daraufhin sofort raus. Der Junge glaubt Johnny aber trotzdem und weigert sich, zu dem Spiel zu gehen. Der dickköpfige Vater zieht seinen Plan beleidigt mit den anderen Kindern natürlich trotzdem durch. Und was passiert? Das Eis bricht. Drei tote Kinder. Als Johnny von dem Unglück liest und nochmals bei Zerbe anruft und als er beruhigt die Stimme seines Schülers hört, als der den Hörer abnimmt, da sitzt im Sessel daneben der Vater. Verzweifelt. Gebrochen. Johnnys Visionen können nicht nur hilfreich sein, sie können auch Menschen grausam bestrafen, wenn sie ihnen nicht Folge leisten.

Anthony Zerbe, der Vater, ist ein Schauspieler, der immer schlauer wirkt als die zumeist bösen Charaktere (*Dreckige Hunde [Who'll Stop the Rain]* von Karel Reisz), die er spielen muß. Er kann seine großartigen dünnen Augenbrauen zu äußerster Skepsis geradezu in Schlangenlinien kräuseln. Und dann hat er manchmal für einen Moment ganz ähnliche Augen wie sie ein früh verstorbener englischer Star der fünfziger Jahre hatte: Stanley Baker. Schmale, schlaue, forschende Augen, wie eine doppelte Lupe. Die Amerikaner sagen zu solchen Augen »like two pissholes in the snow«. Zerbe ist der endgültige Beweis, daß dieser Film bis in die kleinsten Nebenrollen so gut und liebevoll besetzt ist wie kaum ein Hollywoodfilm zu dieser Zeit. Und diese Feststellung führt uns dann auch gleich zum großen Gegenspieler Johnnys:

Martin Sheen

Martin Sheens Auftreten ist ambivalent. Der entscheidende Gegner betritt mit ihm den Plan, und Johnny sieht Brooke Adams wieder – als nichtsahnende Wahlhelferin dieses Kandidaten. (Was den Zuschauer für kurze Momente stutzen und an ihrer geistigen Gesundheit zweifeln läßt ...)

Martin Sheen: mit ihm blickt der Film unbeabsichtigt einen Moment selbst in die Zukunft. Sheen spielt einen dämonischen US-Präsidenten, der eine gespenstische, vorausblickende Persiflage auf Bush jr. und Donald Rumsfeld in einem darstellt. Er spielt einen aggressiven, völlig verkommenen, religiös schwafelnden, total machtbesessenen Südstaatler, der – wenn Walken ihn nicht stoppen würde – als gewählter *Präsident* die Atomraketen mit einem »Hallelujah, they're on their way!!« auf den Lippen in den letzten aller Weltkriege schicken wird. Das sieht Walken voraus, als er ihm bei einer Wahlkampfveranstaltung vor seinem Haus die Hand schüttelt. Und deshalb muß Sheen sterben. Von Johnnys Hand, denn niemand sonst sieht die Katastrophe kommen, die in diesem größenwahnsinnigen Mann steckt. Und vor allem weiß Johnny jetzt auch, was dieses Phänomen ist, das dem Film seinen Namen gibt: »the dead zone«! Es sind nämlich die »blinden Stellen« in seinen Visionen, und die sind – das erkennt er nun endgültig – genau jene Momente, in denen er den Gang der Dinge, die er voraussieht, noch beeinflussen kann.

Er muß also Martin Sheen erschießen, der sich inzwischen ziemlich offen als Gangster zu erkennen gibt – im Gegensatz zu Bush, der sich in all seiner Erbärmlichkeit ja erst eine Weile nach seiner Wahl offenbarte. Johnny lauert Sheen bei einer Wahlveranstaltung weit von seinem Wohnort entfernt auf. Aber es klappt nicht. Der erste Schuß auf Sheen, den Walken abfeuert, geht daneben. Und vor dem zweiten reißt der Politiker ein Kind zum Schutz vor seinen Kopf. Es ist Brooke Adams Kind. Johnny kann nun nicht mehr auf ihn schießen, er wird von den Leibwächtern seinerseits erschossen. Aber die Lösung der Geschichte funktioniert trotzdem: mit dem Kind als Schutzschild im Arm wurde Sheen fotografiert, und das ist das Ende seiner Karriere. Als er wütend den angeschossenen Walken attackiert, da ergreift der nochmals seine Hand, und er sieht: Dieser Wicht wird sich bald darauf in einem Hotelzimmer erschießen, weil das schändliche Foto seiner Feigheit auf dem Cover von *Newsweek*(!) zu sehen ist. Walken kann also beruhigt sterben.

Nach all den Jahren

Man kann es so sehen: Nach dem Genie-Getöse des europäischen Kinos der Sechziger und Siebziger, das viele hochbegabte US-Regisseure bald ja auch für sich in Anspruch nahmen, da kam Mitte der Siebziger, mit John Carpenter und David Cronenberg auf einmal ein amerikanisch-kanadischer Jahrgang an knallharten B-Picture-Filmern in die Kinos. Nüchtern, erzählerisch effektiv, raffiniert die Emotionen ihrer Geschichten verbergend – natürlich auch, damit sie um so deutlicher werden – und in der Moral ziemlich gnadenlos waren ihre Filme von Anfang an. Diese neuen Genre-Erfinder umgab eine Art Erotik der Ökonomie und der erzählerischen Härte. Cronenberg und die anderen haben von den Freiheiten der Sechziger/Siebziger profitiert, sie haben die politischen Konflikte und Katastrophen der vorangegangenen Generation in Melancholie verwandelt, sie haben die Genres wiederbelebt und haben sie ernstgenommen.

Und man muß beim Wiedersehen dieses – schon damals – Top-20-Lieblingsfilms *Dead Zone* heute feststellen: In den Achtzigern waren wir irgendwie älter als heute. Aber Bob Dylan wußte das ja alles schon lange vorher: »Ah, but I was so much older then, I'm younger than that now ...« Dieser rätselhafte Refrain aus Dylans frühem Lied »My Back Pages« wird einem ja mit dem Älterwerden immer klarer: »Ich war so viel älter damals, jetzt bin ich jünger ...« Genauso war's. Im Ausklang der Revolte und im Übergang zur Spaßgesellschaft waren wir um tausend Illusionen ärmer als in den Siebzigern zuvor. Und wir waren dafür um vieles an Lebenserfahrung klüger. Es ist wie in der *Èducation sentimentale* von Flaubert: Verlorene Illusionen machen offenbar unmittelbar nach ihrem Verlust für eine Weltsekunde lang erheblich schlauer. Die Asche der Hippieträume öffnete uns für eine kurze einzigartige Periode lang die Augen. Das war die Wende der siebziger Jahre zu den achtzigern.

Dead Zone

Nach all den Jahren erscheint er mir wie einer jener seltenen Momente in der Filmgeschichte, wo Genrekino, Mainstream-Wille, eine grandiose Besetzung und experimentelles Erzählen in ein glückliches Eins zusammenfallen. Mit der Avantgarde ist das ja ansonsten immer so eine Sache, weil die Avantgarde meistens so heftig damit beschäftigt ist, Avantgarde zu sein. Und weil man von avantgardistischen Regisseuren manchmal durch ihre formalen Taschenspielertricks von vernünftigeren Fragestellungen zur Welt und zu den Figuren so sehr abgelenkt wird. Hier aber zeigt ein eigentlich experimenteller und gleichermaßen philosophischer Regisseur eine ungeheure Story-Disziplin und eine liebevolle Zeichnung der Figuren, wie ich es sonst kaum von ihm und seinesgleichen kenne. (Stephen King wird ihm gedankt haben, denn *Dead Zone* findet sich meines Wissens nicht unter den grausigen Wiederverfilmungen seiner besten Romane, die der Meister später selbst vorgenommen hat.)

Insofern bin ich ehrlich der Meinung, daß Cronenberg bei *Dead Zone* der Putzigkeit und der manchmal kindlichen Hermetik seiner Horror-Ekel-Miniaturwelten dieses eine Mal wirklich vollends entronnen ist. Dafür wurde er zwar in jenen Splatterkreisen, die ihn ursprünglich auf den Altar gehoben hatten, als Verräter attackiert. Aber ich persönlich sehe *Dead Zone* als seinen bislang immer noch erwachsensten Film an.

Der Preis des Begehrens

***The Little Drummer Girl (Die Libelle)* von George Roy Hill, 1984**

Sie ist amerikanische Schauspielerin und lebt in London. Sie mag arabische Männer. Sehr sogar. Sie ist ein bißchen zickig, ein bißchen links-intellektuell und ziemlich liebesbedürftig. Und sie lügt gerne und gut. Sie ist ein gefundenes Fressen für den israelischen Geheimdienst Mossad, angeführt von einem grandiosen Klaus Kinski. Sie tut, was man ihr sagt, weil sie glaubt, daß sie von einem schönen arabischen Mann geliebt wird. Und als dieser Mann, der sie benutzte und der sie beinah im entscheidenden Moment im Stich ließ, am Ende dann alles wieder gut machen will, da sagt sie ihm: »Ich bin tot! Du hast mich getötet, erinnerst du dich?« Charlie, die Schauspielerin, läuft davon, als der Israeli Gadi Becker alias Joseph alias Michel sie von ihrem kleinen Londoner Theater schließlich in ein anderes Leben abholen will. Er ist zweifellos an allem schuld. Auch daran, daß sie gerade auf der Bühne in ihrem Text das Wort »impending« – »unheilvoll« – nicht mehr über die Lippen brachte und die Probe deswegen abgebrochen hat. Das war kurz bevor sie ihn im Dunkeln des Zuschauerraums sitzen sah. Jetzt rennt sie panisch weg vor ihm und vor ihrer Erinnerung an das Blut eines erschossenen, anderen arabischen Mannes auf ihrem nackten Körper. Aber er holt sie ein, nimmt ihren Arm, und sie gehen stockend in eine sehr unsichere Zukunft von uns weg die dunkle, nasse englische Straße hinunter. Begleitet von Dave Grusins wunderbar traurigem Hauptthema des Films.

Es mag ja heute vielleicht vollkommen egal sein, daß man damals *The Little Drummer Girl*, diesem Film, den George Roy Hill nach John le Carrés Roman 1984 unter anderem in der Münchner Bavaria gedreht hatte, so ziemlich alles vorwarf, was man einem vermeintlich mißlungenen Großfilm vorwerfen kann: Langatmigkeit, Umständlichkeit, Hölzernheit der Inszenierung, eine Fehlbesetzung in der Hauptrolle (»Diese New Yorker Emanzen-Ziege als Untergrundkämpferin – lächerlich!«) etc. Und doch will man förmlich noch mal »Einspruch!« schreien, wenn man den Film heute sieht.

The Little Drummer Girl zeigt aufs Großartigste, daß man einen Mainstreamfilm machen kann mit einer extrem ambivalenten, einer gefährlich beschädigten Hauptfigur, mit einer »schwachen« Frau, die sexuell von dunkelhäutigen, mediterranen Männern angefaßt werden will, die daraus auch kein Geheimnis macht und für ihr Begehren und ihr Geliebtwerdenwollen ihr Leben aufs Spiel setzt. Den Mythos des schönen, arabischen Mannes zieht George Roy Hill hier wahrlich konsequent durch. Sami Frey, Yorgo Voyagis, Eli Danker usw. Alle sind sie phantastisch aussehende schwarzhaarige Männer, die Jungen wie die Alten im Nahen Osten, die Diane Keaton begegnen – egal welcher Partei sie angehören, Israeli oder Palästinenser. Fehlte nur noch Omar Sharif, der zur Tür reinkommt ... (Tut er nicht.) Einer von ihnen wurde gefoltert. Er wird uns nackt und zitternd vor Angst präsentiert, so als wolle der Film Keatons Begehren damit geradezu verspotten.

In der fröhlichsten Szene des Films singt die angehende »Terroristin« Charlie in einem libanesischen Ausbildungscamp mit den anderen Guerillas zusammen Dusty Springfields »Downtown« – und die dunkelhaarigen Jungs mit den scharfen Waffen auf dem Schoß singen alle mit, während sie eine Bergstraße mit dem Laster hochfahren. Oben auf dem Hügel steht ein junger Ziegenhirt, der lacht, als er den Song hört. Denn er hat ihn schon mal gehört, und zwar nachdem Klaus Kinski in einer faszinierend doppelbödigen, 15minütigen Sequenz Charlies Lebenslügen auseinandergenommen hatte. Danach war sie quasi Mitglied des Mossad und wurde mit einem roten Daimler voller Sprengstoff zu ihrem ersten Auftrag losgeschickt. Da sang sie am Steuer auch »Downtown«, weil sie so nervös war, haute aber erstmal versehentlich den Rückwärtsgang rein und wäre mit dem ganzen Explosivzeug an Bord beinahe gegen einen Baum gefahren. Der Ziegenhirt-Junge war in dem Augenblick der einzige, der noch über sie und über das Lied gelacht hatte. Er ist nämlich auch vom Mossad. Und in seinem Ziegenhirtenzelt steht ein First-Class-Funkgerät. Fünf Minuten später im Film haben die Libanesen ihn jedoch geschnappt, furchtbar verprügelt und führen ihn ihrem Chef (Michael Cristofer – ganz großartig!) vor. Diane Keaton – jetzt undercover auf der Gegenseite – steht daneben und muß ihre Bekanntschaft mit dem Jungen verschweigen. Draußen vor dem Haus wird er kurz darauf sang- und klanglos erschossen.

George Roy Hill und John le Carré, damals schon zwei ältere Männer, treiben in dieser bösen Geheimdienst-Geschichte ein doppelt schmutziges Spiel. Sie können ihre Hauptfigur, Diane Keaton, am Ende nicht mehr ganz ohne Vorbehalt in die Arme schließen. Man hat auch den Eindruck, sie will kein Happy-End mehr. Sie flieht vor ihren bösen Erfindern, wie Alice im Wunderland auf der Flucht vor den Alten in der *Muppet Show*, aus der Geschichte. George Roy Hill war ja ein Regisseur von zumeist ziemlich erfolgreichen und sehr lustigen Filmen. Er konnte ihre Geschichten im Kern stets auf einen schön bittersüßen Geschmack herunterdestillieren. Und es gelang ihm meist gut, die knallharten Untertöne seiner Filme zu tarnen. Hier will er gar nicht verbergen, daß sowohl Autor als auch Regisseur einem bösen Impuls folgen: das Mädchen »Charlie« für ihre Sehnsüchte zu bestrafen. John le Carrés Romane haben stets solche zutiefst ambivalenten Aspekte. Zuletzt konnte man an der Verfilmung seines Romans *Der ewige Gärtner* (2005) geradezu bestürzend gut sehen, was herauskommt, wenn man seine Stoffe auf politisch korrekte Erbauungsliteratur herunterreduziert: lahmarschiges Milchgesichter-Polit-Kino à la Meirelles, Winterbottom und Konsorten.

The Little Drummer Girl ist da aus ganz anderem Holz. Es ist genau die Art Mainstreamfilm, die man sich im Kino so sehr ersehnt wie nichts anderes: der Film ist intelligent, trickreich, witzig, sexy, ehrlich, grausam, und er ist emotional auf einer dunkleren, aber dafür um so berührenderen Ebene angesiedelt als der übliche Blockbuster. Hill demonstriert hier 125 Minuten lang die Art von vielschichtigem Mainstreamprodukt, derentwegen man das Kino einstmals lieben gelernt hat und irgendwann selber Filme machen wollte. Der Film ist aber auch genau die teure, sehr komplexe Art von Film, die zu allen Zeiten kommerziell durchfallen wird und die somit dem ewig wiederkehrenden Heldentod an der Kinokasse geweiht ist.

Daß dieses seltene Exemplar hier nun auch noch aus der einst florierenden Produktions-Verbindung Hollywood/Bavaria stammt (wie etwa auch *Cabaret* von Bob Fosse oder *Das Ultimatum* von Robert Aldrich) – das macht die Sache noch interessanter, auch für die deutsche Filmgeschichte. *The Little Drummer Girl* könnte nun endlich aus dem Massengrab der großen Flops herausgeholt und auf dem Friedhof der schönsten und mutigsten Filme mit allen Ehren beigesetzt werden.

Eine Pinkelspur auf dem Teppich der Konzerne

New Rose Hotel von Abel Ferrara, 1998

Beharrlich frißt sich die E-Gitarren-Melodie von Anfang an in den Kopf. Wie auch Asia Argentos Gesicht. Beim Zigarillorauchen, beim Lächeln, beim Küssen. Oder wenn sie zu William Dafoe plötzlich sagt: »Let's get married« – und der macht den Fehler seines Lebens und lehnt ab. Und Christopher Walkens Spiel mit dem Spazierstock! Sein Lachen. Seine kleinen Steptanzschritte während des Dialogs. Seine Verzweiflung im Gesicht, die er selbst mit heiserer Stimme zu übertönen versucht, wenn er anfangs zu Annabel Sciorra sagt: »Everything's gonna be roses, baby, my ship's coming in ...« Und damit diese Prophezeiung auch eintrifft, will er die Hure Asia zur Edelprostituierten ausbilden, die einen japanischen Wissenschaftler um den Verstand bringen soll. Der Mann wird seinen Konzern an die Konkurrenz verraten. Dafür sollen Walken und Dafoe eine irre Summe Kopfgeld erhalten. Der Plan klappt. Und alles kommt ganz anders ...

Abel Ferraras bislang vorletzter Film von 1998 präsentiert eine ganz normale Zukunft, wie wir sie uns alle vorstellen: ein globalisiertes Babylon. Konzerne, Gremien und Funktionäre regieren die Welt. Ferraras Science-Fiction-Version sieht aus wie der billige Hochschulfilm eines genialen Studenten – oder nein, er ist zu alt, er weiß zuviel, dieser Film, also sieht er vielleicht eher aus wie der lange verschollene letzte Film des noch genialeren Lehrers eines genialen Filmstudenten. Wie auch immer. Der SF-Design-Anteil wird jedenfalls extrem minimal gehalten. Statt dessen findet alles in stockdunklen Bars, in Hotelzimmern, nächtlichen Gängen und in Dialogen zwischen den drei Stars des Films statt. Argento, Walken, Dafoe. Immer wieder scheinen diese drei wie die Kugeln in einem Billardspiel sich gegenseitig anzustoßen.

Der Film ist wie eine Skizze der Zukunft. Auch wie eine rohe Skizze der Zukunft des Weltkinos. Wenn der Krakenkapitalismus und die machtgeilen Medienfunktionäre unsere alte kreative Welt bald von aller Tiefe des Lebens gereinigt haben werden, dann können wir nämlich solche Filme wie *New Rose Hotel* immer noch drehen. Unordentliche Filme und schlampige Filme, auf solche Art magische Filme wie dieser, die aus reinem Geldmangel schon mal sofort zum Wesentlichen ihrer Message kommen müssen. Zu Verführung, Leidenschaft, Sehnsucht, Verzweiflung. Philosophie-Filme, die wirken wie eine Pinkelspur auf dem Teppich der Funktionäre und der Konzerne. Denn am Ende bleibt vor allem anderen diese Gitarrenmelodie, und sie trägt den Virus der Sehnsucht nach dem wahren Leben, nach der wahren Leidenschaft, nach der wahren Verzweiflung in sich. Und den Wunsch nach einem heftigen »Fuck you all!«, das aus Abel Ferraras Mund immer echter klingt als bei irgendwem sonst.

Götterklein

Minority Report von Steven Spielberg, 2002

Auf der Extras-DVD zu Steven Spielbergs *Minority Report* schwärmt der Koautor Scott Frank davon, wie sie alle bei diesem Film den tollen amerikanischen Thrillern der siebziger Jahre nachgeeifert hätten. Man habe das Skript an den Charakteren und viel weniger am Plot orientiert als sonst in Hollywood üblich und damit ganz so gearbeitet wie Friedkin, Penn, Coppola, Altman und die anderen Haudegen des New Hollywood.

Das ist natürlich kompletter Quark. Der typische Protagonist im amerikanischen Genrekino der Siebziger war ein unberechenbares, am Leben und an sich selbst verzweifelndes, vitales Monster – nicht erst, wenn er unter Druck kam, sondern bereits im Alltag, in der Familie, im Büro. Die abgründige »Heiligkeit« dieser Figuren hat sich tragisch und virtuos manifestiert in Gene Hackmans »Popeye« Doyle aus *French Connection*. Die Finessen und Tricks der Dramaturgie konnten sich dabei getrost in Grenzen halten, denn die Helden, die von so extrem kreativen Schauspielern wie De Niro, Hackman, Pacino etc. geschaffen wurden, waren gleichsam ihr eigener wandelnder Konflikt. Sie brauchten nicht mal einen echten Gegenspieler, denn auch der lebte schon in ihnen.

Bei allem Respekt vor *Minority Report* – Tom Cruises Held kann hier trotz Drogenmißbrauchs mit diesen Maniacs wirklich nicht konkurrieren. Der moderne Mainstream-Hero ist sowieso ein eher verdruckster, defensiver Mineralwassertyp, der im Höchstfall ein paar Defekte und Wunden in seiner Vergangenheit herumliegen hat. Er ist eine dramaturgische Schachfigur geworden, die nach Schema F mythologische »Wege des Helden« bewältigen muß. Und gerade Cruise geht ja stets brav wie ein Opferlamm den Hindernisparcours ab, den die Launen der Drehbuchgötter ihm vorherbestimmt haben.

Die alten Griechen hatten ihren gestreßten Helden als Zeichen der Auflehnung gegen ihre Götter immerhin noch den Wahnsinn gestattet. Dieses Geschenk der »Verrücktheit« an unsere Hauptfiguren haben wir aber heute verlegt. Und es ist momentan auch dermaßen unauffindbar, daß jener Autor in der DVD sogar ehrlich meinen dürfte, was er sagt: *Minority Report* sei »character-driven«. Er weiß es nicht besser, er kennt vielleicht nichts anderes aus dem Leben. Es wirkt, als hätte unsere Abendlandgesellschaft heute solche Angst vor der zerstörerischen und selbstzerstörerischen Kraft ihrer Individuen, daß sie sie sogar im Kino an die Kette legen muß.

Die Legende geht, daß der Vater aller Kunstmythologen, der deutsche Jude Aby Warburg 1929 in Hamburg an einem Lachanfall während des Abendessens nur deshalb erstickt ist, weil jemand in der Runde das Wort »Götterklein« ins hochgelehrte Tischgespräch geworfen hatte. »Götterklein« – das war exakt das, was das amerikanische Kino der Sechziger und Siebziger mit dem alten Hollywood-Kino machte: Es servierte die bis dahin gültigen mythischen Figuren und Heldenwege und Symbole des amerikanischen Universums neu, und zwar zerrieben, zerfetzt, zerschnitten und zerraspelt. Und zusammen mit einer fröhlichen Portion Humor und Sarkasmus. Und das ist auch genau das, was dem heutigen, dem hypermythologisierten, dem von sich selbst berauschten Kino völlig abgeht. Weltweit.

Kurzer Brief zum langen Abschied

A Prairie Home Companion **von Robert Altman, 2006**

Warum macht man als Regisseur besonders gerne Filme über Gruppen? Ich denke, weil man sich dann nicht so einsam bei der Arbeit fühlt. Man erzählt gerne Geschichten von einer Clique oder einem Ensemble, weil man dafür lauter Schauspieler zusammenrufen kann, die Freunde sind – oder die es werden sollen. Manchmal helfen einem namhafte Schauspielerfreunde in Hollywood auch, den Film zu finanzieren. Und manchmal wird die Arbeit eine Party. Das Drehen ist dann geradezu eine Kleinigkeit, und wenn es dem Ende entgegengeht, muß man ganz schnell die nächste Party organisieren.

Am Ende von *A Prairie Home Companion* bleibt kein Auge trocken. Wenn man auf die Bühne schaut, auf der die liebenswerte kleine Sängerinnenfamilie fröhlich zum Ende der Show tanzt, wenn Meryl Streep wie eine amerikanische Musicshow-Mutter Courage die anderen herbeiwinkt und wenn dann immer mehr Schauspieler des Films zögernd herankommen und mitmachen oder sich neben der Bühne lachend zu einer Abschlußkundgebung versammeln – dann wünschte man, gleich käme Robert Altman selber mit auf die Bühne. Aber man hat auch gleichzeitig eine Sekunde lang das Gefühl: Er ist am Ende dieses Films schon gar nicht mehr da. Unterwegs zur nächsten Party.

Ein Regisseur wie er hätte eigentlich am Drehort in seinen Stiefeln sterben müssen. Und wenn sein Todesengel dann auch noch so ausgesehen hätte wie Virginia Madsen, die hier das Ensemble heimsucht, dann hätte ihm sowieso nichts Besseres passieren können. *A Prairie Home Companion*, dieser Film über die allerletzte Vorstellung einer Radiomusikshow, ist nun also auch die letzte Vorstellung Altmans geworden – und so heißt er bei uns auch *Robert Altman's Last Radio Show*.

Es ist ein unglaublich schöner Abschluß für einen so großen Regisseur geworden. Was hatte er für harte Zeiten zu überstehen, was für Anfeindungen, und mit welcher Bravour hat er sie bestanden! Am Ende hat er all seine einstmals erbitterten Gegner einfach durch längeres Leben und die gelassene Kontinuität seiner Filme geschlagen.

In den letzten Jahren hat Altman bemerkenswerterweise fast jede Szene in nur einer Einstellung gedreht. Dafür muß man sein Handwerk verdammt gut beherrschen und seinen Augen beim Drehen immer noch höllisch gut trauen können. Das ist ja das Gute, wenn man als älterer Regisseur noch im Geschäft bleibt: Man fällt auf keinen Bluff mehr herein. Auch nicht auf die eigene Begeisterung. Also inszeniert Altman alle Gags in *Prairie Home Companion* so, wie Eric Clapton Gitarre spielt, »slowhand« sozusagen. Wenn man bedenkt, daß er den Schauspielern komplett freien Lauf läßt, dann fragt man sich, wie er eigentlich diesen ruhigen, aber sehr präzisen Gesamtrhythmus hinzaubert. Denn dafür, daß all die Schauspieler zu seiner Party kamen, schenkte Altman ihnen fast immer eine Freiheit, die sie nirgendwo sonst in Hollywood so bekamen.

Und obwohl sie wie losgelassen agieren dürfen, sind sie stets Teile des gutgeölten Ganzen: Lily Tomlin ist grandios bärbeißig im Dialog in der Garderobe und singt dann kreuzsentimentale Heul-Mama-Lieder aus dem großen weiten Westen mit ihrer Schwester auf der Bühne. Meryl Streep gibt den Südstaaten-Mutter-Uhu, rund und mollig wie eine russische Puppe, und offenbart dabei große sängerische Live-Qualitäten. Die Tochter (Lindsay Lohan) schreibt anfangs in der Garderobe noch pausenlos Gedichte über Selbstmord und gibt am Ende der Show eine ziemliche Hardcore-Version des Liedes von »Frankie and Johnny« zum Besten. Der Showmaster Garrison Keillor (der auch Koautor des Drehbuchs ist) bekommt mit dem tickenden Timing einer Zeitlupenbombe jeden Gag in grandioser Schläfrigkeit letztlich doch auf den Punkt hin. Und wenn mal was schiefgeht, dann improvisieren sie alle aus dem Stegreif eine völlig absurde Stafetten-Geschichte, begleitet vom Geräuschemacher der Show, der ihre Story-Ideen in Tierlaute und Comic-Töne umsetzt.

Die Zeit steht still in diesem Film. Einen ganzen letzten Abend lang. Dann wird das Theater plattgemacht. Es dauert eine ganze Weile, bis man kapiert, daß das kein Kostümfilm ist über das Ende einer uralten Radioshow irgendwann in den Sechzigern, sondern daß der Film eigentlich irgendwie heute spielt und die letzte Vorstellung einer Samstagabend-Radioshow zeigt, die ihrerseits die Imitation jener typischen Radioshows darstellt, wie sie in Amerika früher so geliebt wurden. Altman umspannt sozusagen fast seine ganze eigene Lebenszeit mit dieser mehrfach gespiegelten Konstruktion des Remakes eines Radioabends, und fast wie bei Borges oder bei Phillip K. Dick – oder im Kino eigentlich nur bei Alain Resnais – finden wir uns hier überraschend in einer kunstvollen Zeitschleife wieder. Aber all diese anderen Zeiten, die unsichtbar mitlaufen, sind wie ein sanfter Wind, dessen man kurz gewahr wird, wenn er durch die Räume zieht – und man schaudert.

Es gab wahrhaftig auch andere Zeiten für Robert Altman. Mir war es bei ihm in den Siebzigern, ehrlich gesagt, egal, wie dramaturgisch neuartig, kinematographisch innovativ oder wie systemkritisch seine Filme waren – ich mochte sie deshalb am liebsten, weil sie so unglaublich lustig und böse waren, weil ich seine Figuren liebte, seine Dialoge und seine Szenenideen. Solche respektlosen Situationen, solche überlappenden Dialoge hatten vor ihm auch Leute wie Robert Aldrich oder Howard Hawks ausprobiert, und Altman nahm sich von ihnen das Beste, gab seine eigenen Vorstellungen mit in die Suppe und entwickelte damit das verhaßte Hollywood mit seinen altgewordenen Genres konsequent und wutentbrannt weiter.

»It was pure Altman«, antwortete die Drehbuchautorin Leigh Brackett auf die Frage, wer denn 1973 die unglaubliche Szene in *The Long Goodbye (Der Tod kennt keine Wiederkehr)* erfunden hatte: jene Szene, in der ein kleinwüchsiger Gangsterboß seiner wunderschönen Braut völlig überraschend eine Colaflasche im Gesicht zerschlägt. Er tut dies lediglich, um den Privatdetektiv Marlowe, gespielt von Elliott Gould, mit Nachdruck darauf hinzuweisen, daß er gefälligst seine verschwundene Viertelmillion Dollar zurückhaben möchte. Er hat Goulds Wohnung von seinen trotteligen Gorillas gerade vergeblich danach durchsuchen lassen. Gould hat das Geld gar nicht, aber er wird sich nun natürlich verschärft darum kümmern. Und während das Mädchen noch mit blutüberströmtem, zerstörtem Gesicht schreiend aus dem Haus rennt, warnt der Gangster leise Gould: »Die liebe ich – und dich mag ich noch nicht mal!« Und geht. Ein solches Maß an Zynismus hat auch Tarantino bis heute trotz aller Bemühungen nicht hingekriegt. Gewalt, Sex, Genre, Entmythologisierung, knochenharter Witz – in seinen Filmen strahlte eine gnadenlose kalifornische Sonne auf herrlich schmutzige Verhältnisse. Das war die härteste Medizin, die es im Kino damals sowohl gegen den ewigen Blödkommerz als auch gegen den Autorenfilm gab. Diese sarkastischen Filme sprachen als einzige Klartext in der westlichen Hemisphäre.

Als Wim Wenders dann 1975 *Nashville* so überschwenglich lobte und ihn als leuchtendes Beispiel gegen Formans *One Flew Over the Cuckoo's Nest* hielt – da ahnte man schon, daß etwas an Altmans Entwicklung nicht mehr ganz geheuer sein konnte. Seine Helden waren von *M.A.S.H.* bis *California Split* letztlich große Figuren gewesen. Sie hatten fabelhaften

Humor, sie waren Verlierer, manchmal auf zeitlose Art anrührend, sie standen der Verkommenheit des Abgrunds Kalifornien geradezu lächerlich ohnmächtig gegenüber – aber sie hatten letzten Endes doch moralische Grundsätze aus Eisen und waren echte Helden.

Ich werde nie vergessen, wie schmerzhaft es spätestens nach *Buffalo Bill* (1976) war, festzustellen, daß Robert Altman den Ort verlassen hatte, wo er so unschätzbar wertvoll war: diesen bösen Rand des Mainstreams. Als er dann keine Genrefilme mehr machte, sondern endgültig zum Independent-Arthausfilmer wurde, da dachte man: »Aha, another one bites the dust.« Vorher hatte er bei seinen Kunstfilmausflügen wie *Images* oder *3 Women* noch grinsend verkündet, er wolle halt auch mal einen Ingmar-Bergman-Film machen. Jetzt nahm er die Sache mit der Kunst leider in wachsendem Maße ernst. Sein amerikanisches Panoptikum des Skurrilen wurde allmählich übermächtig, und die Stars, die vorher echten Glanz in seine Filme gebracht hatten – und die man so sehr geliebt hatte, ganz egal, wie heftig Altman sie in der ätzenden Lösung seines Spotts hatte marinieren lassen –, die waren nun verschwunden. Dafür aber wurde Robert Altman selbst bei den Kritikern immer größer und beliebter. Aber das war verdammt der falsche Weg, Robert!

Vom Mainstream-Außenseitertum zum ewig matten Independentkino. Dieser Weg führte Altman zu sehr schönen Filmen wie *Vincent & Theo* und *The Player* und schließlich auch zu seinem großen Comeback, zu *Short Cuts*. Aber als dann alle deswegen aus dem Häuschen gerieten, da dachte man leise auch: Na ja, halt nach *Nashville* noch mal eine Fellini-Version vom »home of the brave and land of the free«. Und nach diesem Triumph machte er natürlich immer weiter so: Gruppenfilme, Vielpersonendramaturgien. Sie haben ihm ja auch letztlich den Hals gerettet in diesem Drecksgeschäft, in dem kaum einer so lang überlebt hat wie er. Man kann's ihm wirklich nicht übelnehmen.

Verlassen hatte uns der alte »pure Altman« der frühen Siebziger schon lange. Jetzt ist er nur einfach ganz fort. Und das ist bei einem schier Unsterblichen wie ihm – und erst recht nach *Prairie Home Companion*, der sicher einer seiner schönsten Filme der letzten Jahre ist – immer noch ein sehr harter Schlag.

ENGLAND

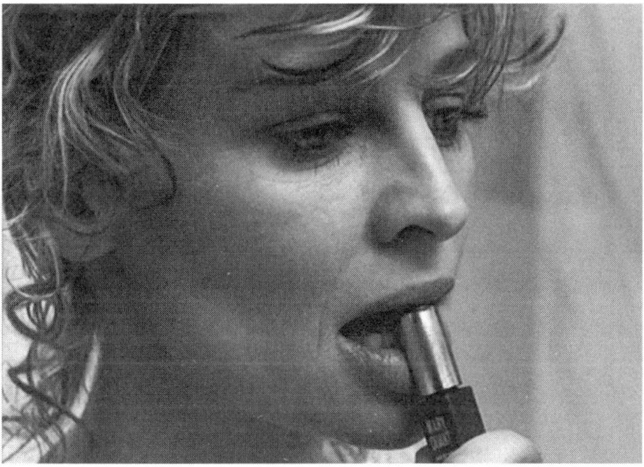

Don't Look Now von Nicolas Roeg © Optimum Home Entertainment

Da liegt der Hase begraben

The Wicker Man von Robin Hardy, 1973

Es gibt Filme der Siebziger, in deren Armen könnte man heute gleichsam sterben. *The Wicker Man* von 1973 ist einer davon. Die Story des Films ist bizarr: Ein rechtschaffen christlicher Police Officer vom schottischen Festland wird auf eine entlegene Insel gerufen. »Summerisle« liegt im warmen Golfstrom, der westlich an Schottland vorbeiführt. Es wachsen Palmen dort, und die Menschen leben von ihrem fruchtbaren Land. Obst- und Getreideernte fallen jedes Jahr grandios aus. Ein junges Mädchen ist angeblich verschwunden. Der Officer – seinem Wasserflugzeug entstiegen und von den Einheimischen an Land gerudert wie ein Entdecker – trifft auf ein merkwürdiges Inselvölkchen, das gerne trinkt, sehr viel singt und sich nachts in den warmen Monaten öffentlich paart. Von dem verschwundenen Mädchen fehlt zunächst jede Spur. Man kennt sie nicht mal. Die Kirchen auf der Insel sind verfallen. Überall finden sich Bilder von Hasen. Die Kinder malen sie, die Gärtner schneiden die Bäume und Büsche in Hasenform. Man hat sich hier vom Christentum wieder getrennt vor einhundert Jahren, unter der Anleitung eines »sehr vernünftigen« viktorianischen Lords, der die Insel damals gekauft hatte. Seitdem lebt man einen alten keltischen Fruchtbarkeitskult. Christopher Lee, der als Enkel des Lords jetzt der Wortführer und der Oberdruide der Insel ist, antwortet auf die empörte Frage des Officers »Und wo ist hier Gott?« lächelnd: »Oh, der ist tot. Aber er kann sich nicht beklagen. Er hatte eine faire Chance.«

Das Mädchen Rowan bleibt verschwunden. Aber allmählich deckt der Polizist (Edward Woodward) auf, daß sie sehr wohl auf Summerisle lebte, hier zur Schule ging und daß sie nun angeblich tot ist. Die Menschen »sterben« hier aber nicht, sie gehen in den Kreislauf von Erde, Wiedergeburt und fruchtbarem Leben ein. In Rowans vermeintlichem Sarg auf dem Friedhof liegt ein toter Hase. »Arme kleine Rowan – sie liebte Hasen, jetzt ist sie selbst einer …«, ist die fast höhnische Reaktion der Inselbewohner. Der tiefgläubige Officer wird immer wütender. Er droht mit einer großen Untersuchung, er will zum Festland zurückfliegen und Verstärkung holen, aber sein Flugzeug funktioniert nicht mehr. Er bleibt gezwungenermaßen eine letzte Nacht auf der Insel. Er ahnt jetzt auch, daß das Mädchen vielleicht noch am Leben sein könnte. Am nächsten Tag findet das Mai-Ritual statt, die alljährliche Bitte an die Götter um eine reichliche Jahresernte. In vorchristlichen Zeiten war das Ritual verbunden mit lebenden Opfergaben. In harten Jahren auch mit Menschenopfern. Und das Erntejahr zuvor war auf Summerisle eine Katastrophe gewesen … Der Officer will das junge Mädchen retten. Aber es kommt alles ganz anders.

Der Film wechselt dauernd sein Gesicht. Wie ein Monster, das man erst auf den zweiten Blick hinter sich im Spiegel, im Halbdunkel eines dämmrigen Zimmers entdeckt. Dieses englische Filmmonster hier springt einen nicht sofort an – so wie beispielsweise *Performance* von Cammell und Roeg 1970 –, sondern es wartet sozusagen, bis man unabsichtlich in seine Nähe kommt. Und dann packt der Film zu und läßt einen nicht mehr los. Mal ist er Hippie-Singspiel mit troubadourartig vorgetragenen, verwunschen schönen Melodien (die Dreier-Special-Edition aus England enthält auch den Soundtrack von Paul Giovanni), mal ist er Thriller. Mal *Alice in Wonderland*, wenn die ganze Insel am Festtag in Tiermasken herumläuft, mal Erotikfilm. Am Ende kommentarlos grausam.

Aber auch in den glorreichen Siebzigern hatten es derart gesetzlose Filme natürlich schwer. Der Autor Anthony Shaffer (*Frenzy*, *Sleuth*, Zwillingsbruder von *Amadeus*-Peter

Shaffer) sagt in der Doku: »Das Filmgeschäft wird ja immer von Zombies regiert, die sich nur das vorstellen können, was es schon tausendfach gegeben hat.« Das Drehbuch entstand auf Initiative Shaffers und des Regisseurs Robin Hardy, heftig unterstützt von Christopher Lee. Lee ist im Interview heute noch der Meinung, daß es sein bester Film ist. Shaffer: »Wir fanden alle, daß den Horror-Filmen aus den Hammer-Productions etwas fehlte.« Die endlosen Draculas und Sherlock-Holmes-Hits der Hammer-Studios der sechziger Jahre waren zwar amüsant, aber zumeist auch etwas steif. Es fehlte ihren Drehbüchern so was wie ein moderner Existentialismus. Shaffer bewies, daß es auch anders ging. Der zuständige Producer Peter Snell war der richtige Mann zur richtigen Zeit. Snell fabrizierte innerhalb eines Jahres gleich zwei denkwürdige Horrorfilme für die renommierte, stockkonservative Firma British Lion: *Don't Look Now (Wenn die Gondeln Trauer tragen)* von Nicolas Roeg war der eine und *The Wicker Man* der andere. Sofort nach den Dreharbeiten flog Snell aber bei British Lion raus, und beide Filme wurden fortan vom Studio geradezu mit Haß verfolgt. Man kürzte *Wicker Man* noch vor dem Start um fünfzehn Minuten. Der Film wurde extrem schlampig verliehen. *Don't Look Now* machte aller Sabotage zum Trotz zwar seinen Weg in die Filmgeschichte, aber *Wicker Man* verschwand spurlos. Bis dann vor einigen Jahren bei Roger Corman eine noch komplette Positivkopie des ursprünglichen Director's Cut auftauchte. Die Restnegative des Films waren bereits kurz nach dem Verleihstart in den Studiomüll gewandert. Man sieht den wieder eingesetzten Szenen und den einzelnen Einstellungen im restaurierten Schnitt jetzt an, daß sie aus einer alten Positivkopie stammen. Lee bebt im Audiokommentar geradezu vor Zorn, wenn die Rede auf dieses Massaker an seinem Lieblingsfilm kommt.

Es gibt eine Szene, in der Britt Ekland (im Film original schottischen Dialekt sprechend) in der Nacht vor dem Mai-Ritual im Rhythmus eines Lieds gegen die Wand des Gasthofzimmers, das sie vom rechtschaffenen Police Officer trennt, klopft. Das ist einer dieser Momente eines vollständig versunkenen Kinos, das im Vergleich zu heute wirklich geradezu heidnisch und naiv sinnenfreudig erscheint. In der Doku *The Wicker Man Enigma* auf der DVD wird erzählt, daß Ekland bei diesem Tanz, den sie da aufführt, von einem Körperdouble unterstützt wurde. Wir verdanken der unbekannten Dame offenbar einige verführerische Totalen der nackten, nur vermeintlichen Ekland. Der Rhythmus ihres Klopfens ist halb Sirenenverlockung, halb ist es so kraftvoll und bedrohlich, als wolle sie schier wie ein weiblicher Samson die Wände einreißen zum sich gegen sein Begehren tapfer sträubenden Polizisten. Es ist aber gleichzeitig auch der Todesrhythmus am Ende des Films. Man muß unwillkürlich denken, daß die großen Frauen der europäischen Trashfilme, der Horrorfilme und der Softpornos damals vielleicht so was wie Priesterinnen, Heilerinnen waren. Das rituelle Opfer ihrer nackten Körper, das sie dem Kino darbrachten, schien uns alle noch eine kurze Zeitlang vor der Erkenntnis bewahren zu wollen, daß die Popmusik, die Filme, die Posen, die Masken, die Auflehnung, die Lebensfreude – daß all die vermeintlichen Freiheiten, die wir so liebten, schon längst ein großer Betrug geworden waren.

Und was nach der Zeit der warmen Sinnlichkeit im Kino folgte, das wissen wir ja heute: eine gewaltsame Flurbereinigung, die seither die Filmwelt in verschiedenste Anbauflächen ordentlich scheidet wie bei der Mülltrennung – vom Arthausmovie bis zur straff organisierten Hardcorevideoproduktion. Und bitte keine Verunreinigungen der Produkte untereinander mehr! Zurück bleibt eine gewaltige leere Stelle.

Ein Abgrund gähnt zwischen dem ewig politisch Korrekten, dem kulturell beflissenen europäischen Film, diesem furchteinflößend seriösen Exportkäse Marke »Felix« – und dem fröhlichen Zynismus einer intelligenten Künstlerelite, die sich damals in Filmen wie *Wicker Man* noch schillernd austobte. Das Kino in Europa heute ist ganz gut vergleichbar mit dem rechtschaffenen Police Officer, der die Heiden der Insel gleich vom Fleck weg alle verhaften will. Der aber bei Eklands Gesang und Tanz im Zimmer nebenan vor Frustration und erotischen Qualen verzweifelt in die Kissen beißt. Der Mann bleibt hart. Wie ein Brüsseler EU-Kommissar der Jetztzeit. Die gerechte Strafe aber, die ihn für seine bigotte Enthaltsamkeit im Film erwartet, könnte letzten Endes nicht härter ausfallen.

Tod in einem englischen Garten

Don't Look Now (Wenn die Gondeln Trauer tragen) von Nicolas Roeg, 1973

Sogar François Truffaut hat in seinem kurzen Leben nicht immer nur schlaue Dinge von sich gegeben. So strafte er 1966 das englische Kino während seiner Interviews mit Hitchcock mit einer berüchtigten Bemerkung global ab: »Man könnte sich sogar fragen, ob nicht die Begriffe Kino und England eigentlich unvereinbar sind ... ich denke da an nationale Eigenheiten, die mir als filmfeindlich erscheinen, zum Beispiel das friedliche englische Leben, die solide Routine, die englische Landschaft und sogar das englische Klima. Der berühmte englische Humor ... verhindert oft die wirkliche Emotion.« Genau damit, nämlich mit Teetrinken in einem netten englischen Landhaus an einem verregneten Herbstnachmittag, an dem die Kinder in Gummistiefeln und Regenmänteln im Garten spielen und die Eltern drinnen selbstvergessen vor sich hin dösen, arbeiten oder lesen – genau mit solch einer Idylle beginnt *Don't Look Now (Wenn die Gondeln Trauer tragen)*. Und verwandelt sich nach zwei Minuten in ein Inferno: Die Tochter ertrinkt im tiefen Bach, der durch das Grundstück läuft. Ihre rote Regenjacke, mit der sie tot auf den Armen ihres verzweifelten Vaters liegt, nachdem er sie aus dem Wasser gefischt hat, wird zum Symbol des Films. Und wird den Vater verfolgen bis er Jahre später in Venedig nichtsahnend seinem Mörder gegenübertritt, einer Zwergin im wiederum roten Mäntelchen, die ihm ein Messer in die Halsschlagader wirft. Und während er einsam stirbt, sieht er »wie das Boot mit Laura (seiner Frau) den Canale Grande herabfuhr, nicht heute, nicht morgen, aber übermorgen, und er wußte, aus welchem traurigen Anlaß sie kamen ... o Gott, dachte er, was für eine verdammt idiotische Art zu sterben.« So endet

Daphne du Mauriers Novelle: der Sterbende sieht sein eigenes Begräbnis und erfährt so erst in diesem letzten Moment von seiner wahrhaft außergewöhnlichsten Begabung.

Die Frage, ob man eigentlich Filme ebenso sehr lieben kann wie Bücher, ist ja immer noch ungeklärt. Denn bislang bleibt es nun mal zumeist dem Leser sehr großer Romane vorbehalten, parallel zum nur blöde chronologisch voranschreitenden Erzählten eine ganz und gar eigene und freie Linie durch Zeit und Raum verfolgen zu können. Das Kino dagegen schreibt seinem Publikum in wachsendem Maß alle Gefühle und Beobachtungen und alle Reihenfolgen und Hierarchien des Erzählens vor, und das Kino ist auf diese, seine unangenehmste, weil – neben dem Bilderwahn – totalitärste Eigenschaft leider zur Zeit auch noch ungemein stolz. Allerdings war das nicht immer so. Als Nicolas Roeg sich 1972 daran machte, *Don't Look Now (Dreh dich nicht um)* von Daphne du Maurier zu verfilmen, da hatte er – und nicht nur er – die Hauptsachen und Nebensachen im Kino schon ziemlich durcheinander gewirbelt. Da hatte Roeg nämlich bereits zwei filmische Bomben gelegt, die bis heute ihresgleichen suchen: die Filme *Performance* und *Walkabout*. Beide hatten Begriffe von Zeit und Raum und Identität zersägt wie man es zuvor annähernd nur in den experimentellsten Werken des Kinos gesehen hatte.

Die todtraurige Geschichte eines englischen Ehepaars, das durch die Wasserstadt Venedig streift und noch nach Jahren traumatisiert ist vom Tod ihrer kleinen Tochter, war ein gefundenes Fressen für Roeg. Laura (Julie Christie) glaubt, über zwei verrückte englische Schwestern übersinnlichen Kontakt mit der Tochter aufgenommen zu haben. John (Donald Sutherland), im Film ein Kunstrestaurator, läuft – obwohl er dem spirituellen Zug seiner Frau äußerst skeptisch gegenübersteht – irritiert mehrmals einem Kind im roten

Mantel hinterher, das ihn an seine verstorbene Tochter erinnert. Und erst als die Mörderin ihn dann beim letzten Mal erwischt, da versteht er alle Zusammenhänge: Er ist in die Falle gelaufen, die ihm seine eigene seherische Gabe gestellt hat. Er hatte nämlich das »zweite Gesicht«, aber er wußte es nicht. Er hatte Blut gesehen, und es war sein eigenes gewesen. Er hatte die ganze Zeit sein eigenes Schicksal vorausgesehen, ohne es zu verstehen.

Wasser. Lichtreflexe. Blut. Zerbrechendes Glas. Das immer wiederkehrende Rot. Roeg ließ den Film erst im Schneideraum entstehen. Er erfand mit seinem Cutter irrationale Montagen. Das einzelne Bild unwichtig zu nehmen wurde in wachsendem Maß seine Devise. Erst der Ablauf der Bilder, die Montage, die Kombination, die Assoziationen machen einen Roeg-Film aus. Das ist intellektuell, und das ist gleichzeitig emotional, und das war damit auch bereits ein letzter Versuch, dem 1973 schon deutlich drohenden modernen Blockbuster noch etwas Hirnmasse entgegenzusetzen.

Wort vs. Bild ist ja wahrscheinlich der geheime, unausgesprochene Bildungskampf der Zukunft. Und Roeg setzte einen ganz und gar realistischen, einen »intelligenten« Bildersturm gegen jenen ästhetisierten Ikonenterror, gegen jenen Schrecken der mythologisierenden Propagandabilder, die unmittelbar danach mit dem US-Kinderzimmer-Riefenstahl-Kino über uns hereinbrach. Roeg schuf noch improvisierte Bilderfindungen des Moments. Mit sozusagen »kleinen Bildern« entstand bei ihm eine Art mystischer Realismus. Und er montierte das Ganze so, als würde er mehr dem Fluß unserer Gehirnströme folgen als der computerisierten Dramaturgie eines Schreibtischs. Niemand nach ihm ist auf diesem Weg weiter gegangen.

Daphne du Maurier schrieb Roeg später, daß seine Verfilmung ihrer Novelle sie an den Moment erinnerte, als ihr vor vielen Jahren diese Geschichte eingefallen war: als sie nämlich ein junges, britisches Ehepaar in einem Restaurant in Venedig sah. »Alles an ihnen wirkte sympathisch, sie schienen sich sehr zu mögen, sie gingen liebenswürdig miteinander um, sie sahen gut aus ... und doch war etwas um sie herum, etwas wie eine Dunkelheit, die sie beide beunruhigte.« Es freute die alte Dame, daß Roeg mit Julie Christie und Donald Sutherland genau dieses Bild wiedererweckt hatte. Und wie viele Paare mögen sich in der Liebesszene in der Mitte des Films wiedergefunden haben? Wenn die körperliche Sehnsucht nacheinander plötzlich wieder erwacht, gleichsam gegen all die äußeren Einflüsse, gegen all die Zeit, die man schon miteinander erlebt und verbracht hat; neu und anders und damit ein tieferes und gleichzeitig flüchtigeres Gefühl der Gemeinsamkeit füreinander erzeugend denn je. Es sind die für immer verewigten Paare aus versteinerter Asche, die in Pompeji gefunden wurden, die in solchen Momenten im europäischen Kino wieder auferstanden sind.

PS: Als Truffaut 1966 seinen Blödsinn zum britischen *way of life* und Kino erzählte, da hatte er gerade in England seinen Film *Fahrenheit 451* abgedreht, und zwar mit einem Kameramann, der damals zu den größten Hoffnungen des englischen Kinos zählte: Nicolas Roeg. Und Roeg gab auf einer DVD zu *Fahrenheit 451* vor ein paar Jahren recht gelassen seine heutige Einschätzung von Truffauts einzigem »englischen« Film preis: »Ich denke, es ist einer seiner besseren Filme geworden.«

In den rauchenden Trümmern des Kinos

Eureka von Nicolas Roeg, 1983

Manchmal kann man älteren Filmen förmlich beim Wachsen zusehen. Bei jedem Wiedersehen breiten sie ihre Stärken wie treibende Äste immer weiter aus, und ihre vermeintlichen Schwächen scheinen sich im Strom der Zeit zu verflüchtigen. *Eureka* von Nicolas Roeg: Das ist soapartiges Pathos, hemmungslose Gewalttätigkeit, Sex, Symbolismus bis hin zum kosmischen Schwulst und eine Künstlichkeit der Inszenierung, die sich hart in Richtung Selbstsatire bewegt. Einen unglaublich riskanten Weg schlugen Roeg und sein Autor Paul Mayersberg 1980 ein für diesen teuren Luxusliner von einem Film – der prompt drei Jahre später an der Kasse mit Mann und Maus unterging.

Das ganze Schiff hatte aber auch von Anfang an eine überwältigende Schieflage, jedenfalls so wie Roeg es gefilmt hat. Nahezu jedes Detail ist von einer weltweit seitdem nicht mehr gesehenen Schrägheit. Die Geschichte erzählt im ersten Akt, wie Jack McCann (Gene Hackman) in der kanadischen Ödnis der Zwanziger Jahre einen wahren Goldfluß findet, das heißt eher in ihn hineinstolpert. Im zweiten Akt lebt er zwanzig Jahre später als melancholischer Dagobert Duck auf seiner Insel »Eureka« in der Karibik, mit saufender, anhänglicher Ehefrau (großartig: Jane Lapotaire). Seine über alles geliebte Tochter (Theresa Russell) verläßt ihn wegen eines esoterischen französischen Beaus (Rutger Hauer), und kurz darauf wird er von einem Meyer-Lansky-artigen jüdischen Gangster (Joe Pesci) und seinem smarten italienischen Anwalt (der junge Mickey Rourke, gefährlich sanft) wegen seines phantastischen Landbesitzes grausam ermordet. Im dritten Akt findet dann die Gerichtsverhandlung gegen Rutger Hauer statt, dem dieser Mord zur Last gelegt wird. Und wir sehen, wie Theresa Russell eisern zu ihm hält. Hauer befragt sie selbst vor Gericht, denn er ist sein eigener Anwalt. Aber eigentlich ist sein Verhör eher eine Debatte über die gegenseitige Liebe oder über den Liebesverrat zwischen den beiden. »My father discovered gold – I discovered you«, sagt sie unter Tränen zu Hauer, weil für ihre Gefühle Schuld oder Unschuld ihres Verlobten nicht wirklich wichtig sind. Hauer wird freigesprochen. Aber es gibt trotzdem kein Happy-End – denn der Fluch des Goldes fordert seinen Preis der Einsamkeit bis in die nächsten Generationen.

Dieser dritte Teil des Films, die Verhandlung, ist sozusagen eine Zumutung. Er ist natürlich mordsmäßig »dialoglastig« – wie es in der Sprache der Medienholzköpfe heute so heißt –, und er stieß schon 1983 jeden ab, der bis dahin noch zu diesem irren Film gehalten hatte. Roeg inszenierte hier als emotionalen Höhepunkt des Films 35 Minuten lang scheinbar steifes Großbilderfernsehen.

Aber im Grunde hatte er nur die Zeitschraube des Kinos mal wieder ein paar Jahre vorangedreht: Die Bilder dieses Films, ihre Bedeutung, ihre einzelnen »Wertigkeiten« sind komplett unterschiedlich. Sie sind ästhetisch uneinheitlich, das macht im Rückblick die immense Größe des Ganzen aus. Manchmal sind die Einstellungen wirklich »großes Kino« – der Anfang ist wahrhaft gewaltig! –, aber manchmal tun sie auch nur so. Und sind dabei artifiziell wie ein Märchenfilm aus den Pinewood-Studios. Manchmal gibt es auch Lichtsprünge wie bei einem unterfinanzierten Hochschulfilm. Die Dialoge haben falsche, geschwollene Töne en masse, die Schauspieler setzen teilweise auf die großen Worte noch mal eins drauf, sie übertreiben, daß schier die Einrichtung knarzt (Helena Kallianiotes zu Anfang als schwindsüchtige Seherin und Hure). Den gesprochenen Worten darf man aber hier nur trauen, wenn es zwischen Hackman, Lapotaire und

Hauer bei Tisch mal kurz schön bösartig wird. Alles andere ist doppelte Lüge und will es auch sein. Es scheint so, als würden die Bilder und die großen Worte dieses Films allmählich ausgehöhlt vom eigenen Pathos, so als verlören sie mehr und mehr an jenem dramatischen, kommerziellen oder künstlerischen Wert, den man Filmbildern so gerne zuschreiben möchte. Am höhnischsten wirkt der Film da, wo Roeg und die Schauspieler »gutes« und »schlechtes« Spielen direkt gegeneinander setzen. Klar, wozu sollen Schauspieler eigentlich noch gut, seriös und realistisch-diskret spielen, wenn die Leute im Leben auch pausenlos ganz schlecht spielen, sich selbst darstellen wie Politiker und ebenso schrecklichen Unfug reden?

An anderen Stellen des Films ist dann natürlich wie immer bei Roeg zutiefst Verwirrendes in puncto Sex und Gewalt zu erleben (der Splattermord an Hackman, die Sexszenen beim Schlangenvoodoo etc). Und Stanley Myers hat dazu einen grandiosen Score komponiert, in dem sich der Kitsch und der Wahnsinn des Films gleichermaßen doppelt spiegeln.

Am verstörendsten wird das Ganze in der absichtlichen Unstimmigkeit seines Gesamtcocktails. Künstlichkeit mit sich selbst multipliziert ergibt ja manchmal wieder Wahrheit – wer wüßte das besser als wir Deutschen mit unserer Filmgeschichte zwischen Expressionismus, Riefenstahl, Detlef Sierck und Fassbinder? Roeg schien jedoch die Lügen der »großen Bilder« damals bereits vorauszuahnen. Er wirbelt alles durcheinander, so als wolle er sagen: Glaubt den Bildern nicht mehr, ihre Bedeutungen sind sowieso alt und klapprig. Sie sind inzwischen alle schon auf dem Jahrmarkt des Schwachsinns verramscht, also sucht die Wahrheit – oder auch nur ihr Spiegelbild – irgendwo dazwischen! Das war sozusagen prophetisch. Denn die einzige mögliche Antwort auf die Lügen der selbstberauschten Kinobilder seit den

Achtzigern ist ja die geradezu säureartige Zersetzung ihres behaupteten »Werts«. Das heißt konsequenterweise: Man müßte sich im Grunde schleunigst von vermeintlichen Qualitätsmaximen wie »einheitlicher Erzählstil«, vom Anspruch auf »Wahrheit«, vom Anspruch auf »Authentizität«, Logik oder von Forderungen an »glaubhaftes Spiel« komplett verabschieden. Nur im sich scheinbar selbst widersprechenden Bedeutungschaos eines Films wie *Eureka* findet man noch echte Wahrheiten verborgen.

Von heute aus gesehen, hat Roeg dem Kino ein ganz großes Geschenk gemacht: einen hochgradig inspirierenden, »schlechten«, schmutzigen Großfilm. Im Symbolismus von *Eureka* stürzt das Kino wie Antimaterie in sich selbst zusammen. In den rauchenden Trümmern bleibt nur noch das Fernsehen zurück, seine Serien und seine abstrusen Soaps. Aber indem man die Bilderindustrie ihrer eigentlichen Lächerlichkeit zurückgibt, befreit man sie vielleicht auch von der unerträglichen Last, eine seriöse Kunst sein zu müssen?

Eureka war 1983/84 bei seiner Herausbringung selbstverständlich ein Megafiasko. Von der bereits taumelnden United Artists zwei Jahre zuvor in Auftrag gegeben, wurde der Film nach seiner Fertigstellung von der UA-Räuberin MGM ganz klein gestartet und weltweit von Publikum und Kritikern abgelehnt. Die lieblose 4:3-Abtastung der DVD gibt dem Film heute noch etwas zusätzlich Monströs-Falsches. Aber das kann ihm inzwischen auch nichts mehr anhaben.

Zehn verlorene Jahre

***White of the Eye (Das Auge des Killers)* von Donald Cammell, 1987**

Gestern abend im Filmmuseum die letzte Chance noch wahrgenommen für *White of the Eye (Das Auge des Killers)* von Donald Cammell mit Cathy Moriarty aus Scorseses *Raging Bull.* Eine Art *Shining* in Arizona. Die Inhaltsangabe zu *Das Auge des Killers* im Filmlexikon geht so: »Eine Frau entdeckt, daß ihr Mann (David Keith), nach außen hin ein sympathischer Hifi-Techniker, in Wahrheit ein perverser Frauenmörder ist, und tötet ihn …« Das ist schon mal falsch; sie tötet ihn nicht, er tötet nach einem langen Showdown sich selbst wie Pierrot le fou, mit lauter Dynamitstangen um den Bauch. Wobei die Tochter vorher die Mutter fragte: »Warum hat Daddy lauter Hotdogs umhängen?«

Alles das kennt man inzwischen, dreizehn Jahre nach diesem Film sind solche Personenkonstellationen wie Klischees abgenutzt: das kleine Nest in der Provinz, der brave Familienvater, der sich als Serienmörder entpuppt; die nichtsahnende Ehefrau; der alte Freund, der von ihr sitzengelassen wurde und sie nie vergessen konnte; der schlaue, hartnäckige Detektiv aus der Stadt, der von Anfang an den wahren Mörder auf dem Kieker hat … Aber so hat man das alles noch nicht gesehen – damals zur Zeit der Serienmordfilme nicht und heute schon gar nicht mehr. Unglaublich.

Einzelne Einstellungen bleiben kleben wie Kletten in der Kleidung – eine Explosion in dem gigantischen Steinbruch am Ende, die Hunderte von Steinen in den See schleudert, und man sieht die endlosen Ketten ihres Auftreffens an der Wasseroberfläche. Die Blicke auf Tucson, das in der Dämmerung selbst fast aussieht wie ein Steinbruch. Dann ein Bild, das sozusagen ausgespart bleibt: der Serienmörder ertränkt sein zweites Opfer in der Badewanne und hält der Ertrinkenden einen Moment lang einen Spiegel vor. Der Gegenschnitt dazu fehlt zwar, man sieht also nicht durch die Wasseroberfläche, was die Ertrinkende im Spiegel sieht, aber man kann es sich vorstellen …

Die modernen, einsamen Luxus-Avantgarde-Häuser am Wüstenrand, in denen die reichen Frauen grausam sterben: »Ich bringe Menschen um, die schon tot sind, was soll daran falsch sein?« sagt der Mörder zu seiner Frau. Nachdem sie entdeckt hat, daß er ein Mörder ist, weil sie abgepackte menschliche Organe unter der Badewannenverkleidung gefunden hat, stellt sie ihn mit dem Mut der Verzweiflung zur Rede, und er sagt nur: »Ja, darüber wollte ich schon länger mit dir reden, Schatz« – als ging es um die Umgestaltung der Veranda. Sie schläft sogar noch nach seinem Geständnis mit ihm! Aus Angst? Oder weil sie ihn immer noch liebt?

Und der andere, der dritte in dieser Dreiecksgeschichte ist eine ebenso wahnsinnige Figur, ein hibbeliger, kleiner »Apache« aus Malibu, der anfangs viel neurotischer wirkt als Cathys Mann White. Vor zehn Jahren ist sie mit ihm aus Hollywood in diesem kleinen Nest bei Tucson gestrandet, wo sie ihn nach einigen Wochen für White verließ. Dabei hatten sich die beiden Männer sogar sehr gut verstanden, waren gemeinsam auf die Jagd gegangen. White hatte damals den Autokassettenrecorder des Paares auf der Durchreise repariert, nachdem Cathy Moriarty ihn auf der Fahrt absichtlich mit Zigaretten zerstört hatte. »I believe in miracles …«, heißt die erste Zeile des Songs »You sexy thing« von Hot Chocolate, diesen Song hörten sie pausenlos auf der Fahrt – und diese Zeile hört sie plötzlich, zehn Jahre später, wie sie an einer einsamen Tankstelle jemand im Hintergrund singt: So trifft sie nach zehn Jahren ihren ehemaligen Lover unerwartet als Arbeiter in einer Kfz-Werkstatt ganz in der Nähe ihres

Nestes wieder. Er war die ganze Zeit da, in ihrer Nähe – »I knew you'll come by, I've seen it all on TV«, dabei klopft er sich an den Kopf – das rührt sie sehr. Aber er ist auch da geblieben, weil er Angst um sie hatte, denn er hat einst beim gemeinsamen Jagen erlebt, wie White einen erlegten Bock mit den bloßen Händen aufgebrochen und dessen Blut getrunken hatte. Er wußte also, was kommen könnte, aber sie war zu verliebt gewesen, als daß sie ihm damals geglaubt hätte.

Der erste Mord zu Beginn ist seltsam inszeniert – kein Blut, nur eine sagenhafte Einstellung, in der das Gesicht der Frau nach hinten durch eine große Glaswand bricht, ansonsten sieht man nur Gegenstände, die in der Luxusküche auf den Boden fallen. Aber wie sie fallen! Der Detektiv wäscht sich danach am blutüberströmten Tatort die Hände in der Kloschüssel, im blauen Desinfektionswasser, starrt auf die Dusche und sagt unvermittelt: »... und der Schweinehund hat auch noch hinterher geduscht!«

Sofort darauf die erste Szene mit Cathy Moriarty, die ihrer Tochter erklärt, was »antisocial behaviour« ist, an Hand der Weihnachtssterne, die sie im heißen Arizona gerade backen: »Sozial ist das, was wir beide hier machen, unsozial ist das ...« – und sie hackt mit dem Stern auf den Teig ein wie eine Verrückte – wie ihr Ehemann später auf die Leichen. Das Mädchen starrt sie an, ist entsetzt, hat verstanden. Sie wird nie wieder hinterrücks ihre Schulkameraden hauen.

Am Schluß sitzt Cathy Moriarty dann noch mit dem lustigen schwarzen Detektiv mit den milchweißen kurzen Naturkrausehaaren in einem Café. »Zehn verlorene Jahre« sagt sie. Er sagt: »In zwei Jahren sind Sie wieder verliebt. Ganz sicher.« Und draußen vor dem Café lächelt ihre Tochter – die auch die Tochter des Serienmörders ist – ihr dabei zu. Das Ganze in eigenartigen weichen, warmen Farben, die Sonne, die

Wüste, manchmal sieht es wie Video aus, die Rückblenden wie Super-8.

Solche Filme mit solchen Geschichten gab es viele. Aber *White of the Eye* war sozusagen ein wenig das verschollene Meisterwerk, nach dem alle anderen ihre Varianten gestrickt haben. Wenn ich Archäologe wäre, würde ich das ein »missing link« nennen, wie Bindeglieder von Entwicklungsketten in der Naturgeschichte. Nur *Shining* war früher, aber für mich nur halb so beängstigend – irgendwie hat Kubricks Präpotenz das Thema abgemildert. Im »Internationalen Filmlexikon« steht nach der Inhaltsangabe: »Unmotiviertes, miserabel erzähltes Schundprodukt, das sich in einem wirren Sexkrimi verliert und als blutverschmiertes Horrorstück endet.« Genau.

Die vier Fliegenaugen des fabelhaften Mr. Figgis

Timecode von Mike Figgis, 2000

»Pax 6« heißt das Gen, das maßgeblich für die Entwicklung von Augen bei allen Lebewesen verantwortlich ist. Ein berühmtes Experiment hat gezeigt, daß man durch die »Beimischung« von Pax 6 in die Entwicklungsgene des Körpers einer Fliege erreichen kann, daß dem Tier an Fühlern und an anderen Körperteilen gleichfalls funktionsfähige Augen wachsen. Was das Nervensystem jener Fliege mit diesen zusätzlichen Augen anfing, entzieht sich aber unserer bisherigen Kenntnis. Wahrscheinlich war sie dann lediglich noch etwas schwerer zu fangen als ihre Kollegen.

Timecode erschien mir beim ersten Mal sofort als ein Erlebnis, das die genetische Entschlüsselung unseres filmischen Blicks ein großes Stück weiterbringt. Und uns dabei quasi neue Augen wachsen läßt – oder unsere bisher einfache Wahrnehmung zersplittert. Wir sehen neunzig Minuten lang wie mit dem Auge einer Fliege: Statt vieler Facetten sehen wir zwar nur vier, aber wie beim Insekt ergänzen sich die Blickwinkel dieser vier Bilder in unserem Gehirn zur 360-Grad-Überschau des Dramas eines Nachmittags, das Figgis in *Timecode* erzählt. Neunzig Minuten lang haben wir scheinbar die freie Wahl zwischen den Bildern. Auch wenn der Ton unsere Konzentration immer auf eines der vier Bilder lenkt – wir sehen wie ein Pförtner auf seinen Überwachungsschirmen, was gleichzeitig auf den jeweils drei anderen Monitoren stumm passiert. Am Ende der ersten Vorführung des Films bedauerte ich sehr, daß mir mit dem Verlöschen der vier Bilder dieser Facetten-Augen-Chip wieder aus dem Gehirn operiert wurde. Und daß mir damit eine Fähigkeit wieder genommen wurde, die ich neunzig Minuten lang unendlich genossen hatte: permanent an vier Schauplätzen gleichzeitig zu sein oder ein Ereignis aus vier Blickwinkeln zugleich zu sehen. Für anderthalb Stunden war einer jener menschlichen Träume von der Aufhebung unserer physikalischen Fesseln wahr geworden.

Wir kennen aber aus Filmen die Situation, in der dem gelangweilten, übernächtigten oder einfach unaufmerksamen Nachtwächter in seiner Eingangsloge ausgerechnet jenes entscheidende Detail eines vorbeihuschenden Wesens auf einem der Monitore entgeht. Und das Kino weist gemeinhin überdeutlich auf dieses kleine Detail hin, um auch wirklich sicherzugehen, daß der Zuschauer es nicht übersieht. In *Timecode* wird uns die Gelegenheit gegeben, die in Echtzeit vorbeihuschende Zeit der neunzig Minuten vierfach selbst zu erfahren. Und wir haben sozusagen auch die Chance, Details zu übersehen. Es wird uns ein Teil dessen gegönnt, was Aby Warburg die »Menschenrechte des Auges« nannte. Der Film leuchtet wie mit einer kleinen Prometheusfackel in die Höhle der noch vor uns liegenden Chancen unseres Wahrnehmungsapparates hinein. Und er verbindet diese Möglichkeiten auch direkt mit unserer Seele, wenn er am Ende des Films die Hoffnungstränen der (wie immer grandiosen!) Schauspielerin Saffron Burrows in dem einen Bild oben rechts und die gleichzeitig stattfindende Vernichtung ihrer Hoffnung durch den unsinnigen Tod einer anderen Figur unten rechts so nahe zusammenlegt. Was wir mit dem, was Mike Figgis uns in diesem Film anbietet, anfangen, liegt an uns.

Und dann steht da noch eine kurze Bemerkung im Abspann, die in etwa lautet: »Dieser Film wurde am 19.11.1999 gedreht, ab 3 Uhr nachmittags, in vier zusammenhängenden Takes. Die Schauspieler improvisierten um eine vorgegebene Szenenstruktur.« Dieser Satz sprengt die gängigen Herstellungsweisen des Kinos. Vier Filme gleichzeitig an einem Tag drehen? Man kann an der Besetzung sehen, welche Schauspielerkaliber man für solch ein kurzzeitiges Experiment begeistern kann: Stellan Skarsgard, Holly Hunter, Salma Hayek, Glenne Headly, Julian Sands, Jeanne Tripplehorn, Richard Edson, Kyle MacLachlan und Daphna Kastner. Nach fünfzehn Anläufen, in denen die vier Kamerateams jeweils 93 Minuten am Stück drehten, war der Film fertig, wie in alten Fernsehspieltagen quasi live gedreht und nach jedem Durchgang von Figgis und seinen Kollaborateuren diskutiert. Kann man also sagen, daß knapp vor dem Eintritt ins neue Jahrtausend an diesem Novembernachmittag in L.A. eine mögliche kreative Zukunft des Kinos begann – wenn das Kino denn überhaupt eine Zukunft hat? In *Timecode* versucht Mike Figgis jedenfalls zum wiederholten Mal zu zeigen, was der Film an sich mit uns noch so alles veranstalten könnte – wenn man ihn nur läßt.

Um so absurder, daß bei uns kein Verleih *Timecode* eine Chance geben wollte; und um so besser, daß er nun auf Initiative des Berliner Central-Kinos in immerhin einem einzigen deutschen Kino zu sehen ist.

Als das Kino Trauer trug

Das wilde Werk des Regisseurs Nicolas Roeg

Irgendwann im Frühsommer des Jahres 1980 krabbelte ich verstört aus dem Raucherkino F des Berliner Zoopalastes ans Tageslicht. Niemand verließ vor mir oder nach mir das Kino. Ich ging zur Kasse und wollte mir den Film gleich noch mal ansehen. Aber ich mußte erst vier Karten kaufen, bevor sie sich dazu entschlossen, die zweite Nachmittagsvorstellung von Nicolas Roegs *Bad Timing (Black out – Anatomie einer Leidenschaft)* nicht ausfallen zu lassen. Der Atem der Gedankenwelten dieses Films, die Gischt dessen, was Roeg in zwei Stunden über das Leben und die Liebe mitzuteilen hatte, war mir völlig ohne Vorwarnung entgegengeschlagen. Die Nouvelle Vague, die bis dahin für mich das Maß aller Dinge war, schien mit einem Trompetenstoß untergegangen wie die Titanic. Dies hier hatte eindeutig mehr mit Leben zu tun als mit Kino. Roeg war damals schon dafür bekannt, daß in seinen Filmen die Zeitebenen ständig ekstatisch wechselten, daß er seine Geschichten assoziativ und parallel baute und daß seine Liebesszenen sehr erotisch und frei waren. Es war sowohl die Physis wie auch die Intellektualität von *Bad Timing*, die mich überrumpelte. Die Körperlichkeit, die Todes- und Lebenssehnsucht Theresa Russells, ihre Sauf- und Tablettenorgien und die Hilflosigkeit ihres Partners Art Garfunkel … all diese Exzesse schienen mir als Langzeitpubertierendem so, als sei ich zum ersten Mal Zeuge, wie gnadenlos erwachsene Menschen ihren Liebeskampf auf Leben und Tod austragen.

Verzweifelter Jugendstil-Dämon

Die Frau war zu besichtigen als verzweifelter Jugendstil-Dämon, als vitale Hure Babylon, die sich ihre Rollenspiele von Männern nicht verbieten lassen will. Aber schließlich konnte man in Theresa Russells Milena vor allem auch sie selbst sehen, und zwar in einer Ungeschminktheit und Nacktheit, die ich im Kino bis dahin nicht kannte. Die Tränen auf ihrer Wange waren förmlich nachzuschmecken, wenn sie von Garfunkel endlich nicht nur als Fickpartnerin, sondern als wahrhaftige Person geliebt werden möchte; eine Frau, die sich nicht binden kann und die sich nicht binden will. Aber der Psychiater Alex Linden alias Art Garfunkel flieht vor der Unordnung im Leben dieser Frau, er flieht vor sich selbst, vor der Angst, die Kontrolle zu verlieren. Ein einziges schreckliches Mal besitzt er sie wirklich ganz allein: Er vergewaltigt sie, als sie wehrlos im Koma ihres Selbstmordversuchs liegt. Alex Linden wird im Herzen ein Mörder. Und Harvey Keitel als österreichischer Polizeidetektiv kann es ihm nur um Haaresbreite nicht nachweisen. All das geschieht in der Stadt Arthur Schnitzlers und unter der Büste von Sigmund Freud. *Bad Timing* war der »*Vertigo* des englischen Kinos«, wie Joseph Lanza in seinem großartigen Buch *Fragile Geometry* über Roeg schrieb, und kaum jemand auf der Welt merkte es. Der Film war nach fünf Tagen aus den Kinos verschwunden.

Nahezu jeder der ersten sechs Filme des Ex-Kameramanns Roeg entfachte einen Skandal. *Performance* den größten, der Film blieb Jahre lang weggesperrt. *Bad Timing* den leisesten und härtesten: »a sick film made by sick people for sick people«, hieß es damals. *Eureka* provozierte dann den letzten großen Krach. Weil es der teuerste aller Roeg-Filme war und weil er von den entsetzten Leuten bei MGM gar nicht erst rausgebracht wurde. *Eureka* ließ wohl Roegs bis dahin größte Hoffnung zerbrechen.

Wenn es vorbei ist

»Es ist erst vorbei, wenn es vorbei ist«, sagt Gene Hackman zu Beginn, wenn er auf der Hauptstraße der trostlosen Goldgräbersiedlung erschöpft an dem Mann vorbeiwankt, der vor dem geschlossenen Büro herumliegt, wo sie die Schürfrechte vergeben. Der Mann grinst ihn ziemlich irre an, nimmt sich dann aber offenbar endlich ein Herz, schiebt sich seine Pistole tief in den Mund, und Sekunden später ist es tatsächlich vorbei: sein Kopf explodiert, im Crosscut gegengeschnitten mit einer Feuerwerksrakete, die am eiskalten Klondikenachthimmel verglüht.

Kameraleute, die sich entscheiden, den Regiestab in die Hand zu nehmen, machen ja meistens sehr konventionelle Filme. (Warum eigentlich?) Roeg jedoch mutierte als Regisseur sofort zu einer Art Cutter unserer Gehirnströme. Nach seinen extrem erfolgreichen Kamerajahren mit Truffaut, mit Corman, mit Lester wirkten seine eigenen Filme wie ein Schock aus heiterem Himmel: kaum dekorative, »schöne« Bilder, statt dessen exzessiver Einsatz des Zooms, oftmals Verzicht auf Lichtanschlüsse, sehr flexible Handhabung der Brennweiten innerhalb einer Szene, eigentlich wenige extravagante Perspektiven, dafür aber unendlich viele Kamerapositionen. Wohin man schaut, gibt es bei Roeg gesprengte Ketten: das Erzählsystem, die Dramaturgie, das Genre, in dem er sich scheinbar gerade bewegt – man muß jederzeit gewärtigen, daß einem ein Film von Roeg um die Ohren fliegt. Es geht dabei um jene Art von Wahrheiten, die nur durch extreme Brüche entstehen. Durch Clashs, durch Montagen, durch ungewollte Zufälle, durch »schlechte« Schauspielerei sogar manchmal, nicht durch schöne Einzelbilder und nicht durch einen einheitlichen Stil.

Roeg macht nämlich wirklich unsaubere Filme. Immer waren es zwar Sex und Gewalt, die den Krach um seine Filme an der Oberfläche provozierten. Aber darunter schlummerten noch andere Ungeheuer: Roegs chaotische Dramaturgien und seine labyrinthischen Personenkonstellationen, in denen sich alle handelnden Figuren wie in einem Spiegel endlos gegenseitig reflektieren, lösten stets tiefes Befremden bei Geldgebern und Publikum und selbst bei Kollegen aus. Seine Liebe zur Zufälligkeit gewisser Inszenierungen wurde ihm als Schlamperei ausgelegt. Seine Schrillheiten, seine eruptiven Montagen, seine offenen Rätsel provozierten in der seit eh und je reaktionären Kinobranche erbitterten Widerstand.

Nach der genialen Explosion von *Performance*, 1968 in gemeinsamer Regie mit dem exzentrischen Kunstdandy Donald Cammell entstanden, folgte Roegs erste eigene Regiearbeit: *Walkabout*, ein Film über Australien, wie es keinen zweiten gibt. *Don't Look Now (Wenn die Gondeln Trauer tragen)* war danach sein erfolgreichster und bleibt sein bekanntester Film, aber er war beileibe immer noch kein Hit, der seine Position für immer gefestigt hätte. Mit David Bowie 1976 in *The Man Who Fell to Earth (Der Mann, der vom Himmel fiel)* schuf er nach *Performance* einen weiteren Popstarkultfilm der Epoche. Dann kam *Bad Timing*; und dann kam 1982 jener havarierte Großtanker *Eureka*, diese Megasoap über einen Goldsucher und seine Tochter. Danach wurde es definitiv schwieriger für Roeg: Die Komödie *Insignificance* eröffnete immerhin noch die Festspiele in Cannes 1985 und zeigte unter anderem Marilyn Monroe (wiederum Theresa Russell, die inzwischen Roegs Frau war), wie sie Albert Einstein die Relativitätstheorie anhand eines Luftballons und einer Modelleisenbahn erklärt. *Castaway, Track 29* folgten … aber kein Hit. Nicht mal 1989 für die Disney Factory und gemeinsam mit dem erfolgsverwöhnten Puppenspieler Jim Henson gelang Roeg mit *The Witches (Hexen hexen)* ein Box-Office-Durchbruch. Er hat auch niemals einen der großen Festival-Preise gewonnen. Aber dafür hat Roeg das Musikvideo miterfunden (»Memo from Turner« mit Mick Jagger aus *Performance*) seine Schnitte sind tausendmal imitiert worden (die Liebesszene aus *Don't Look Now*), und seine Themen und Figuren sind wie ein Kompendium des modernen Kinos.

»Ich habe Glück gehabt«

Alle haben sich bei ihm bedient, aber der Meister selbst bleibt hinter all der Klauerei aus seinem Werk lächelnd im Dunkeln. Was er der Kinoindustrie abgerungen hat, was für Meisterwerke, was für finanzielle Desaster … was dieser Mann gekämpft, verloren und gewonnen hat, das wirkt bei ihm inzwischen wie ein im Zurückschauen akzeptierter Lebensweg: »Ich habe Glück gehabt, diese Filme überhaupt machen zu können, denn keiner von ihnen hat jemals Geld eingespielt«, sagt er heute. Über sein spezielles Verhältnis zum Publikum antwortete er schon 1987: »Yes, I see, there's a problem« und zog dabei nur kurz die Augenbrauen zusammen. Roeg schildert seine Arbeit lieber wie die Suche eines Forschers nach Leben im Kosmos: »Is there anybody out there?« Ist da irgendwo jemand, der ihn versteht? Der in die Kamera gesenkte Hut David Bowies am Ende von *The Man Who Fell to Earth* ist stets wie ein Menetekel über Roegs Karriere gestanden; denn auch so kann es enden, wenn man in der Kinobranche zwischen Avantgarde und Hollywoods Fabriken ins Taumeln kommt. In Verzweiflung und in Einsamkeit, wie bei seinem früheren Partner Donald Cammell, der sich vor sieben Jahren erschoß. »Es ist erst vorbei, wenn es vorbei ist …«

Spätere Generationen werden den Ball, den Nicolas Roeg so weit vorausgeworfen hat, im Wüstensand der Zukunft finden und werden vielleicht nicht auf den ersten Blick sagen können, woher er kam. Aus der Vergangenheit? Oder aus einer Richtung, die sogar der Zukunft noch ein Stück voraus war?

FRANKREICH

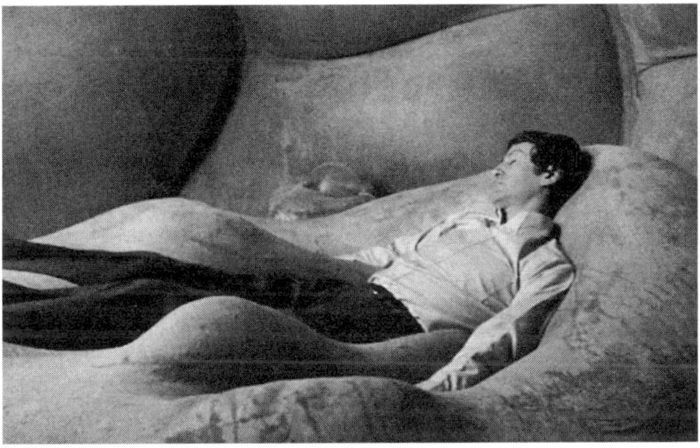

Je t'aime, je t'aime von Alain Resnais © Editions Montparnasse

Die Doktrin des wirklichen Lebens
Jean-Luc Godard wird siebzig

Die Liebeshymne

Die Musik von Georges Delerue zu Godards *Le Mépris* (*Verachtung*) ist sicher die schönste Liebesmelodie der Filmgeschichte. Scorsese hat 1995 die Unverzeihlichkeit begangen, sie in *Casino* nochmals zu verwenden – aber er tat dies dafür wenigstens an einer sehr interessanten Stelle: nämlich wenn Robert De Niro und Joe Pesci sich gegen Ende des Films in der Wüste treffen, zum Versuch einer Versöhnung. Daraus wird aber nichts, die Kluft zwischen den beiden ist schon zu tief. Die Musik schlägt schon unmittelbar vor dem Treffen den Ton der Vergeblichkeit und der Trauer an über die verloren gegangene Freundschaft, über die einstmalige Brüderschaft im Geiste. Und sie läßt auch die kommende Tragödie vermuten – denn einer von beiden Männern wird die jetzt endgültig erwachsene Feindschaft nicht überleben. Und der andere wird sich nach dem Blutbad in Schuldgefühlen wälzen. Der virtuoseste aller modernen Regisseure, der manchmal schon bedenklich frömmelnde Erz-Katholik Martin Scorsese – er hatte damit die sanfte Liebeshymne Delerues in einen Büßerchoral verwandelt.

Die feindlichen Brüder

Jede historische Umwälzung will die Geschichte auf ein ganz neues Gleis führen, und jede Revolution gebiert stets nach dem schwer erkämpften gemeinsamen Sieg ihre internen, erbitterten Gegnerschaften: Robespierre gegen Danton, Lenin gegen Trotzki ... – und nachdem das Kino neu erfunden war: Godard gegen Truffaut. Und stets ist es die gleiche Demarkationslinie des Hasses zwischen den einstmaligen Verbündeten: der Linientreue, der strenge Programmatiker, der ewige Avantgardist im Geiste, der Vertreter der permanenten Revolte – er wird mißtrauisch gegen den anderen, den Charmebolzen, den eleganten Verführer, den jetzt vermeintlich feindlichen Bruder, denjenigen, der leichter Gefallen findet beim Volk. Der eine hat in den Augen des anderen die Ideale des gemeinsamen Kampfes verraten. In der großen politischen Historie läßt schließlich der Hardliner häufig den Gefallsüchtigen liquidieren. Und obwohl er doch so hartherzig erscheint, weint er insgeheim hinterher um den Kameraden, um die vergangene Zeit und um das Menschenopfer, das er nun dem Sieg der wahren Sache bringen mußte. Aber in Wirklichkeit geht es dabei gar nicht um die Prinzipien des gemeinsamen Kampfes, es geht nicht einmal nur um Macht, es geht vor allem um die Liebe der Menschen, um die Zuneigung des Publikums … das wußte Shakespeare ja auch schon.

Als Godard und Truffaut sich in den siebziger Jahren zankten, war ihr gemeinsamer Aufstand gegen das Kino der Älteren längst vorbei. Truffaut war in Godards Augen ein französischer Hollywoodregisseur geworden (»Du hast ein einziges Mal einen wirklichen Film gemacht – *Les quatre cents coups* – und danach nur noch Geschichten erzählt!«), und Godard selbst hatte es bereits immer schwerer, seine Agitprop-Filme zu finanzieren. Godard schrieb an Truffaut (sinngemäß): »Dein letzter Film *(La nuit américaine)* war Scheiße, aber gib mir wenigstens Geld für meinen nächsten Film, damit es solche Filme auch noch gibt und nicht nur deine …« Und Truffaut schrieb zurück: »Die Tour, dich von allen bemitleiden zu lassen, hast du schon immer gut beherrscht« und: »Du führst dich sowieso seit Jahren auf wie ein Arschloch.« (1974) Godard meinte wohl so was wie: ›Deine Filme haben Erfolg, weil sie den sentimentalen Müll in den Köpfen und in den Herzen der Menschen bestätigen, und deshalb sind sie auch nichts mehr wert, und meine Filme haben zwar keinen Erfolg mehr, aber gerade deshalb sind sie wichtiger denn je ...‹ Er argumentierte damit nicht unbedingt falsch, aber ein wenig wie ein von der großen Konkubine Publikum verschmähter Liebhaber. Hat er den Streit bereut? Auch in dieser Story geht es schließlich zu wie in der Historie: der, den das Volk so innig umarmte – Truffaut –, starb schon 1984. Mit der Gloriole des ewig jungen Poeten der Liebe um sein Haupt, von allen unendlich geschätzt und verehrt. Godard hatte ein paar Jahre zuvor noch einen Versöhnungsversuch gemacht. Er schlug ein Treffen am Genfer See vor – weit weg von Paris, auf neutralem Grund. Wie Scorseses Gangster in der Wüste, fernab von den Casinos von Las Vegas. Truffaut lehnte aber ab und goß statt dessen öffentlich Hohn und Zorn über den Ex-Freund.

Zehn Jahre nach Truffauts Tod schrieb Godard dem ehemaligen Kampfgefährten zu, er habe vor allem den brennenden Ehrgeiz gehabt, in die »Academie française« aufgenommen werden zu wollen; aber inzwischen hielt er dies für verzeihlich, weil Truffaut in seiner Kindheit so wenig Liebe bekommen habe. Er, Godard, sei hingegen von Liebe umgeben aufgewachsen, unter Tanten, Onkeln, Eltern – und er habe es später nicht wie Truffaut so sehr nötig gehabt, permanent Selbstbestätigung zu erfahren (1994).

Herz und Kopf

Anna Karina, Brigitte Bardot, Marina Vlady, Jane Fonda, Anne Wiazemsky, Maruschka Detmers ... Frauengesichter beseelen Godards Filme. Unvergeßlich. Sie sind die Materie der Filme, sie bilden die Hardware – das Begehren, die Schönheit, das Mysterium. Der Rest – die ganze Welt der Gefühle, der Sehnsüchte, der Gedanken, der Projektionen –, das ist die sich ständig erneuernde, schillernde Software. Die Liebe zwischen Menschen ist ein reichlich abstrakter Begriff, haben mir Godards Filme stets gesagt, es gibt sie vielleicht, die große Liebe, vielleicht auch nicht, aber sie ist sicher anders, als wir denken, und man muß erst wieder lernen, sie zu buchstabieren. Wie überhaupt alles. Wir müssen mit Godard die Welt auseinandernehmen, um sie dann neu sehen, neu hören zu lernen. Auch auf die Gefahr hin, daß das Alphabet und die Worte dabei erstmal völlig durcheinandergeraten wie Buchstabensuppe.

In *Le Mépris* hatte Delerues Musik die Gewißheit der Liebe gefeiert und gleichzeitig ihre Tragik. Und Godard hat sie als Begleitung zu einer im Vergehen begriffenen Ehe-Liebe zwischen Bardot und Piccoli eingesetzt. Als Zitat der bereits vergangenen Leidenschaft. Liebe – bei Godard eher ein Wort aus dem Wörterbuch des individuellen wie auch des kollektiven Gedächtnisses? Liebe als Skizze, als Möglichkeit, das ja. Vielleicht gibt es Liebe ja sowieso nur in der Erinnerung und in der Zukunft der Wünsche, niemals in der Gegenwart? Das einzige, was wir sicher wissen, was uns zugleich jubeln läßt und schmerzt, ist die Schönheit des anderen, das Begehren und die Sehnsucht des Moments. Also laßt uns versuchen, in den Filmen neu die Wahrheit über die Liebe herauszufinden, nicht billig zu schwindeln. »Lügner«, schrieb Godard denn auch an Truffaut, »denn die Einstellung von dir und Jaqueline Bisset neulich abends bei Francis (einem Restaurant in Paris) fehlt natürlich in deinem Film, und man fragt sich, warum der Regisseur der einzige ist, der in *La nuit americaine* nicht bumst.« (1973) – Und Janine Bazin schreibt dem zutiefst verletzten Truffaut, nachdem der sich sehr bissig gewehrt hat: »Ich will nicht sagen, daß Jean-Luc kein Herz hat, doch ich glaube, daß seine Schimpfworte aus dem Kopf kommen, und Ihre vom Herzen, aus Ihrer Moral des Herzens.« Ja, ja … das Herz ist mehr wert als der Kopf; Fühlen ist besser als Denken; das sind am Ende ja vielleicht doch nur jene Gemeinplätze, mit denen die Spießer aller Zeiten ihren mittelmäßigen Geschmack rechtfertigen?

Aus dem Zusammenhang gerissen sieht man in Godards späteren Filmen plötzlich Streichquartette klassische Musik proben. Sie brechen ab, beginnen wieder von neuem. Und zu Beginn von *Passion* folgt Godard wacklig dem Kondensstreifen eines Flugzeugs am Himmel, dazu spielt Gabriel Faurés Requiem. Immer so, als müßten auch Emotionen erstmal wacklig erprobt, getestet werden – wie ganz junge Menschen, die ihre ersten Schritte in die Welt der Gefühle tun, die ihr Herz noch suchen. In den späten Videowerken Godards gibt es gar keine eigens komponierte Musik mehr. Statt dessen übernimmt die klassische Musik der Romantik ganz die Initiative; sie ist die Begleitmusik zu Godards Rezitativen der letzten Jahre vom Genfer See aus, von dort, wo er damals vorgeschlagen hatte, Truffaut nochmals zu treffen.

Die Musik der Romantik also. So als gäbe es doch irgendwo ein sicheres Gefühl, nämlich das von der Unendlichkeit der Seele? Wie D. H. Lawrence schrieb: »Die große Heimat der Seele ist die endlose Straße. All den anderen Wanderern begegnen. Aber wie? Mit Mitgefühl. Nicht mit Liebe. Mitfühlen. Mit ihnen fühlen, so wie sie selbst mit sich fühlen. Im Vorbeigehen die Schwingung ihrer Seele und ihres Körpers auffangen … Es ist eine Doktrin des wirklichen Lebens, nicht eine der Erlösung.« Die Erlösungsvertreter im Kino kommen und gehen. Godard aber stellt immer noch die Slalomstangen auf, den Parcours, durch den die Wahrhaftigkeit unseres Blicks auf Gefühle erst mal durch muß. Seine Avantgarde ist lange her, aber sie ist immer noch vorneweg.

Der Fluß der Zeit und seine Strömungen

***Je t'aime, je t'aime (Ich liebe dich, ich liebe dich)* von Alain Resnais, 1968**

München 1974, im Sommer der Fußball-WM. Vor der damals sehr modernistisch wirkenden Fassade des Sheraton-Hotels wartet jeden Morgen im ersten Sonnenlicht ein uralter, gepflegter riesiger schwarzer BMW, der aussieht, als wäre in ihm schon der bayerische Gauleiter in den Dreißigern herumgefahren worden. Daneben steht ein gemütlicher Chauffeur mit Ledermütze, wie aus dem Bilderbuch der westdeutschen Nachkriegszeit. Und es erscheint jeden Morgen erst nach einer Weile, immer ein wenig zu spät, die französische Schauspielerin Olga Georges-Picot, huscht in den BMW und wird zu den Bavaria-Studios in den Süden Münchens gefahren, wo sie in dem Mehrteiler *Härte 10* unter der Regie des Schotten Gordon Flemyng neben damaligen deutschen TV-Größen wie Arthur Brauss und Horst Janson die Hauptrolle spielt. Auf dem Rücksitz schläft sie auf dem Weg zum Studio stets noch mal eine gute Viertelstunde ein, und ihr schlafendes Gesicht enthüllt – mehr noch als im Wachen – eine nicht unbeträchtliche Ähnlichkeit mit einer anderen Schauspielerin, die damals aber bereits ungleich berühmter war: mit Jacqueline Bisset.

Olga Georges-Picot wirkte immer irgendwie exotisch, sinnlich und doch französisch as französisch can be, aber sie erschien einem auch stets ein wenig wie eine dunklere Schwester der Hauptdarstellerin aus *La nuit américaine (Die amerikanische Nacht)*. Geboren wurde sie in Shanghai als Tochter eines Diplomaten, ihre Mutter war Russin. Sie war 1974 ein kleiner europäischer Star, ganz gut beschäftigt, aber eben ein unbekannter Star. Und das blieb sie auch, obwohl sie immerhin noch in Filmen wie *Der Schakal* oder in Woody Allens *Letzte Nacht des Boris Gruschenko* spielen sollte.

1997 hat sie sich in Paris umgebracht, mit 53 Jahren. Weiß der Teufel, was dahinter steckte. Aber als sie da in München jeden Morgen auf dem Rücksitz schlummerte, da hatte sie, ohne es zu wissen, bereits den größten Film ihres Lebens hinter sich. Was ihrem schlafenden Gesicht von damals im nachhinein eine etwas tragische Note gibt, denn 1974 hatte sie große Hoffnungen und Pläne und fühlte sich in dem deutschen Mehrteiler ziemlich unterfordert. Sie war sehr einsam und sah aber großen Aufgaben entgegen.

Ihren besten Film, den hatte sie 1967 mit einem der damals berühmtesten Regisseure der Welt gemacht. Und es war dennoch ein Film entstanden, den niemand wirklich gesehen hatte, ein Film, der eine Legende geworden war: *Je t'aime, je t'aime (Ich liebe dich, ich liebe dich)* von Alain Resnais. Und in diesem Film spielte Olga Georges-Picot wiederum eine Frau, die in einem schottischen Hotel ein kurzes Nachmittagsschläfchen hält, neben einer blubbernden Heizung, deren austretendes Gas sie langsam im Schlaf tötet. Man erfährt nie, ob sie von ihrem traurigen, neurotischen Liebhaber Claude Ridder (Claude Rich) absichtlich vergiftet wurde, ob es vielleicht Selbstmord war oder einfach nur ein Unglücksfall. Aber ihr Liebhaber sagt später mehrmals zu einer anderen Frau: »Sie sah so glücklich aus im Schlaf.« Abblende 1974.

Aufblende Cannes, Mai 1968

Je t'aime, je t'aime wird in Cannes nicht uraufgeführt, weil in Frankreich der Generalstreik ausgerufen wird. Der Traum von der Vereinigung der arbeitenden Bevölkerung mit den protestierenden Massen der linken Studenten scheint kurz bevorzustehen. Alle sind sie solidarisch, auch die Filmemacher. Selbst der Engländer Richard Lester, der auf dem Festival immerhin *Petulia* zeigen wollte, einen seiner besten Filme, und der heute erzählt: »Ein berühmter französischer Regisseur setzte tagsüber Vorhänge in den Kinos in Brand und fragte abends bei der Party von United Artists: ›Das hat doch wohl keinen Einfluß auf unseren Vertrag über meine nächsten drei Filme?‹« (Wer das wohl war?) Das Festival wird abgebrochen und *Je t'aime* verschwindet neben anderen Filmen in der Versenkung.

Ausgerechnet dieser Film erleidet ein fast tödliches Schicksal unter dem Verdikt des revolutionären Wahns: »Wir können uns doch hier nicht immer weiter im Frack die Filme anschauen, als wäre sonst nichts los. So als befänden wir uns in Liechtenstein oder Monte Carlo, während sich in der Wirklichkeit draußen die Massen im Streik befinden.« Man hört sie noch, die erregten Stimmen über Megaphon ...

Ausgerechnet *Je t'aime* traf es, der revolutionär war wie kaum ein anderer Film vor ihm. Er erzählt im Gewand einer Science-Fiction-Story die Biographie des gehobenen Verlagsangestellten Claude Ridder. Der Mann hat einen Selbstmordversuch hinter sich, dessen Mißlingen er – als er wieder bei Bewußtsein ist – bedauert. Und er stellt sich wie gleichgültig, wie gefühlstaub geworden freiwillig einem radikalen wissenschaftlichen Experiment zur Verfügung. Dabei wird ihm ein Serum injiziert, das ihn in eine einzige frühere Minute seines Lebens zurückwerfen soll. In einem seltsam kürbisartigen Liegeraum wartet er auf die kleine Zeitreise, aber als die Injektion wirkt, da wirft es ihn in eine Achterbahn von vergangenen Zeiten, aus Fragmenten zurück.

In beliebig wirkendem Durcheinander spulen sich zahllose Augenblicke seines Lebens vor ihm ab, kurze Szenen, mal wichtig, mal vollkommen banal, die keine Story ergeben – oder doch? Im Zentrum steht seine mehrjährige Liebesgeschichte mit Catrine (Georges-Picot), jener Frau, die in Schottland in einem Hotel an Gasvergiftung starb und die er vielleicht umgebracht hat – oder vielleicht nicht? Das Experiment endet fatal, Gegenwart und Vergangenheit scheinen sich zu vermischen, und am Schluß herrscht nur noch Ratlosigkeit, eine Leere, die auch die Leere des Lebens dieses unbedeutenden kleinen Neurotikers sein könnte, den Claude Rich faszinierend vorführt.

Die unendlichen und trügerisch austauschbar scheinenden Szenenfolgen des Films sind geschrieben von Jacques Sternberg, seine Musik stammt von Krzystzof Penderecki und besteht aus verschieden kurzen atonalen Chorstücken, die Resnais quasi durch die Luft gewirbelt und neu zusammengesetzt hat wie die Beatles die zerschnittenen Tonbandfetzen ihres »Being For the Benefit of Mr. Kite«. Der Film ist die Summe dessen, was Resnais bis dahin so getrieben hatte und was ab 1968 noch weiter von ihm zu erwarten war – von *Letztes Jahr in Marienbad* über *Providence* bis *L'amour à mort*.

Je t'aime ist spannend wie ein Thriller, packend ohne jegliche Aggressivität der filmischen Mittel. Er ist intellektuell und sehr gefühlvoll, existentiell anrührend in seinem gelassenen Wirbel all jener Lebensszenen des Claude Ridder – am Ende stehen einem unwillkürlich die Tränen in den Augen. Denn neben Ridder sitzt in seinem Kürbis eine kleine weiße Maus, die demselben Experiment unterworfen wurde. Und als er stirbt, da läuft die Maus weiterhin fröhlich durch den Kürbis. Wir wissen ja nicht genau, was Tiere träumen – aber in einer von Ridders zahllosen Rückblenden – an einem Ferienstrand liegend neben Catrine –, da lief auf einmal eine weiße Maus über den Sand, und Ridder starrt sie an, als käme sie ihm aus der Zukunft bereits bekannt vor. »I wanna be in your dream if you wanna be in mine«, hatte Bob Dylan ein paar Jahre zuvor gesungen.

Und war es denn nicht in Wahrheit 1968 so: in der Popkultur und im Kino der Sechziger, Siebziger manifestierte sich doch kurze Zeit lang die Sehnsucht der Intellektuellen, den

Anschluß an die Massenkultur zu finden. Die trivialen Genres in Literatur und Kino – Thriller und Science-Fiction –, sie schürten im Grunde die Sehnsucht der Vereinigung von intelligenter Elite mit dem »Volk«. Der Comic, die amerikanische Detektivstory, die Science-Fiction, der Spaghettiwestern, Jimi Hendrix, Monty Python, der Fußball vor der Zeit seiner hemmungslosen Vermarktung, das weiße Album der Beatles, Antonionis *Blow-up* ... – all diese Phänomene nährten gute zwanzig Jahre nach dem Zweiten Weltkrieg kurze Zeit die Hoffnung nach einer Verständigung, einer Versöhnung aller Schichten der westlichen Gesellschaften, jenseits von Ideologien und großmäuligen Politikern vor allem durch die Kraft der Popkultur. *Je t'aime* war ein Traum, den später keiner mehr zu sehen bekam. Dieser Film barg mehr Sprengstoff in sich als jede Deklaration von 1968, sein Verschwinden kommt von heute aus fast gesehen einem Verbot gleich, einer Zensur.

Paris 2008

Die DVD von *Je t'aime, je t'aime* erscheint endlich, und der Film hat nun selbst eine Zeitreise hinter sich. *Je t'aime* mußte man sich lange Zeit sozusagen imaginieren und erträumen, anhand von Standfotos und Kommentaren in Büchern, weil man ihn nach 1968 so gut wie nicht mehr zu sehen bekam. Nicht mehr im Fernsehen, nicht im Programmkino, nicht auf Video, nicht einmal auf Resnais-Retros. Und er ist heute ein Film, der einem im Fluß der Zeit wie neu entgegenkommt. Wie ein Schwimmer aus der Zukunft, wie ein lang vermißter Bruder, der vierzig Jahre lang im Orbit in einer Zeitschleife gefangen war. Wie die weiße Maus am Strand.

Ausgerechnet *Je t'aime*, der damals in Cannes den Zeitläuften geopfert wurde, verbindet von heute aus gesehen radikal elitäres Filmemachen mit einem Spannungsthriller: den

(Selbst?)-Mordfall Catrine. Aber er erzählt auch den »Fall« Olga Georges-Picot, jenes Doubles von Jacqueline Bisset (so wie später Greta Scacchi für ein, zwei Jahre lang wie ein Double von Sigourney Weaver wirkte). Sind das seltsame tragische Schicksale im Business? Daß zu gleicher Zeit gleiche Schauspielertypen auftauchen wie parallel laufende Schienen und daß nur eine oder einer von ihnen »gewinnen«, überleben kann – mögen sie in Wahrheit auch noch so verschieden sein?

Und wann wurde eigentlich die einstmals so große Hoffnung auf eine kreative Verbindung von Massengeschmack und intellektueller Hochkultur endgültig zu Grabe getragen? Wahrscheinlich wohl doch am 9. November 1989. Am Ende aller Intellektuellenträume blieben dann im Kino und TV nur Eventkapitalimus, Sponsorenkultur, kleinbürgerliche »Filmkunst«, Schmonzette und Massenverblödung übrig. Am Ende ist schließlich nur eine einzige mögliche allerletzte Befreiung von den Zwängen des Business übriggeblieben, nämlich das absolut elitäre Filmemachen als programmatische Aktion!

Aber um heute solch einen Film wie *Je t'aime* machen zu können, da müßte man schon eine Bank überfallen, denn unser Mediensystem ließe etwas Vergleichbares kaum mehr zu. Und warum denn auch nicht eine Bank überfallen, um einen Film machen zu können? Ein derart herrliches, ewig leuchtendes Ergebnis wie *Je t'aime* würde wirklich doch im nachhinein, spätestens jetzt, vierzig Jahre später, jedes Opfer rechtfertigen, nicht wahr?

Etwas ist schiefgegangen auf dem Weg …
Zur Wiederentdeckung des fast vergessenen französischen Regisseurs Jean Eustache

In den allerersten Tagen des Frühlings kann man gut an die Filme von Jean Eustache denken. Die Straßen der Stadt sehen dann so erschöpft von der Winterkälte aus, die Gehsteige wirken wie verwittert, der Split liegt noch überall sinnlos herum, und die Sonne auf dem Pflaster und an den Häuserwänden ist weiß. Eustache war es, der sagte, man solle »die Luft der Zeit filmen«. Seiner Meinung nach bedeutete dies vor allem: »das Licht zu filmen, denn das Licht ist die Luft der Zeit«. Am pursten erhalten findet sich die Luft der Straßen von Paris, so wie Eustache sie sah, gleich in seinem ersten Kurzfilm. *Les mauvaises fréquentations* ist in schmutzigem, wenig ausgeleuchtetem Schwarzweiß gedreht. Erzählt wird nur von einem Sonntagnachmittag im Frühling, in Paris 1963, und der Film wirkt auf den ersten Blick wie ein vierzigminütiges Fragment: Zwei etwas nervige, pausenlos quatschende Mini-Gauner wollen unbedingt irgendeine Frau aufreißen. Sie treffen auf dem Weg zu einem Tanzlokal ein zielloses, manchmal leicht abwesend wirkendes Wesen, älter als sie. Sie begleiten sie. Die beiden zahlen die Getränke, sie fragen die Frau aus, sie reden weiter, auf der Straße, in Cafés.

Jeder der beiden ist einmal kurz mit ihr allein, aber keiner hat das Gefühl, bei ihr zu landen. Sie erzählt bereitwillig, daß sie von ihrem Mann getrennt lebt, zur Zeit ohne Job ist, daß sie in einem Hotel schläft und aus Geld- und Zeitmangel ihre beiden Kinder in Pflege geben mußte. Schließlich enden alle drei in der Dämmerung des frühen Abends in einem Tanzlokal, und dort läßt sich die Frau mehrfach von einem älteren Mann auffordern. Als sie beim ersten Mal vom Tanzen zurückkehrt, fragt der eine der beiden Jungs: »Und? Hat er Sie vollgequatscht?« Sie sagt: »Ja, mit den Händen.« Sie tanzt trotzdem mit dem beharrlichen Mann weiter und scheint ihren beiden Begleitern sogar richtig ernsthaft bei der Sache zu sein. Die Jungs sind deshalb frustriert, beklauen sie und fliehen. Dieser Diebstahl ist grausam, und die Diebe müssen danach erst mal ganz große Sprüche klopfen, um ihre Skrupel zu übertönen. Mit dem erbeuteten bißchen Geld gehen sie mehrere Whisky trinken. Und das war also der tolle Sonntag.

Am nächsten Morgen schicken sie der Frau die Geldbörse zurück in ihr Hotel – ohne das Geld, aber wenigstens mit ihren persönlichen Sachen drin. Darunter sind die Bilder ihrer Kinder … Ende. Der Film scheint ständig förmlich zu versickern in den Gesprächen, an den Orten, in den Stimmungen, die er beschreibt wie ein Dokumentarfilm. Trauer, eine Art anmutiger Trotz und eine Melancholie umgeben die Frau von Anfang an, sie scheint wie in einer ständigen Unschärfe zu schweben. Der Titel *Les mauvaises fréquentations* setzt die Frau ja gleichsam ins Zentrum der Geschichte. Läßt sie sich vielleicht an diesem Tag einfach fallen? Wäre sie im Grunde zu allem bereit gewesen, und die beiden Trottel haben es nur nicht gemerkt? Wie hat sie reagiert am Abend, als sie die Geldbörse im Tanzlokal nicht mehr gefunden hat? Und allmählich wächst so aus einem scheinbar kleinen 40-Minuten-Film das Universum einer großen Stadt an einem Sonntag 1963. Kalter Frühling in Paris, der Atem steht vor den ständig redenden Mündern, und neben all der Rabiatheit der Schnitte, der erzählerischen Sprünge, der Grobheit der Sprüche der beiden Freunde ist das langsame Hineindämmern der Stadt in den Abend mit seinen Lichtern auf den Boulevards eigentlich am zärtlichsten von allem geschildert.

Man sieht den Film an sich vorüberziehen, man schaut dem flachen Lauf seiner Geschichte zu, wundert sich über die etwas aufdringlich pariserisch daherkommende Begleitmusik, man taucht in die Orte ein, bleibt den Personen dabei scheinbar fern – und ist dem Film zwölf Stunden später in der Erinnerung verfallen. Er läßt einen nicht mehr los. So als fände man plötzlich ein Stück der eigenen Biographie heimlich in einem Dokumentarfilm mitgefilmt. Das Fragmentarische an der Erzählung ist das Wichtigste, und die Geschichte dürfte keinen Moment länger dauern. Damit wir sie dann weiterspinnen können. Aus solchen Bruchstücken baut heute, vierzig Jahre später, der einzigartige Autor Patrick Modiano seine Erinnerungsspaziergänge durch die Zeiten und die Orte eines verflossenen Paris. Wohnungen, Straßen, Cafés, wieder Straßen, noch mal Straßen, neue Wohnungen und immer so fort – ein unendlicher Kosmos bei Eustache.

Das Kino eroberte sich damals, 1963, neue Kontinente. »Cinéma vérité« oder »Direct Cinema« war allüberall, so wie bei uns »Dogma« vor zehn Jahren. Eustache hat diesen Film aber – genauso wie Cassavetes seine *Shadows* – nachsynchronisiert, hat also keinerlei konzeptionelle, puristische Realismus-Regeln beachtet. Es war ja auch gar nicht die Wirklichkeit oder die »Wahrheit«, die sich das Kino in den fünfziger und sechziger Jahren eroberte, es war eher das Kleine, es waren die Nebensachen des Lebens, die bis dahin unerzählten alltäglichen Fetzen von Geschichten. Dieses neue Kino besiegte damals sogar für kurze Zeit das alte Produzentenkino der großen Gesten und der starren Bilder. Weil es ein vitales Kino war, selbst im melancholischsten Moment, weil es fröhlich, witzig und liebevoll war und dennoch das Leben derart brutal anpacken konnte wie dieser kleine Film.

Das Gespenst von Lumière

»Ich hatte immer den Eindruck daß das Kino sich unterwegs verloren hat, daß nur noch Geläufigkeiten übriggeblieben sind. Etwas ist schiefgegangen auf dem Weg.« – »Das Ziel, das ich seit meinem ersten Film zu erreichen versucht habe, ist, zu Lumière zurückzukehren. Ich war immer gegen die neuen Techniken. Ich bin vielleicht reaktionär, aber darin glaube ich revolutionär zu sein.« (Eustache 1971). Wenn man die Filme heute sieht, sieht man deutlich, daß sie sozusagen Zwischenzeiten erzählen. Zwischengenerationen auch. Eustache war eingeklemmt zwischen Nouvelle Vague und 68. Er gehörte sozusagen zur zweiten Welle, die Anfang der sechziger Jahre auf Truffaut und Konsorten folgte. Eustache schrieb eine Weile lang auch in den *Cahiers du Cinéma*, er war als Cutter für die Filme anderer Autoren tätig und ging dann aber bald seinen eigenen Weg. Dokumentarfilme folgten auf kurze Spielfilme, und darauf wieder Dokumentarfilme, alles immer möglichst billig, und dann kam ein riesig langer Spielfilm, in dem fast nur geredet wurde, und darauf wieder ein Dokumentarfilm und so weiter.

Was tun, wenn man als Künstler seiner Zeit voraus – und gleichzeitig hinterher ist? Erst nach den gescheiterten Revolten der sechziger und siebziger Jahre waren ja alle anderen klüger als vorher. Aber Eustache war schon lange vor dem Mai 68 postrevolutionär. Er machte immer schon Filme des Übergangs, Filme, die eher den Endsiebzigern zuzuordnen wären. Jener grandios desillusionierten Zeit, als nach den ganzen Aufständen und dem Remmidemmi zuvor alle Instrumente, alle Waffen und alle Argumente und Gegenargumente auf dem Tisch lagen. Und als die Schleyer-Entführung zum tragischen Showdown eines ganzen Generationenkriegs wurde. Bald darauf, 1981, war auch Eustache tot. Als wäre er auch ein Kind seiner Zeit gewesen. Als wäre er zwar nicht von der Polizei erschossen worden, aber dafür von der Filmindustrie gewissermaßen zum Selbstmord gezwungen worden.

Aber so einfach sind die Dinge natürlich nicht. »Meine Filme machen sich von selbst.« Tja. Er wollte kein Künstler mehr sein, sondern ein Handwerker, ein Chronist des Lebens. Reden. Worte. Theorie des Lebens, des Arbeitens und der Liebe. Und wie filmt man das? Vor allem die Worte? Eustaches formaler Konservativismus, zumeist in Schwarzweiß mit fast unbewegter Kamera, wirkt heute moderner denn je. Er war gewissermaßen ein Fundamentalist des Kinos (»Suche immer ein schwergängiges Stativ, damit dem Kameramann das Schwenken nicht so leicht wird!«), ein Dissident, der am Ende natürlich gnadenlos bestraft wurde. Erst konnte er kaum einen Film mehr finanzieren, dann ging es ihm in jeder Hinsicht immer schlechter, schließlich erschoß er sich. Man muß es sagen: Sein teuerster Film *Mes petites amoureuses (Meine kleinen Geliebten)* war 1974 ein völlig ungerechtfertigter Mißerfolg in jeder Hinsicht: Gegen diesen Mob, der an der Kasse mit den Füßen abstimmt, muß man sich als Regisseur wie Eustache gut wappnen, man muß sich warm anziehen, und zwar mit Arroganz oder mit Gelassenheit, sonst wird man ein Märtyrer der eigenen Vorstellungen. Die Rache der Industrie an Eustache wirkt bis heute nach. Nicht eine einzige DVD ist zur Zeit erhältlich von seinen größeren Filmen, nur als Schauspieler in Wenders' *Amerikanischem Freund* erscheint er noch in den Verkaufslisten der Versandhäuser.

Daran sieht man, wie sehr seine Filme sich auch noch der Gegenwart verweigern. Aber man hat ja auch das Gefühl, daß sie im Grunde ohnehin nur in Filmkopien vorgeführt werden sollten, damit sie quasi den Staub der Straßen, auf denen sie entstanden sind, noch in sich tragen. Und damit die Kontraste des Lichts von innen und außen, der Wohnungen und der Straßen, in aller Härte erhalten bleiben und nicht im digitalen Nirwana verschwinden. Man denkt, den Filmen von Eustache, die quasi immer wie mit einer Kamera aus der

Frühzeit des Films aufgenommen scheinen, könnte der ganze faule Säuberungszauber etwas anhaben. Als müßte man sie heute noch in geheimen, unterirdischen Sälen vorführen, damit sie ja bloß dem gemeinen »Kinopublikum«, das diese Filme links liegen ließ, für immer vorenthalten bleiben.

Auf der anderen Seite erscheint es geradezu ungerecht, das momentan extrem schwächelnde Weltkino heute ausgerechnet mit Eustache zu konfrontieren. Denn man sieht gerade jetzt: Er hat erreicht, was er wollte. Er ist sozusagen ein Lumière der sechziger und siebziger Jahre. Eustaches Bilder halten alle etwas Unwiederbringliches fest. Etwas Konkretes, etwas Dokumentarisches und gleichzeitig etwas Gedankliches, was Eustaches Zeit in aller Renitenz der Filme präzise auf den Kopf trifft und was durch seine fotografische Schlichtheit klassisch geworden ist. Für immer und für alle Zeiten und für alle Nachgeborenen.

Die Worte, die Körper

Eustaches Kurzfilme umfliegen ja alle wie Möwen seinen Vierstunden-Moby-Dick *La maman et la putain (Die Mama und die Hure).* Die Filme, die vorher entstanden sind, und die wenigen, die danach noch kamen. Das Begehren der Männer kleidet sich bei ihm in Worte. Die Wortkaskaden Jean-Pierre Léauds in *Maman* umhüllen aber gleichsam noch mal die Körper der Frauen, poetisch, manchmal witzig und manchmal dreist und grob. Dagegen sind die körperlichen Liebesszenen, sogar die Küsse, dezent und werden zumeist abgeblendet. Die Männer sind bei Eustache immer egozentrische Quasselstrippen, und die Frauen haben es schwer mit sich selbst, angesichts solcher kleiner Monster um sie herum. »Ich habe nur Interesse, wenn jemand sich für mich interessiert. Ich könnte nie eine Frau lieben, die mich nicht liebt«, sagt Léaud nach sechzehn Minuten in *Maman.* Damit ist das Programm vorgegeben.

Und wie er beim gespannten Wählen der Telefonnummer einer womöglich neuen Geliebten die Brustmuskeln spielen läßt, als wäre er Schwarzenegger! Frieda Grafe hat 1998 angemerkt, daß man daran seine Konzentration sehen könne.

Hundert Minuten lang versucht Alexandre/Léaud in diesem Film zu brillieren. Ein koketter, innovativer Reaktionär, auch in der Liebe. Seine psalmodierenden Monologe der Egozentrik lassen Léaud sich in ein Wolkenkuckucksheim der Emotionen hineinsteigern. Er wird zu einem verzweifelten Monument seines kindlichen Lustprinzips. Demgegenüber sind seine großen Geliebten Bernadette Lafont als »Mama« und Françoise Lebrun als »Hure« eher fürs Realitätsprinzip zuständig. Aber Léaud redet sie jederzeit platt. »Die Sprache als Herrschaftsinstrument« hätte man damals dazu gesagt. Seine Sprache pendelt zwischen poetischer Beredsamkeit und Alltagskraftausdrücken. Sogar sein Witz funktioniert noch als eine Art Gefühlsfalle für die Frauen. In der gemeinsamen Küche ruft er aus: »Abspülen lehne ich ab! Es gibt einem ein obszönes Gefühl der Befriedigung!!« Und Lafont gibt ihm daraufhin lachend einen Kuß wie einem trotzigen Kind. Einer Ex-Geliebten, die ihn verlassen hat, weil er sie offenbar schlecht behandelt hat, und die nun heiraten will und seinen neuerlichen Avancen tapfer widersteht, der ruft er am Ende eines langen Monologs in einem Straßencafé trotzig zu: »Ich kann warten! Heirate und mach ein Kind, ein Mädchen, das so aussieht wie du, und dann sehen wir in sechzehn, achtzehn Jahren weiter!«

Man darf sich nicht täuschen: Eustache hat – anders als Rohmer, bei dem die Leute ja auch dauernd reden – außergewöhnlich neurotische und widerspenstige Figuren, keine bourgeoisen Jedermänner. Sie sind Liebesräuber und Straßenköter. Eustaches Figuren bekommen scharfsinnige und pointierte Dialoge zugeschrieben, seine Menschen sind von

Anfang an »bigger than life«. So betritt Léaud in *Maman* die Cafés auf der Suche nach seinen Verabredungen immer, als ginge er zum letzten Gunfight am O. K. Corral. Sein Humor, seine pathetischen Entgleisungen und sein unberechenbarer Charme treiben den Film an, lassen ihn nie zum mechanischen Abspulen der komplexen Texte verkommen. Er zerschneidet ständig die Fäden, die ihn zu einer Marionette des Autors werden lassen könnten. Und das Ganze nimmt eine sehr unvermutete Wendung, als er nach hundert Minuten mitten im Monolog in eine Kurve biegt; Tränen treten ihm in die Augen, und er sagt in Großaufnahme: »Ich habe Angst. Ich habe Angst. Ich will nicht sterben.« Erschrockene Abblende.

Kann sein, daß die nächste gutbürgerliche Frauengeneration in Mitteleuropa sich bereits gefragt hat, was ihre Mütter und ihre älteren Schwestern noch in den siebziger Jahren an einem derartig egozentrischen Arschloch wie Léaud überhaupt attraktiv gefunden haben. Nur das Geheimnis seiner Grausamkeit kann die Frauen vielleicht heute noch faszinieren. Aber ist das überhaupt das Problem bei dieser Figur? Alexandre erinnert einen ja eher an die *Gefährlichen Liebschaften*, er wirkt wie eine Taschenausgabe von Valmont, wie ein Phantom aus der Vergangenheit, er ist der verfluchte Geist der Stadt Paris und ihrer tausendjährigen Liebesvergangenheit. Ein Vampir, der alte Chansons auflegt und der sich beim Zuhören an irgendeine Jugend in einem seiner vergangenen Leben erinnert. Verflucht wie ein Untoter, der mit einem verzerrten Bild von der Liebe und von den Frauen im Herzen auf ewig auf den Pariser Straßen wandeln muß. Der ganze Film ist ein Kompendium, ein wahres Lexikon von Liebesdefinitionen, Verzweiflungsattitüden, Utopien, verlorenen Illusionen. Das Außen ist die Straße, sind auch die Cafés, das Innen sind die Wohnungen, in denen sich die Außenwelt sozusagen wie in einem Spiegel bricht. Innen, in und auf den

Betten, in den Übergangszeiten zwischen Nacht und Tag, entscheiden sich hier die Schicksale. Wie im fast gleichzeitig entstandenen *Letzten Tango* von Bertolucci. Frieda Grafe setzte die beiden Filme damals in ihren »Filmtips« in Bezug zueinander und schrieb 1973 »Zwei Filme von jungen Greisen«. Aber wie schon Bob Dylan feststellte in »My Back Pages«: » I was so much older then, I'm younger than that now!« Die Welt war damals halt etwas älter und klüger. Und *La Maman et la putain* war für Eustache vielleicht auch einfach dasselbe, was »Sad-Eyed Lady of the Lowlands« für Bob Dylan war. Eine Endlos-Ode an ein vergangenes Lieben und Kämpfen und eine Abrechnung mit sich selbst.

Authentizität und dokumentarische Unmittelbarkeit glaubte man damals bei Eustache zu erkennen, so als habe er den Liebesdiskurs der Wohngemeinschaften und der intellektuelleren Quartiers von Paris in *Maman* Wort für Wort nachgestellt. Dabei ist sein Stil in Wirklichkeit vollkommen zeitlos, alles ist genau geschrieben und gedichtet, nichts ist improvisiert, und er steht vielleicht Stendhal und Flaubert und Benjamin Constants gnadenloser Selbstanalyse in *Adolphe* näher als irgendeiner Kinobewegung seiner Zeit. Die Körper, um die es in diesen Filmen geht, sind natürlich stets nur die Körper der Frauen. Die der Männer erscheinen gar nicht in den Filmen, nur gleichsam in ihren Worten, mit denen sie ihr Begehren verkleiden. Darüber kann man sich aufregen, das hat man zu Eustaches Lebzeiten auch immer wieder getan, aber das führt bei ihm zu nichts.

»Milliarden Male gesehen«, sagte er, deshalb blendete er bei den Küssen und Umarmungen zügig ab. Aber Bernadette Lafont geht ein einziges Mal als »Mama« nackt durchs Bild. Sehr bewußt. Es ist, als spüre sie dabei den Blick des Regisseurs und genieße ihn und schäme sich auch nicht dafür. Das ist schon einigermaßen verwirrend, denn es hat sich in puncto Sex im Kino ja so gut wie alles verändert seither. Aber es ist nicht die Pornographie, die alles verändert hat. Es ist der Blick der Frauen auf sich selbst, und dieser Blick ist inzwischen so bar jeglicher Unschuld, daß er quasi einer neuerlichen Vertreibung aus dem Paradies gleichkommt. Für beide Geschlechter. Wichtig ist aber hier vor allem, wie der Film 1973 mit diesen wenigen Bildern der Nacktheit umgeht. Wie er mit Bernadette Lafont und den anderen Frauen ein Schönheitsideal von damals einfach nur schlicht dokumentiert. Nur dreißig Jahre später sind alle Frauenkörper im heutigen Kino ja gleichsam geglättet, wie aus Chrom und Stahl, aber hier, in solchen Filmen, bewahren sie noch ein anderes Geheimnis. Eustache: »Etwas ist schiefgelaufen«, seit Lumière. Allerdings. Am deutlichsten sieht man im Kino, was schiefgelaufen ist, an der Veränderung der Darstellung der Körper und letztendlich an den Körpern selbst.

Die Mama und die Hure lief in München im Sommer und Herbst 1973 im Cinémonde. Jede Woche wies Frieda Grafe in der *Süddeutschen Zeitung* darauf hin, daß hier die Summe der Nouvelle Vague gezogen würde. War das die Endsumme bereits? Das Cinémonde war ein Kino an der Leopoldstraße in einem futuristischen Vergnügungspalast, das »Città 2000«, das die Siebziger kaum überlebt hat. Wie Eustache selbst. Aber 1973 im Sommer, da konnten München und Paris sich noch fast ein wenig die Hand reichen. Die Olympiade hatte München ja in die Liga der Weltstädte gehievt, das Spätsommerlicht floß goldener denn je durch die Pappeln an der Leopoldstraße, und all das hoffnungsvolle Gequatsche in den hohen Altbauwohnungen Schwabings, all die Musik und all die Liebesdramen jener Zeit schienen sich auch gleich automatisch mit auf Weltniveau zu befinden. Man hätte glatt glauben können, diese provinzielle deutsche Stadt hätte nun eine große Zukunft vor sich. Und man hätte glauben können, das Kino auch.

Wo die großen Flüsse entspringen
Zwei Filme von Alain Tanner

Beschreibung einer Landschaft: die kahlen Platanen am Seeufer. Der Schnee fliegt schräg über die weiten Äcker. Die Orte des Films heißen Hotel du Gard, Vallée du joux, Ste-Croix – verborgen hinter dem mondänen Genfer See, im Schweizer Jura liegen sie, zur französischen Grenze hin. Strukturschwache Gegend. Bauernstolz, Armut, Melancholie. Karl der Kühne von Burgund verlor auf seinem Feldzug gegen die Schweizer hier in Grandson die erste der drei Schlachten, die ihn am Ende Leben und Reich kosteten. Die Fabriken von Ste-Croix auf dem Berg oben, in denen 200 Jahre lang Musikautomaten für die ganze Welt hergestellt wurden, die sind noch heute ebenso ungenutzt und leer wie damals, als vor fünfunddreißig Jahren dort *Le Milieu du monde (Die Mitte der Welt)* gedreht wurde.

In dieser wunderschön trostlosen Westschweiz der Siebziger verliebt sich ein Bauernsohn aus alteingesessener Familie in eine zugereiste italienische Kellnerin. Er hat es zu was gebracht, ist Ingenieur geworden und kandidiert jetzt als Parteiloser für eine konservative Partei, die den beginnenden Umweltschutz in der Gegend möglichst klein halten will. Philippe Léotard hat also alle Hände voll zu tun, als er Olimpia Carlisi kennenlernt. »Tagsüber arbeiten Sie in der Fabrik, abends gehen Sie auf Kundgebungen, Frau und Kind haben Sie auch – wie haben Sie da noch Zeit, mich zu sehen?« fragt sie ihn, als er sie zum ersten Mal außerhalb der Kneipe trifft und ihr mitteilt, daß er »beschlossen habe, Sie jetzt täglich zu sehen«. Woher sie genau kommt, will er wissen. »Aus Vicenza. Auf Ihrer Hochzeitsreise nach Venedig sind Sie da vorbeigekommen.« Aber er hat gar keine Hochzeitsreise gemacht, nirgendwohin, erzählt er, denn sein ganzes Leben bestand bisher nur aus Arbeit.

Das Drehbuch ist von John Berger, dem Koautor von Alain Tanners ersten drei großen Filmen, der heute noch auf der anderen Seite des Jura in Savoyen wohnt. Man spürt Bergers unbedingt eigensinnigen und allumfassenden Blick auf die Dinge, auf das Land und die Erde, die die Menschen beackern, auf die gewalttätigen Attacken des Kapitalismus gegen die alten Strukturen, gegen das Privatleben der Menschen. Bei Berger führen die linken Automechaniker mal eben ein Zweiertänzchen im Blaumann auf und prophezeien dem rechten Kandidaten Léotard vorfreudig singend eine Niederlage, weil er sich – »wie man hört« – in eine ausländische Frau verknallt hat.

Die Sinnlichkeit des Films ist stark und zart. Die Schönheit der Körper im kleinen möblierten Zimmer der Kellnerin, mit Kochplatte. Die Zeit, sich zu lieben, ist vormittags, unter der Woche, wenn alle anderen unterwegs sind und es möglichst niemand mitkriegt. Es gibt Männer, die sich stets in Kellnerinnen verlieben. Warum? »Weil sie die einzigen Frauen sind, die immer mit Männern reden können« – so heißt es in diesem Film. Zu jeder Zeit, ob nüchtern, ob im Suff, ob am helllichten Vormittag oder als letztes Überbleibsel vor Mitternacht.

Und die »Mitte der Welt« – das ist in Wirklichkeit ein Restaurant in Eligoz. Es heißt so, weil dort in der Nähe die beiden großen Flüsse entspringen, die Mitteleuropa nach Nord und Süd durchqueren: der Rhein und die Rhône. Eine Kneipe sozusagen auf halber Strecke zwischen Mittelmeer und Nordsee. »Ich zeige dir die Mitte der Welt«, sagt Carlisi leise auf italienisch, nachdem er sie in das Restaurant eingeladen hat und damit ihre Verbindung öffentlich gemacht hat.

Ein komplett anderes Kino. Kopfstark und erdig gleichermaßen. Intellektuell, lebensklug, naturverbunden. Und man sieht auch, warum der Kameramann Renato Berta bald darauf ein internationaler Star wurde. Die Bescheidenheit und die Anmut seiner Kamera und ihrer Bewegungen ist reich und warm, niemals künstlerisch spröde. Die raffiniert schlichten Bilder der nebligen Orte gehen mit Léotards fast kindlicher Verliebtheit und mit Carlisis Schönheit, ihrer Offenheit, ihrem Witz, ihrer anfänglichen Zurückhaltung eine Verbindung ein, die einem in dieser Kälte das Herz wärmt. »Nicht so schnell«, bremst sie ihn lächelnd, als er bereits nach dem zweiten Spaziergang mit ihr ins Bett will. Léotard, Carlisi und Juliet Berto spielen dermaßen uneitel, daß es einem beim Zuschauen schier die Schamesröte ins Gesicht treibt. Die Frauen haben eine unbändige Kraft – und wenn es sein muß, auch einen unbedingten Willen zur Einsamkeit. Es ist in Tanners Filmen oft so ein einmaliger Moment aufgefangen, eine Utopie der gleichen Stärke zwischen Männer und Frauen. Der gleichen Stärke unter Erwachsenen, nicht unter Langzeitpubertierenden.

Am Ende verläßt die Kellnerin den Kandidaten, verläßt die Gegend und zieht weiter, nach Zürich. Léotard ist zuvor bereits von seiner Familie verlassen worden (die man so gut wie nie sieht), und er wollte sich nun mit seiner Geliebten gemeinsam einen Haushalt einrichten, mit ihr eine neue Familie gründen; sie sollte die Kellnerei aufgeben. Aber so geht das nicht. Sie ist zu stark für ihn. Sie macht Schluß mit einem Satz, wieder auf einem Spaziergang: »C'est fini.« Und ein Zug fährt so nah an ihnen vorbei, daß ihre Haare fliegen.

In der nächsten Szene sitzt Carlisi bereits mit Gepäck am Bahnsteig, und Juliet Berto versucht zu erraten, warum ihre Kollegin die Beziehung beendet hat und weggeht. Die absurdeste Vermutung ist: »Weil man dir Geld dafür geboten hat?« Carlisi lacht, und dann wird ihr Gesicht wieder ernst und klar und ein wenig ironisch, und sie schaut in die Ferne. Berto errät den Grund nicht. Er ist zu einfach. Die kleine Liebe war vorbei.

Zwei Jahre nach *Le Milieu du monde* entsteht *Jonas qui aura 25 ans en l'an 2000 (Jonas, der im Jahr 2000 25 Jahre alt sein wird)* – also acht Jahre nach 68. Zu Beginn gleich ein kräftiges Rousseau-Zitat: »Der zivilisierte Mensch lebt von seiner Geburt bis zu seinem Tod in einem Gefängnis.« Man spürt Godard überall – nicht nur weil er in dieser Gegend am Genfer See geboren ist. Dieselbe Vorlautheit in den Dialogen, die Spruchblasenhaftigkeit – aber wie bei Godard eben oft auch sehr amüsant und geistreich. Der Film wirkt wie ein Comic über eine Handvoll junger Linker, die 1976 ihre Utopien austauschen. Die »Rezession« in Europa hat eingesetzt, die Arbeitsplätze beginnen futsch zu gehen, den Akademikern wie den Arbeitern. Manchmal wird plötzlich mitten in der Szene gesungen, manchmal werden die Figuren auch etwas albern beschrieben in dem dringenden Zwang, sich unzivilisierter, kindlicher als der Rest der vom Kapitalismus geknechteten Gesellschaft zu benehmen.

Aber manche Episoden sind sehr effektiv: Eine Bankangestellte (Myriam Mézières) warnt mit Hilfe ihres Freundes (Jean-Luc Bideau) Bauern am Stadtrand davor, einer brutalen Grundstücksspekulation zum Opfer zu fallen, die sie in ihrer Bank aufgeschnappt hat. Eine Supermarktangestellte (Miou-Miou) beschenkt sympathische Kunden, indem sie ihre Waren falsch berechnet – und landet im Knast. Es gibt erotische Utopien. Und pädagogische. Ist ja klar, daß die Kinder dieser Aufbegehrer alle zu kleinen Rousseauschen »Emiles« werden sollen, sie sollen die »natürliche Freiheit« kennen- und schätzen lernen. Zu diesem Zweck unterrichtet man den Nachwuchs eine Weile lang selbst in einem angemalten Gewächshaus. So lange, bis alle Angst vor dem Staat bekommen, der diese Privatzwergschule zweifellos bald kassieren wird.

Die größeren Schüler kriegen dagegen gleich nach zehn Minuten Film im Klassenzimmer eine denkwürdige Lektion:

Der sich wandelnde Begriff von »Zeit« in der Geschichte wird ihnen als eine endlose Blutwurst dargestellt, die ein junger neuer Lehrer (Jacques Denis) zum Anschauungsunterricht mitbringt. Unter dem Gejohle der perplexen Schüler läßt er die Blutwurst im Rhythmus eines Metronoms in Kleinteile zerhacken. »Vergessen Sie nie: Mein Vater war Metzger, meine Mutter eine Operettendiva.« Solche Lehrer hätten wir heute gern. Aber vielleicht gab es sie ja auch nie. So wie es 68 inzwischen ja auch nie wirklich gegeben hat, wenn man dem anschwellenden Jubiläumsgeschwafel in den deutschen Zeitungen glaubt. Heute verleugnen wir das 68, das es tatsächlich gab. Eine hellsichtige, die Verhältnisse richtig analysierende, weit vorausschauende und auch bereits tiefmelancholische Zeit – weil diese sogenannte 68er-Generation trotz allem Geschrei schon im Vollbewußtsein ihrer kommenden Niederlage kämpfte.

Heute gibt es, und es gab, scheinbar immer nur den Kapitalismus, jedoch in verschiedenen Formen sozusagen: in der Form vor 68 – und in der uns gut bekannten Form nach 68. Und in der noch viel besser bekannten Form nach 89 – und von nun an in Ewigkeit Amen. Aber jeder kämpfte schon 1976 dagegen, an seiner eigenen kleinen Front. »Der Kapitalismus hat die kleinen verschlungenen Wege der Zeit jedes einzelnen zur Zeitautobahn umgebaut«, sagt der Lehrer. Bald darauf ist auch er seinen Job los.

Folgender Dialog im Auto zwischen zwei der Hauptfiguren: »Sie sind nicht angeschnallt.« – »Sie auch nicht. Und Sie rauchen!« – »Ist das verboten?« – »Noch nicht. Aber nächstes Jahr.« – »Und dann?« – »Dann wird Radiohören im Auto verboten.« – »Und im Jahr danach?« – »Sprechen im Auto.« – »Und dann?« – »Träumen.« – »Und dann?« – »Dann kommt der Krieg oder der Faschismus.« 1976 – da war 1968 schon lange zu Ende, und alles, was nach 1976 kam, war damals offenbar schon vorhersehbar. Zumindest für Leute wie John Berger und Alain Tanner. Heute wird Tanner noch deutlicher – und wirkt dabei jünger als die meisten Filmhochschüler: »Wir befinden uns in einem allgemeinen System der Manipulation, und die Filmschaffenden sind mehrheitlich Komplizen dieses Systems.«

Jonas … – das ist von heute aus gesehen ein trauriger kleiner Film. Damals machte er im Moment des Verlassens des Kinos noch ein wenig optimistisch. Zumindest für den kleinen Jonas – den Jonas, der heute dreiunddreißig Jahre alt wäre.

Liebesbanalitäten

Mado von Claude Sautet, 1976

Zu Beginn des Films schläft Michel Piccoli mit der jungen Gelegenheitshure Mado, die ihren Job verloren hat. Der Sex zwischen den beiden ist nur in Großaufnahmen ihrer Gesichter gezeigt. Sie sehen sich an dabei. Sie scheinen sich unendlich sanft mit- und ineinander zu bewegen. Den Moment des Höhepunkts spielt Piccoli dann wie eine schmerzhafte Irritation, wie einen kleinen Stich ins Herz, dessen tödliche Langzeitwirkung ihm aber bewußt ist. Er liebt Mado nämlich und will sie nur für sich. Das will sie jedoch nicht zulassen. Als es dann Piccolis Bauunternehmergeschäft miserabel geht, da verschafft Mado ihm den Kontakt zu jenem Mann, der ihn vor dem Abgrund retten kann. Und damit geht das Drama erst richtig los …

Mado spielt 1976, während der ersten großen Wirtschaftskrise Europas nach dem Zweiten Weltkrieg. Der Film ist angelegt wie ein breites Gesellschaftsporträt, ein Fresko mit vielen Figuren. Es ist der politischste Film Claude Sautets. Gruppen junger Leute diskutieren da am Bistrotisch über ihre Zukunft: Soll man aufs Land ziehen? In der Stadt bleiben? Wie geht es den anderen, denen, die man kannte und die jetzt von der Entlassungswelle in die Armut gespült werden? Ottavia Piccolo spielt Mado. Damals war sie eine Jahrzehntentdeckung – seither hat sie sich im Kino rar gemacht.

In der Mitte des Films besucht Piccoli die alkoholkranke Schwester seines Geschäftspartners. Eine Sieben-Minuten-Szene mit Romy Schneider – ein frappierender Kurzauftritt. Sie ist schön wie nie zuvor und abgründig wie selten. Diese Szene läßt den Film endgültig in eine geradezu samtene Dunkelheit fallen, an deren Rand er bis dahin geschickt entlang balancierte. Nach dieser Szene weiß man schon, daß das alles gar nicht gut enden wird.

Mado ist eine seiner allerbesten Arbeiten, aber einer der wenigen Sautet-Filme, der kein Hit war. Er selbst haderte offenbar mit dem Film, fand ihn mißlungen, zu ambitioniert. Als er Ende der Neunziger begann, sein filmisches Erbe zu ordnen, schnitt er beinahe alle seine Filme im nachhinein noch mal um. *Mado* erwischte es am härtesten: Zehn Minuten flogen aus der ursprünglichen Kinofassung heraus. Die französische DVD von Studio Canal zeigt diese verstümmelte Version. Sie enthält ansonsten ein paar schöne Extras, schlaue Filmfranzosen erzählen mal wieder jede Menge schlaue Dinge über Sautet. Leider sind sowohl der Film wie auch die Extras nur in Französisch und ohne englische Untertitel (übrigens eine schrecklich bornierte Unterlassung fast aller französischen DVDs).

Überraschenderweise hat Universal in einer kleinen Romy-Schneider-Reihe ausgerechnet *Mado* zweisprachig und in der alten Verleihfassung herausgebracht. Die DVD enthält zwar ansonsten wirklich nur das Allernotwendigste, aber allein die Veröffentlichung dieser alten Schnittfassung ist geradezu ein Segen. Und bei Marketing-Film ist gerade *Max et les ferrailleurs (Das Mädchen und der Kommissar)* (zweisprachig, alte Schnittfassung) erschienen, in dem Sautet 1971 ebenfalls Piccoli und Schneider vor der Kamera vereinte.

Im Juni 2000 ist Claude Sautet gestorben. Inzwischen scheint sich immer deutlicher zu zeigen, was für ein Gigant des europäischen Films sich da verabschiedet hat. Zu Lebzeiten als Regisseur von »Liebesbanalitäten« unterschätzt, wirkt er jetzt wie einer der letzten großen lebensklugen Erfolgsregisseure des französischen Kinos. Es ist immer wieder bewundernswert anzusehen, was für grandiose tragische Figuren Sautet in seinen Alltagsszenarien zuläßt. Was für eine emotionale Intelligenz, was für ein Witz, was für sanfte, tiefe Leidenschaften, was für eine Dunkelheit! Philippe Sardes wie immer subtile und vielstimmige Musik, die Einfachheit der Kameraführung, das Zarte und Unspektakuläre der Sautetschen Inszenierung, das Labyrinth der Figuren..., und wieder fällt es einem wie Schuppen von den Augen: Mit dem Verlust dieser Art von Figuren hat das europäische Kino seine Stars und damit auch seinen Zugriff auf das Publikum verloren.

Der Rest des Autorenfilms – bei uns genauso wie in Frankreich – hat sich seither fast dramatisch verändert. Die Filme erheben sich inzwischen deutlich über ihre Figuren, von denen sie erzählen wollen. Es werden nur selten noch Menschen darin zugelassen, die dem Zuschauer solch eine Art tiefer Bekanntheit und Vertrauen einflößen wie bei Sautet und die gleichzeitig aber in ihrem Herzen weit größer, in ihrer Melancholie um vieles souveräner sein dürfen als unsereins. Warum nur? Ist es die Eitelkeit der Macher, die sich sicherer fühlen, wenn sie ihre Figurenerfindungen heute eher vorführen wie seltene Insektenexemplare unter einem Vergrößerungsglas?

Zuckerkristalle am Glasrand des Drinks

L'été meurtrier (Ein mörderischer Sommer) von Jean Becker, 1983

Absolute weibliche Weltbestleistung der Schauspielerei in den achtziger Jahren: Isabelle Adjani in *L'été meurtrier (Ein mörderischer Sommer)* von Regisseur Jean Becker (Sohn von Jacques Becker: *Le Trou [Das Loch]*) und von Autor Sébastien Japrisot (Romanvorlage und Drehbuch). Keine Frau war in dieser Zeit besser, mutiger, unberechenbarer, besessener und verquer-lebendiger als sie: Adjani, die Diva spielt Adjani, die sexy Dorfgöre, die nahe an der Idiotie angesiedelt scheint. Und die in Wirklichkeit nur ein verstörter Racheengel ist, deren Rache ohne ihr Wissen jedoch schon lange getan ist und deren Irrweg am Schluß noch eine völlig unsinnige tragische Tat heraufbeschwört. Altgriechische Story, ganz toll, keine Frage.

Japrisots faszinierende Identitätswechselgeschichten *(Mathilde – Eine große Liebe, Die Dame im Auto mit Brille und Gewehr)* sind in diesem Fall mal ganz nah an Simenon angesiedelt. Anfangs erscheint einem der Film als Liebeskomödie in der Provence, im klassischen Schnitt-Gegenschnitt-Verfahren vollkommen den brillanten Szenen und lustigen Dialogen hingegeben. Unfaßbar, heute noch mal zu sehen, was Adjani da spielte: die glubschäugige Comedy-Mimik über das Glas hinweg in der Tanzpause am Tresen zu Alain Souchon. »Was gibt's denn da zu glotzen?!« will sie sagen. Ihr permanentes absurdes Hinterngeschwenke in Hot Pants. Fünfzehn Minuten lang erzählt Souchon als Automechaniker mit dem Spitznamen »Pin Pon« zu Beginn schläfrig und nett aus dem Off. Der Inszenierungsstil Beckers ist entwaffnend unprätentiös, klassisch, es gibt keine einzige gewollt wirkende Einstellung. Aus der Schlichtheit der Regie, aus Delerues wunderbarer Jahrmarktsorgelmusik, aus dem unangestrengten Spiel all der anderen Schauspieler ragen Adjanis Körpereinsatz und ihre Manierismen heraus wie Zuckerkristalle aus hochprozentigem Alkohol, die sich bei einem Drink am Glasrand festsetzen. Als sie einmal auf Souchon wartet auf einer Bank vor seiner Werkstatt und er sie heimlich dabei anschaut, kommentiert er aus dem Off: »Sie saß da wie eine Puppe, die man in die Ecke gestellt hatte.« Brust raus, stocksteife Pose. Sexyness als satirische Komplettverkrampfung des Adjani-Körpers.

Manchmal, wenn Becker nicht weggeschnitten hat und lange auf ihr bleibt, dann sieht man für Sekunden den Apparat der großen Tragödin Adjani arbeiten. Man sieht sozusagen die einzelnen Schalt-Relais für die Herstellung der nächsten Emotion bei ihr aufblinken. Aber solchen Einblick kriegt man nur ganz selten in diesem Höllentrip, den sie da hinlegt.

Und der allerschönste Moment des ganzen Films: Adjani führt Souchon am Fenster ihres Mädchenzimmers alle Kleider vor, die sie zum Ausgehen besitzt. Souchon soll von der Straße hinter ihrem Elternhaus aus wählen, in welchem Kleid er sie am liebsten ins Restaurant ausführen will. Sie macht das selbstironisch, sinnlich, posierend, sehnsüchtig in der Nachmittagssonne. Im Restaurant selbst klappt sie dann nach zwei Gläsern Wein zusammen, heult nur noch, demonstriert nebenbei ihr Können im turboschnellen Kopfrechnen und beschimpft zickig den Kellner. Hysterie? Ein Fall für den Irrenarzt? Völlig egal, mit solchen Auftritten werden Männer wie der liebenswert melancholische Alain Souchon seit jeher einfach aufgewischt – jedenfalls wenn die Frau Adjani heißt.

Am Morgen danach kommt dann plötzlich jener berühmte Auftritt nach der ersten gemeinsamen Nacht mit Souchon in der Scheune der Eltern: wie Adjani da morgens auf den sonnenüberstrahlten Hof tritt, nackt auf den Kies pinkelt und dabei den Blick hält zur mißtrauisch starrenden Schwiegermutter in spe, die sie vom Haus aus beobachtet. Wie sie ihr drohend mit diesem Auftritt die Stirn bietet, da ahnt man schon, das kann alles nicht gutgehen: »Ich habe heute Nacht deinen Sohn erobert«, scheint sie zu sagen, »und ich werde ihn vernichten, und euch alle werde ich auch vernichten. Denn ihr habt meiner Familie etwas Entsetzliches angetan. Ihr werdet dafür bezahlen ...« Ab dieser Minute ist es vorbei mit der Komödie, und der Film betritt einen langen dunklen Tunnel bis zum Ende, an dem selbst der nette Alain Souchon gar nicht mehr nett ist.

Dieser bemerkenswert ungestylte Film noir, dieser in sengender Sonne der Provence spielende *Mörderische Sommer* hat immerhin vom Drehbuch fünf verschiedene Erzählerstimmen verpaßt bekommen und weist dadurch eine sehr komplexe Struktur und eine Länge von 125 Minuten auf. Und war dennoch der französische Hit des Jahres 1983.

Man muß sie sich wohl doch alle immer und immer wieder ansehen, diese französischen Thriller der Achtziger: Claude Millers *Das Verhör* und *Das Auge,* Claude Berris *Am Rande der Nacht,* Bob Swaims *La Balance,* Robin Davis' *Polizeikrieg,* Philippe Labros *Wespennest,* Alain Corneaus *Wahl der Waffen*, Maurice Pialats *Police* und den *Mörderischen Sommer* von Jean Becker.

All diese letzten großen Starkinoseufzer der Grande Nation des europäischen Films zeigen vor allem eins: daß es die Größe von Figuren ist, daß es ihre vitalen Dialoge, ihre starken Situationen und ihre unvergeßlichen Momente sind, die alles andere im Kino überleben.

Schlaumeiereien im Schützengraben

Un long dimanche de fiançailles (Mathilde – Eine große Liebe) von Jean-Pierre Jeunet, 2004

»Man muß das Licht filmen. Denn das Licht ist die Luft der Zeit.« Dieses in Stein gemeißelte Wort zum Kino an und für sich gab der große Jean Eustache in den Siebzigern von sich. Man kann sich diesen Satz sozusagen faustdick hinter die Ohren schreiben. Vornehmlich für Kostümfilme. Das Problem ist nur, daß die schöne neue digitalisierte Filmwelt das Licht und die Luft gar nicht mehr so wundervoll abbildet, wie es das Filmpositiv kann. Nur der fotochemische Entwicklungsprozeß bringt die Farben wirklich zum Leuchten, die Luft zum Brennen, das Licht zum Strahlen. Im modernen Digitalfilmbild (meistens direkt vom Negativ) erscheint alles weniger physisch, weniger materiell, weniger sinnlich. Noch schlimmer wird es, wenn man digitale Effekte aus dem Computer für den Film benötigt, wenn also die Bilder zusätzlich noch mal durch eine mehrfache Weichspülbehandlung gehen müssen.

Jeunet muß das irgendwie auch gemerkt haben und färbte vielleicht deshalb seinen Film letztendlich komplett in Gelb ein, denn sein Safran-Look wirkt auf mich eher wie eine Verzweiflungstat. Angeblich wollte er damit das Sepia alter Schwarzweißfotos imitieren. Und vielleicht hat das ja in der Kinokopie noch halbwegs funktioniert – auf der DVD sieht es eher aus wie das Delirium eines vollgedopten Tour-de-France-Fahrers im Gelben Trikot.

Man kommt ja auch ganz schön rum in Frankreich in diesem Film: Korsika, die Dordogne, die Schlachtfelder der Somme, die Bretagne. Und Jeunet baute Teile des Paris von 1920 digital noch mal liebevoll neu auf. Faszinierend ist, auf der Zusatz-DVD zu sehen, wie die einzelnen Schichten der

Totale eines Place de l'Opéra voll von Verkehr jeder Art entstanden. Aber Jeunets Paris sieht trotzdem eher so aus, wie sich heutige Politikergehirne und Erlebnis-Stadtplaner solche Weltstädte gerne vorstellen: Architektonisch beeindruckend, ab und an auch noch ein wenig gemütlich-pittoresk, vielleicht so ähnlich wie eine historische Musical-Kulisse mit Eiffelturm – »dieses verfluchte Stahlskelett!« nannte ihn Maupassant. Und vor allem sieht es picobello sauber aus. Les Halles zum Beispiel, wo Jodie Fosters tolle Episode beginnt, sind geradezu grotesk clean. Man sieht keinen Abfall, keinen Dreck, kein Fett auf dem Boden und auch kein gelebtes hartes Leben in den Gesichtern der Komparsen. Man sieht zwar förmlich die rührende Bemühung Jeunets, den verbrecherischen Abriß der Markthallen 1971 durch ihre Wiederauferstehung in seinem Film ein wenig wettzumachen. Aber es bleibt sterile Touristenfassade. Und der Gare d'Orsay besteht natürlich aus seiner tollen Stahlkonstruktion und aus Lokqualm – wirkt aber ansonsten so, als hätte ihn Bahnchef Mehdorn just vorher mit der Zunge blankgeleckt. Ganz Paris 1920 ohne Freiflächen, Ruinen, Trümmer, ohne bauliche Unregelmäßigkeiten, ohne verschobene Bordsteinniveaus, ohne Gras, das aus den Steinen bricht. Tom Tykwer wies für das eklatante Schmutzproblem im *Parfum* ja in den Schlußtiteln einen sogenannten »Dirt-Manager« aus. Aber Dreck im Film, optischer »Schmutz«, Körnigkeit etc., ganz genauso wie realer Dreck in der Dekoration, das ist eine schwierige Sache. Letztlich ist das Ganze wohl eher eine Frage der schmutzigen Mentalität des Regisseurs.

Jeunet klotzt sowieso gleich von Anfang an mit allen Neutronenwaffen, die das moderne Kinoerlebnis so unvergeßlich machen: Dolby-SR-Getöse und die Kamera als Flugwaffe eingesetzt, indiskret auf die Emotionen der Schauspieler zurasend wie ein Torpedo, das auf mögliche Gefühlswärme im Bild sofort reagiert; dazu pausenlose Digitalexplosionen in Schützengräben und erzählerische Schlaumeiereien aus dem Off. Was soll man sagen? Das ist halt magischer Realismus à la français im 21. Jahrhundert. Der einzige wahre »Dreck«, das einzig Authentische, Kaputte, das einzig Nicht-Prätentiöse in diesem Film – das ist das phantastische Labyrinth des Stoffs: *Un long dimanche de fiançailles* von Sébastien Japrisot (unter anderem *Ein mörderischer Sommer*). Und für Sekunden sieht man Leben auch in einigen Schauspielergesichtern aufleuchten. Bei André Dussolier, bei Denis Lavant, Dominique Pinon, bei Jodie Foster natürlich und manchmal sogar bei Audrey Tautou. Sie wirken dann in einem solchen Film mitunter wie Eingeborene, die aus einem echten, dunklen und schon weit versunkenen Frankreich vor eine moderne Kolonialherren-Kamera gezerrt wurden.

Einmal gibt es aber doch einen großartigen Moment in der erzählerischen Mechanistik von Jeunet: Als die einsame Mathilde sich erlaubt, abends im Bett vom Masseur ihres poliogelähmten Körpers zu träumen – da sagt die weibliche Erzählerstimme, daß Mathilde sich nämlich von ihrem geliebten Verlobten keine erotischen Vorstellungen mehr machen konnte seit dem Tag, an dem er als verschollen gemeldet wurde. Und dann sagt die Erzählerin: »Das ist eben so.« Ein schön gelassener Satz in einem französischen Film, der ansonsten mit seinen Instrumenten rasselt wie ein aufgezogener automatischer Affe.

Der Sachensucher
Ein Buch über Chris Marker

> »Das also war der Zweck der Experimente: Boten in die Zeit auszusenden, die die Vergangenheit und die Zukunft der Gegenwart zu Hilfe rufen sollten!«
> *(La jetée)*

Sein Name »Marker« ist hundertprozentig gefälscht – er ist ein erfundenes Detektiv-Pseudonym, seine wahre Biographie hüllt er in Schweigen –, sein Werk dagegen spricht Bände. Chris Marker mag eine Insel sein, aber sicher keine einsame, seine unzähligen Gedanken bevölkern flüsternd wie befreite Flaschengeister die Luft. Marker sprengt mit seinen Essayfilmen die spröde gewordenen Grenzen von Dokumentation und Fiktion. Man kann ihm darin beim Denken, beim schlafwandlerischen Verbinden von Ideen, Texten und Bildern zusehen. Manchmal erscheinen einem deshalb die Filme von Marker auch wie geträumte Dokumentationen, weil sie die Bilder der äußeren Wirklichkeit stets neu und mit unerwarteter Logik zusammensetzen. Die filmischste aller möglichen Bewegungen ist ja immer die der Reise, und Markers Filme sind wahrlich jedes Mal Reisen ins Unbekannte – sowohl geographisch als auch gedanklich.

> »Die Geschichte wirft ihre leeren Flaschen aus dem Fenster.«
> *(Sans soleil)*

Er erreicht dieses Jahr nun das magische Alter von 77, und er macht Filme seit dem Ende des Weltkriegs. Er hat anfangs gemeinsam mit Alain Resnais, auch mal mit Joris Ivens und mit anderen Berühmtheiten gearbeitet. Man widmet ihm inzwischen immer häufiger Retrospektiven in Filmmuseen, und er wird geachtet als einer der wenigen verbliebenen Universalkünstler und -köpfe unserer Zeit. »Man sollte die Sorbonne abreißen und Marker an ihre Stelle setzen«, meinte der Dichter Henri Michaux. Trotzdem ist Marker ein merkwürdig bekannter Unbekannter geblieben. Aber die unerbittlichen Wellen der Zeit, die über den meisten Werken des heutigen Kinos zusammenschwappen werden wie das biblische Rote Meer über den Streitwagen der Ägypter, dieselben Wellen werden Markers Arbeiten ans Ufer des nächsten Jahrtausends tragen. Diese tröstliche Perspektive beflügelt das Buch *Chris Marker, Filmessayist*, (hg. von Birgit Kämper und Thomas Tode, München: Institut Français/CICIM, 1997) auf hervorragende Weise jetzt schon: dem Thema angemessen ist es ein fettes Dreifachheft der Reihe geworden. Elf wirklich schlaue, amüsante und engagierte Texte über Marker zeigen und analysieren seine Vielschichtigkeit in vielen Facetten; mehrere Texte von Marker selbst sind erstmals hierfür übersetzt worden; das Bildmaterial im ganzen Band ist großzügig und präzise; die kommentierte Filmographie geht über 120 Seiten hinweg auf jeden einzelnen der vierzig Filme Markers ein, als letzten weist sie eine CD-Rom aus: *Immemory* von 1997. Marker macht nämlich keine Filme mehr. »Ein zweites Jahrhundert des Films wird es nicht mehr geben …«, glaubt er. Für das erste Jahrhundert der Kinematographie hat er ja auch schon einiges getan.

> »Andere Bilder erscheinen, vermischen sich in einem Museum, das vielleicht sein Gedächtnis ist …«
> *(La jetée)*

Der Film hat ihn vielleicht immer nur als eines von mehreren Instrumenten interessiert, der Welt zu Leibe zu rücken. Marker ist eigentlich kein Cineast, eher eine Art poetischer Wissenschaftler. Er ist ein mindestens ebenso starker Dichter der Sprache wie der Bilder, ein »Genie des Kommentars« (Resnais). Sein Hauptinteresse gilt der gnadenlosen Veränderung der Ideen und der Träume, wenn sie Vergangenheit werden, seine häufigsten Themen sind die private Erinnerung, die Identität und das kollektive Gedächtnis. Die Insel Marker entsteht sozusagen auf der Asche – Ablagerung, auf der erkalteten Lava der katastrophalsten Desillusionierung dieses Jahrhunderts – der Selbstdemontage des Kommunismus. Explizit geht er damit um in *Le joli mai* (*Der schöne Mai*, 1962) – *Le fond de l'air est rouge* (*Rot ist die blaue Luft*, 1977) – in den Reisefilmen *¡Cuba Sí!* (1961), *Lettre de Sibérie* (*Ein Brief aus Sibirien*, 1958) – und in den Filmen über den »letzten Bolschewiken« Medvedkin (1971 und 1993).

Sein Witz und seine genaue Beobachtung wollen dabei nicht über seine tiefe innere Beteiligung hinwegtäuschen. Auch in all seinen anderen Filmen ist gleichsam noch der Nachhall des gewaltigen Zerplatzens aller paradiesischen Hoffnungen für die europäischen Intellektuellen seiner Generation zu vernehmen. Wir lernen heute – 1997, erst sieben Jahre nach der Wende – ja schon wieder zügig, die Ideen des Herrn Marx von seinen ehemals real existierenden Vertretern genauestens zu unterscheiden. Aber die endlos langsame Explosion jener linken politischen Träume – beginnend bereits allmählich in den dreißiger Jahren, dann sozusagen fünfzig Jahre lang in Megazeitlupe zu beobachten wie die Explosion am Ende von Antonionis *Zabriskie Point* – diese Zersplitterung der einstmals großen Ideen in ihre Kleinstteile mitzuerleben, das hat auch bei Marker den gedanklichen Weg zum Strukturalismus geebnet, zu einer genaueren Wahrheitssuche als zuvor, und zwar in den zersprengtesten Atomen der Lebens- und Ideenmomente, in den Zeichen.

Im Film ist es die Suche nach Wahrheit oder Lüge der einzelnen Bilder und Töne. Der Teufel sitzt im Detail. Marker könnte hierbei Pippi Langstrumpfs selbstgewählte Berufsbezeichnung voll und ganz auf sich beziehen: »Sachensucher«. Und manchmal kommt ihm sogar in seinen eigenen Bildern der Zufall zu Hilfe, um anekdotisch zu erklären, was er selbst besser nicht hätte erfinden können: 1952 filmte Marker für seinen Olympiafilm in Helsinki einen jungen chilenischen Dressurreiter bei seinem Kampf um die Medaillen – es stellte sich heraus: es handelte sich um den späteren General Mendoza, der in den siebziger Jahren einer der schrecklichsten Totengräber der sozialistischen Hoffnung in Chile wurde. Markers Kommentar dazu: »Man weiß nie, was man filmt...«

Seine Filme zeigen eben auch nie, was sie offensichtlich zeigen, sondern sie versuchen, den Blick freizugeben auf tiefere Schichten hinter den Bildern. Sie lenken den Blick auf Vergangenheit und Zukunft, lassen sich nicht von der jeweiligen Gegenwart täuschen, und verschachteln alle Zeiten miteinander und ineinander wie russische Puppen. Welche Bilder sind echt? Welche gefälscht? Die Gefälschten sind vielleicht »echter« als die echten – Potemkinsche Dörfer, damit kennt er sich wahrhaftig aus. Und wie man einen Elefanten zum Tango-Tanzen kriegt.

Marker täuscht uns manchmal, um uns zu verblüffen. Wie ein Zauberer – wie die Pose von Orson Welles in *F for Fake*. Aber in Markers Filmen hören wir dabei sozusagen jenen Fluß der linearen Zeit und der Geschichte rauschen, der wie in einem undefinierbaren Halbdunkel unter unserer Welt unaufhörlich weiterfließt, und wir sehen ab und zu sogar die Oberfläche des Stroms selbst aufblitzen – wie den hellen Bauch eines überdimensionalen Meeres-Tieres im Mondschein...

> »Nichts unterscheidet Augenblicke, die in der Erinnerung haften bleiben, von den anderen. Erst später erkennt man sie daran, daß sie eine Narbe hinterlassen haben ...«
> *(La jetée)*

Das ist zwar oft wahr, stimmt aber nicht immer. Wir spüren manchmal sehr wohl, wenn die Gegenwart gerade im Begriff ist, einen Abdruck in unserer Seele zu hinterlassen, und wir zittern leise in diesen Momenten wie das letzte Laub im Herbst. Der zwangsläufigen Melancholie und der erkenntnisreichen Grausamkeit von Markers Themen steht die Fröhlichkeit seiner Neugierde und seine anrührende Suche nach Schönheit gegenüber. »Und er kann so zart wie eine Mandel im Inneren des Kerngehäuses sein«, sagte Agnès Varda mal über ihn. In *Le tombeau d'Alexandre (Der letzte Bolschewik)* wird der Film plötzlich durch ein »Zwischenspiel« unterbrochen, und wir sehen einige Minuten lang Katzen auf PCs und Synthesizern herumklettern. Darauf muß man bei ihm immer gefaßt sein: Katzen und Eulen bevölkern seine Filme wie Schutzgeister, Frauengesichter öffnen dem Betrachter das Herz und lösen die Sehnsucht nach Liebe aus, mitten im Film, wie ein Stich. In *Sans soleil – Unsichtbare Sonne* erzählt er, daß eine japanische Prinzessin eine Liste angelegt hatte, die hieß »Die Liste der Dinge, die das Herz höher schlagen lassen«. Bei Markers Filmen weiß ich stets, welche es sein werden, an die ich mich erinnere.

> »Ich denke an eine Welt, in der jedes Gedächtnis seine eigene Legende erfinden könnte.«
> *(Sans soleil)*

Das Licht ist die Luft der Zeit
Was war die Nouvelle Vague?

Filme – wie schaumgeboren aus dem Meer der überschwenglichen Wörter. Reden über Film war wichtiger als die Filme selbst. Rossellinis *Indien, Mutter Erde*: von Godard als »schön wie die Erschaffung der Welt« beschrieben. Worte, Worte, vorwärtsdrängend. Sprachwellen. Später, in den Musiken zu den Truffaut-Filmen findet sich der Moment des Rezitativs, ähnlich wie in Mozart-Opern. Streicher unterlegen die bekennerhaften Monologe der Hauptfiguren. Die ersten drei Sätze aus dem Off in *Jules et Jim*! In *L'homme qui aimait les femmes,* wenn Charles Denner seine Jugendliebe Leslie Caron wiedersieht! So wie das Cembalo die melodisch gesprochenen Zwischentexte von Lorenzo da Ponte begleitet. Erzählung wird in der Nouvelle Vague erst effektiv durch Sprache, Dialoge, Off-Texte, immer weiter … Diskurs um jeden Preis: Bazin-Diskurs, Godard-Diskurs, Liebes-Diskurs. Filme wie Teppiche, mehr aus Wörtern, aus Litaneien als aus Bildern genäht. Dieses anrührend bedingungslose Vertrauen, daß man Gefühle in Worten ausdrücken können sollte – und das Schweigen in Musik. Kein Hierarchiegeschwafel mehr von wegen »Kino ist Bild, und Dialog ist zweitrangig«. Beide, Wort und Bild, sind ebenso leidenschaftlich gefühlstaumelnd wie intellektuell funkelnd.

Und dann kam die zweite Nouvelle Vague, noch mal neu, noch mal ganz anders fordernd: der radikal verwundete Eustache, der sanfte Rozier, der Koloß Pialat. Zurück zu Lumière. »Man muß das Licht filmen – denn das Licht ist die Luft der Zeit!«

Konnte München ein Ort für die Nouvelle Vague sein? Darauf kam in den Siebzigern alles an. Reichlich spät schon, stimmt, ja. Die Straßen, die Parks, die Cafés, die Hauseingänge – das Reden über die Liebe filmen können wie in *La maman et la putain*, in den Altbauwohnungen, auf den weißen Wegen im nördlichen Teil des Englischen Gartens … Konnte der Schatten in den kleinen Straßen unserer kleinen Städte so fühlbar kühl sein wie in Paris? Nein, die Häuser waren zu niedrig für eine solche Temperatur der Schatten in Schwarzweiß. Nouvelle Vague war organisches Filmen. Wie Renoir, wie Rossellini. Aber früh war klar: »Das Kino hat sich unterwegs verloren«, sagte Eustache 1971.

Und es folgten dann die Tränen der Nouvelle Vague, die schwere Hypothek des Älterwerdens in der verfluchten Kino-Weltbranche. Es kam wie zum Trotz die totale Apotheose der Worte, der Briefroman als Film: *Les deux anglaises et le continent* – Truffauts schmerzlicher Mißerfolg, trotzdem vielleicht der schönste der späteren Filme. Eine Welle noch mal von Sprache und Gefühlen, alles gleichberechtigt nebeneinander, die Briefe, das Blut der Entjungferung Muriels, der Blick Léauds am Ende ins Spiegelbild einer Automobil-Fensterscheibe: »Ich sehe ja heute richtig alt aus«, murmelt er.

Sartre sprach mal höhnisch irgendwo vom »Mythos des Mythos«. So einen Doppelmythos haben wir heute im Film, den des Bildes nämlich, dieses Analphabeten-Primat der blitzblanken aktuellen Bildsprache, die das Kino beherrscht. Und die Wörter im Kino niederknüppelt mit Riefenstahl-Kameraquark. Alles, was wir heute so angestrengt vorgeben, nicht mehr über Filme zu wissen – all das nahm in der Nouvelle Vague seinen Ausgang. Worte, Orte, Körper. Frauenkörper, gefilmt wie Blumen im Halbschatten. Ob in Unterwäsche (wie Michèle Mercier in *Tirez sur le pianiste*) oder ganz nackt (vorzugsweise bei allen Regisseuren Bernadette Lafont). Und die Männer, gefilmt wie lachende, hungrige, zweifelnde junge Priester (Léaud, Charles Denner, später noch Depardieu). Dieser Chauvinismus – so unschuldig er sein mochte –

rächte sich dann doch: Am Ende hat sich trotz allem der Todfeind durchgesetzt. Das zu verachtende »Cinéma de Qualité« regiert wieder die Welt, die elende Literaturverfilmung, das öde, öde, öde Kino der gewichtigen Themen.

Weint um die Männer und Frauen der Nouvelle Vague.

FRANKREICH / MUSIK

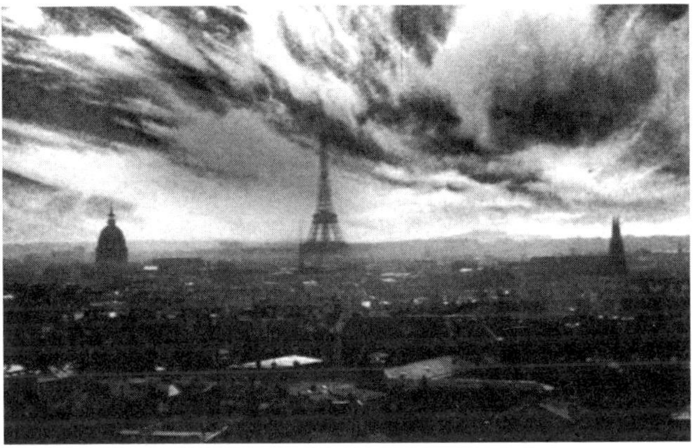

La jetée von Chris Marker © G.C.T.H.V./arte Video

Der Soundtrack eines künstlerischen Dramas

Die Filmmusiken von Alain Resnais

In Frankreich ist eine wunderbare CD mit den wichtigsten Musiken zu fast allen Spielfilmen von Alain Resnais erschienen. Sie liefert gleichsam den Soundtrack zu dem Weg, den dieser einzigartige Regisseur bis heute zurückgelegt hat. Was speziell seine Filmmusik angeht, so hat keiner den neuen atonalen Klängen, diesem wahren Sturm der Musikgeschichte des zwanzigsten Jahrhunderts von Schönberg und Webern bis zu Stockhausen und Henze so konsequent die Tür zum Kino geöffnet wie Resnais. Bei ihm spielt dabei sicherlich auch eine Rolle, daß die Kulturschergen der Nazis diese Musikrichtung als »entartet« gebrandmarkt hatten. Und ein so schlauer Kopf wie Resnais, der sich zu Beginn seiner Karriere stark mit dem Terror des Faschismus beschäftigt hatte *(Nacht und Nebel)*, wollte seinen Zuschauern vielleicht gleich von Haus aus musikalisch ganz anders begegnen, als es im Kino der pathetischen Klangsoßen sonst so üblich ist.

Die CD (Alain Resnais: *Portrait Musical*, Universal 5305243) beginnt dementsprechend mit Giovanni Fuscos sanften, aber zeitgemäßen Arrangements für *Hiroshima, mon amour* (1959). Eine Kammermusik, die so etwas wie eine vorbeiziehende Parade von gewitzten, atonalen Melodiesprüngen und rhythmischen Kaskaden vorführt, ein Potpourri der experimentellen europäischen Nachkriegsmusik. Ganz so, als hätte Resnais bei seinem ersten langen Film von Fusco schon gleich mal eine Art Gehirnreinigung für den Zuschauer bestellt. Der schnurgerade Pfad seiner Expeditionen in neue Kontinente des Kinos setzte sich dann fort mit *Letztes Jahr in Marienbad* und Francis Seyrigs düsterem Kirchenorgelwalzer; er drang weiter vor mit Hans Werner Henzes wirklich himmlischen Sopranarien für *Muriel oder Die Zeit der Wiederkehr*, denen dieser manchmal tolldreist abrupte Film im Grunde seine emotionale Tiefe verdankt.

Danach trafen in *Der Krieg ist vorbei* nochmals Fusco und Resnais aufeinander, und der Antonioni-Komponist variierte hier seine Anklänge an die Freiheitschöre des spanischen Untergrundkampfes gegen Franco sehr raffiniert bis hin zu subtilen Liebesgesängen. Resnais blieb davon offenbar eine Vorliebe für vokale Musik zurück: denn gleich als nächstes folgten Krzysztof Pendereckis unheimliche Halbtonchoräle für den Gehirnforscher-Erinnerungs-Thriller *Je t'aime, je t'aime*. Die Vorlage stammte von Jacques Sternberg, der dem Regisseur unendlich viele kleine Szenen als Fragmente geliefert hatte, die Resnais dann wie beliebige Versatzstücke ineinander montieren konnte, um das Rätsel der Lebensgeschichte seiner Hauptfigur (Claude Rich) in den Rückblenden eines Science-Fiction-Experiments aufzufächern wie ein ungeordnetes Kartenspiel. Und genauso verfuhr er auch mit Pendereckis Musik: Er orderte bei dem Komponisten quasi einen Bausatz von kurzen Chorstücken, die in jeder möglichen Richtung zueinander passen sollten.

Erst bei *Stavisky* (1974) änderte sich erstmals deutlich die modernistische Struktur der Resnaisschen Filmtöne. Der damals weltberühmte Regisseur versuchte bei dem Big-Budget-Film mit Belmondo die erwarteten Zuschauermassen nicht gleich mit allzu abstrakten Melodien aus dem Kino zu treiben. Die Musik, erzählt der Musicalkomponist Stephen Sondheim im Begleitheft zur CD, sollte die Brücke zum Publikum sein. Das gelang dem herrlich komplex erzählten Film zwar doch nicht so ganz, aber im Rückblick sind Erfolg oder Nichterfolg an der Kinokasse ja gottlob völlig egal. Und das hypnotische Titelthema, das aus nur wenigen Tönen besteht und das wie ein schönes kleines Boot auf den Wellen einer Dreißiger-Jahre-Tanzband zu schwimmen scheint, bewährt sich heute als eine der souveränsten Musiken, die Sondheim je geschrieben hat.

Resnais wollte ihn daraufhin auch gleich für seinen nächsten Film haben, *Providence*, ein privates Proustsches Drama mit englischsprachiger Starbesetzung: Sir John Gielgud, Dirk Bogarde, Ellen Burstyn, David Warner. Sondheim lehnte aber aus Termingründen bedauernd ab, und Resnais landete nun völlig überraschend bei dem damals schon recht ergrauten Hollywood-Großkomponisten Miklós Rózsa.

Das Ergebnis war phänomenal. Denn obwohl Rózsas pompös daherschreitendes Quintenthema ebenso gut den Triumphzug eines antiken römischen Feldherrn hätte illustrieren können, gibt es dem Film vom ersten Moment an eine schiere Kraft, einen extrem dramatischen, vorwärtsdrängenden und gleichzeitig trauernden Gestus. Im Grunde handelt es sich um die Vertonung der nächtlichen Gehirnströme eines alten, todkranken Trinkers und Dichterfürsten, der seine Familie, die ihm am nächsten Tag zum Geburtstag gratulieren wird, großenteils nicht ausstehen kann. Er phantasiert eine Nacht lang, in der er mit der Krankheit kämpft, seine Verwandten in ebenso sarkastische wie surreale Visionen hinein. Als die Todesdämmerung dieser Nacht vorbei ist, beginnt die Geburtstagsfeier in hellem Sonnenlicht, und alles und jeder scheint gänzlich anders zu sein, als es sich Gielgud in seinem schmerzvollen Suff zusammengebastelt hatte. Vielleicht ist *Providence* Resnais' allerschönster Film, basierend auf einem fabelhaften Drehbuch von David Mercer und auf Rózsas unvergeßlicher Musik!

Nach diesem grandiosen Höhepunkt folgte Arié Dzierlatkas feinnervige Kammermusik in dem filigranen Verhaltenswissenschaftlerfilm *Mon oncle d'Amérique*. Und 1983 fand *La vie est un roman* den Regisseur Resnais dann wieder als Zeremonienmeister sich gegenseitig durchdringender Zeitschleifen, und er war – wie immer in dieser Funktion – in Bestform. Er erzählte die Geschichte eines alten Landschlosses auf drei Ebenen durch die Jahrhunderte hindurch, und die Musik ist dementsprechend vielschichtig. Immer tiefer ging es jetzt hinein in den Resnaisschen Erzähldschungel: Verstörung packt einen noch heute bei dem einen Beispiel von Henzes 52 kurzen, dunklen Orchester-Intermezzi für das radikale, vielleicht letzte ganz große Highlight: *L'amour à mort.* Die Musik illustriert in diesem Film das schwarze Zwischenreich des Todes, und sie spricht dabei wie mit tausend Stimmen, sie vertont gleichsam die unglaublich differenzierte Sprache einer möglichen »anderen Seite«.

All die großen Zeitreisenden des Kinos – Alain Resnais, Nicolas Roeg, Orson Welles, Max Ophüls – mußten jeder im Lauf ihrer Karriere ja mächtig Federn lassen, weil sie von Haus aus die Filmindustrie und das große Publikum gegen sich hatten. Alle mußten sich mit ihren Budgets immer häufiger als extrem biegsam erweisen. (Alle außer Resnais' Mitstreiter Chris Marker, der seine Wunderwerke immer als kleine Homemovie-Essays produzierte und sich so seine Unabhängigkeit bewahrte.) Auch eine Ausnahmeerscheinung wie Resnais ging den Weg der Verkleinerung seiner Filmträume zwar widerstrebend, aber letztlich genötigt durch die schwindenden Gelder für seine Pläne zwangsläufig mit. Man kann nur ahnen, was für Meisterwerke uns entgangen sind mit all seinen geplatzten Projekten: etwa die großen Comic-Verfilmungen oder eine De-Sade-Biographie – *Erlöse uns vom Guten* mit Dirk Bogarde! Aber eben auch: Was für mögliche Musiken zu diesen Filmen werden wir nie zu hören kriegen!

Ab dem Beginn des Spätwerks mit dem brillanten *Smoking/No Smoking* heißt der heimliche Gott der Renaisschen Filmmusiken Maurice Ravel. Ein impressionistischer Salongeist schwebt über allen Kompositionen, ob sie von John Pattison oder von Bruno Fontaine stammen. Es liegt ein charmanter Duft über den Filmen, im Detail immer noch anspruchsvoll, aber für den Zuschauer nicht mehr sofort als abweisend und schwierig zu erkennen. Alles seit den Neunzigern klingt nach Operette, nach Konfekt mit minimalem Alkoholgehalt. Die elegante Komödie wird jetzt seine Domäne. Und bei Mark Snows Musik für *Cœurs (Herzen)* von 2006 kann man dann leider nicht ganz umhin festzustellen, daß dieser große Regisseur nun erstmals bei einer zwar geschmackvollen, aber stockkonventionellen Filmmusik angelangt ist, einer Musik, wie sie von jedem beliebigen begabten Filmkomponisten stammen könnte.

So wird auf dieser CD ungewollt auch das künstlerische Drama eines so grandiosen Regisseurs wie Alain Resnais, der einer der faszinierendsten Runderneuerer des Weltkinos war, gleich mit vertont.

Die Melodien eines Gesichts
Philippe Sardes Musiken für Claude Sautet

Die Musik beginnt erstmal ganz banal, ziemlich ähnlich wie der damals sehr aktuelle Riesenhit »Popcorn«, der angeblich alle so nervte. Und von dem man nicht zugeben durfte, daß er einem irgendwie doch gefiel. Tock-tock-tock, schwungvoll, nett, gutgelaunt. Und dann erhebt sich buchstäblich aus dieser leicht faden Synthesizersuppe eine Orchestermelodie, wie sie schöner nicht sein könnte. Drängt den Pop-Rhythmus beiseite. Diese Melodie ist eher eine Art Lied, von einem kleinen Orchester fast unisono gesungen. Ein Lied an die Freiheit in der Liebe, an die große Zärtlichkeit der Freiheit in der Liebe; und an die Tatsache, daß zwangsläufig immer einer leiden muß bei der großen Freiheit in der Liebe.

César et Rosalie heißt der Film. »Générique« nennen das die Franzosen, wenn sie das Hauptthema der Filmmusik unter den Titeln spielen. Im Bild sieht man dazu das azurblaue Negativbild eines Bootes, das ins offene Meer segelt. Niemand ist genau darauf zu erkennen. Die wunderbare Melodie endet dann in Moll, gleichzeitig kehrt der Pop-Rhythmus wieder und bekommt durch die liegengebliebene dunkle Harmonie des Orchesters einen eigenen Unterton. Fröhlich, trivial wirkt er zwar immer noch, aber so als habe sich in ein offenes jugendliches Gesicht eine erste Narbe eingegraben. Beide beziehen sich aufeinander – die Liebesmelodie und dieser Beat einer Strandparty längst vergangener Zeiten.

Und dann beginnt der Film: Ein Auto fährt unter einer Allee am Meer entlang. Sami Frey ist nach Frankreich zurückgekehrt, er besucht einen Maler-Freund am Atlantik. Dieser frühere Mann von Rosalie teilt Sami Frey mit, daß sie inzwischen mit einem anderen Mann zusammen in Paris lebt, einem Schrotthändler: Yves Montand, César. »Komischer Typ« – so wie man das damals sagte über einen, der vital und fröhlich ist, der vor Macho-Aktivität platzt und auch noch viel Geld verdient. Ein guter Kerl, bißchen laut halt. Aber seine ungehemmte Fröhlichkeit wird bald unter den Bann der melancholischen Melodie des Films geraten.

Ob Philipp Sarde an Romy Schneider dachte, als er diese Melodie komponierte? Keine andere der sehr vielen und sehr schönen Sarde-Melodien in Sautets Filmen scheint mir den Charakter des Gesichts dieser Frau eindrucksvoller zum Ausdruck zu bringen. Romy Schneiders Gesicht! Wenn sie ernst aussieht, dann verschleiert trotzdem eine große Milde das echte Dunkel in ihrer Biographie. Diese Sanftheit nahmen ihr die Frauenrechtlerinnen damals ja auch immer übel. Und wenn sie erst lacht! Dann liegen in der Sehnsucht und in dem Übermut um die Augen dennoch alle ihre Verletzungen und Verzweiflungen ganz offen nebeneinander. Zur Musik bei Sautet-Filmen kann man sich gleichsam Bilder von Samthandschuhen vorstellen, die über die Narben vergangener Leidenschaften gleiten. So als sei der Aufruhr, den es im Gefühlsleben manchmal gibt, stets auch schon Vergangenheit, Erinnerung. Sogar wenn es in Sautets Filmen mal rabiater zugeht – selten genug ist das ja der Fall –, dann liegt noch eine Patina aus langgezogenen Streicherakkorden über dem heftigeren Rhythmus der Musik. Es klingt dann sozusagen wie längst erkaltete Lava, in deren Formen aber die einstmals rotglühenden Magmaströme von Gefühl und Leidenschaft noch zu erahnen sind. Postkoital. Unendlich melancholisch.

Vier Jahre nach *César et Rosalie* spielte Romy Schneider im besten Sautet-Film *Mado* nur in einer Fünf-Minuten-Szene mit: eine Alkoholikerin, die Michel Piccoli, der sie seit langem mal wieder besucht, immer noch liebt. Da ist sie dann am Höhepunkt all ihres Könnens, all ihres Einfühlungsvermögens. Da kippt aber auch ihre Karriere vom Strahlenden ins faszinierend Dunkle. Und sie wird immer besser dabei.

Hier, als Rosalie, 1972, in diesem etwas heimtückisch heiteren Liebesspiel, da funkeln ihre Augen noch wie Sterne. Philippe Sarde erzählt im Booklet zur wunderschönen neuen CD mit seinen Sautet-Soundtracks (*Le Cinema de Claude Sautet*, Emarcy Rec. – Universal Vertrieb), wie der Meister die schwierigen Aufnahmen zur Titelmusik von *César et Rosalie* nur mit höchster Unduldsamkeit erlitt. Es war schwer und damals noch sehr ungewöhnlich, Orchester und Synthesizer auf diese Weise zu mixen und nach der zwanzigsten Overdub-Spur geriet Sautet außer sich: Er habe nun noch immer nicht einmal das Hauptthema seines Films gehört!

Romy kehrt am Ende von *César et Rosalie* überraschend zu den beiden Männern zurück. Oder doch nur zu César? Man weiß es nicht genau. Sami Frey schaut jedenfalls recht selbstlos gleich zu Yves Montand hinüber, wie der wohl auf ihre Rückkehr reagieren wird, und Montand starrt auf Rosalie am Gartentor mit offenem Mund wie auf ein Gespenst. Der Film bleibt dann im Gegenschnitt auf Romys unergründlichem Gesicht stehen, mit der Andeutung eines Lächelns. Und wieder hört man die Titelhymne im Abspann, deren sanfte Trauer dieses Mal nur leicht abgeschwächt wird durch begleitende Läufe auf einer Hammondorgel.

Diese besondere Orgel mit dem warmen, satten Klang und der Moog-Synthesizer im Popsound zu Beginn sind Instrumente, die in den Achtzigern schlagartig aus der Musikszene verschwanden. Und vielleicht ist es auch wegen der Verwendung dieser beiden so typischen Seventies-Klänge: die Musik zu *César et Rosalie* symbolisiert für mich jedenfalls unnachahmlich die Gemütsstimmung der frühen siebziger Jahre. Sie führt ins Herz einer Zeit, die so viele Versprechungen in petto zu haben schien wie kaum eine Zeit vor ihr. Darunter auch Versprechen über die Möglichkeiten zwischen Männern und Frauen. Und da kann Alice Schwarzer in ihrer ansonsten so klugen Romy-Schneider-Biographie noch so sehr darauf pochen, daß diese Art von französischen »Männer-Filmen« damals die vielfach beschworene »arme Romy« ausbeuteten: Diese Melodie erzählt zu diesem Gesicht auch noch eine ganz andere Wahrheit.

Unter der süßen Haut

Die Wahrheit des Gefühls – François Truffauts Komponisten

Intro:

Truffaut war der Regisseur der kurzen Wege. Der kurzen Wege zu unserem Herzen. Seinen Filmen war kaum eine Empfindung oder Stimmung des bürgerlichen mitteleuropäischen Individuums – das sich natürlich nach Erlösung durch Liebe sehnt – fremd. Von der gelösten Heiterkeit eines Sommertags über sämtliche denkbaren Variationen der Liebe, über die zerklüfteten Schluchten von Eifersucht, Haß und Rache bis hin zu den schattigen, monomanen Freuden der Todessehnsucht – Truffaut versuchte, all diese verstörenden, romantischen oder lebensfrohen Gefühle so einfach, so klar und so kurzweilig wie möglich nachempfinden zu lassen. Und dabei war er auch meistens erfolgreich.

Wie bei allen notorischen Charmeuren gibt es in Truffauts Filmen jedoch eine dunkle, getriebene Seite: einerseits die zutiefst depressive, hoffnungslose, manchmal todesnahe Aura. Andererseits die funkelnde Kälte aus präziser Berechnung und Ernüchterung, wie sie wahre Verführer stets umgibt. Um nämlich das Kino der »großen Emotionen« dem natürlichen Verfallsdatum seiner modischen Erzählgesten und Allüren zu entziehen – dazu ist ein Höchstmaß an Wahrhaftigkeit, Unmittelbarkeit, Unbestechlichkeit und an erzählerischer Ökonomie notwendig. Truffauts Filme erreichen noch heute ihr Ziel, uns an der Oberfläche flugs zu verzaubern. Das gelingt ihnen mit der wunderbaren emotionalen Intelligenz und dem warmen – nur gelegentlich abgrundtief sarkastischen – Humor ihres Autors, mit der Frische seiner Figuren und Themen. Aber unter ihrer süßen Haut trägt ein ausgeklügeltes System von Erzähltechniken zur Überzeugungskraft der Filme bei.

Diese emotionale »Maschinerie«, die Truffaut nur geringfügig variierte, besteht aus drei Grundelementen: Erstens aus dem treffenden Wort des gesprochenen Kommentars, der in fast jedem Film als Stimme eines Erzählers oder Briefschreibers vorkommt. Zweitens aus einer sehr stark rhythmisierten Bildsprache, die sich nur Zeit läßt für die Schönheit, für die Freuden und für die Trauer seiner Figuren, alles andere jedoch in pure dramaturgische Vorwärtsbewegung verwandelt: Kaum ein Bild steht mal für sich, alle Kamerapositionen sind gewissermaßen nur Zahlen einer großen Summe. Rein Dekoratives ist nicht gestattet. Weshalb man bei Truffaut kaum verbindende Landschaftstotalen und atmosphärische Stimmungen findet.

Und dann drittens: aus der Filmmusik. Die Musiken aus Truffauts Filmen zu hören, ist geradezu gleichbedeutend damit, die Filme wiederzusehen. Die Musiken sprechen die Emotionen seiner Filme gewissermaßen synchron mit. Sie folgen ganz und gar der Rhetorik des Erzählers Truffaut und verschaffen ihm den Raum, den er braucht. Denn Truffaut führte im Grunde dem Zuschauer einen endlosen Monolog des Autors vor, unter Zuhilfenahme all der »schönen Dinge« und der dunklen Dinge, die ihm gefallen, ihn gerührt oder ihn erschreckt haben mögen. Und die Musik wirkt dabei wie eine nie endende Untermalung des Monologs dieses Autors, der so sehr nach Liebe und Anerkennung strebte. Und danach, einen Dialog mit uns – seinen Zuschauern – zu führen.

Der Schnee der Gefühle

Georges Delerue – der Volkstümliche

Georges Delerue, der »Mann mit dem Gesicht eines altägyptischen Tempelwächters«, war der Komponist der Nouvelle

Vague. So wie Raoul Coutard und Néstor Almendros die Kameramänner dieser großen Aufbruchsbewegung waren. Er hat zwei Drittel der Truffautschen Filme vertont und hat ihnen damit Einheit und Farbe gegeben. Und er hat die stärkste Liebesmelodie der Filmgeschichte geschrieben – ausgerechnet nicht für einen Truffaut-Film, sondern für Godards *Le mépris (Verachtung).*

Delerue war zuständig für die helleren Farben in Truffauts Werk: Seine Streicherteppiche lassen die Oberflächen der Gefühle blitzen wie Schneekristalle in der Sonne, und mit seiner Musik kann er gewissermaßen als ein Führer ins Reich der erzählenden Zeichen seines Regisseurs dienen. Denn er beherrscht alle Register souverän und publikumsnah: die ganz große Sentimentalität *(Les deux anglaises et le continent* – ein Schaumbad der Liebesmelodien!), den überraschenden Gefühlsausbruch (»La rupture«, im selben Film), die Riten der Kinogefahr (*Auf Liebe und Tod* – und auch der Spannungsakkord am Beginn von *Les deux anglaises ...*), den triumphierenden, barocken Jubelchoral *(La nuit américaine [Die amerikanische Nacht]),* das Genre der französischen Walzer und Volksmusik (*Jules et Jim* etc.) – kurzum er beherrscht exakt alle Bausatzstücke der Filmsprache Truffauts.

Manche seiner Musiken könnte man problemlos von einem der Filme in den nächsten übertragen, und sie wären an der entsprechend gefühlvollen oder spannenden Stelle genauso dienlich. Delerue komponierte offenbar jede Emotion eines Films weitgehend autonom, als Einzelstück, und er entwickelte dabei zwar wundervolle musikalische Themen, aber er kombinierte kaum verschiedene Momente des Films in ein und demselben Musikablauf. Wechselt die Stimmung des Films, dann beginnt bei Delerue auch meist eine andere Musik – oder sie hört ganz auf. Diese Taktik widerspricht der klassischen, symphonischen Hollywood-Filmmusik, bei der ja jedes Bild und jeder Rhythmuswechsel des Films mitvertont wird. In dem Sinn ist Delerues Musikkonzept eine sehr späte, letzte Befreiung der Filmmusik vom Joch des Stummfilms, in dem der Pianist zum Schauspieler auf der Leinwand gewissermaßen musikalisch mit den Augen rollen mußte.

Delerues Vorgehensweise enthüllt auch Truffauts System der emotionalen Zeichen. Die Filme gehen von einem erzählerischen Punkt zum nächsten, und die Musik folgt oft dabei nicht so sehr den Personen auf der Leinwand, sondern eher der Ambition des Erzählers. Der auffallendste musikalische Grundgestus bei Truffaut/Delerue ist beispielsweise die Verbindung eines starken melancholischen oder freudigen Schlußakkords am Ende einer Melodie mit einer rhythmisch exakt dazu passenden Abblende im Bild. Diesen »Kapitelabschluß« gibt es in dutzend Variationen, am schönsten zu beobachten an einer Erzählfigur in der *Nuit américaine*: Nachdem Valentina Cortese verzweifelt über ihre vielfachen Verwechslungen von Schranktür und Zimmertür in Tränen ausbricht und ihr Partner sie schützend in die Arme nimmt, wirbelt plötzlich unerwartet hohe Emotionalität durch die Musik. Zwei Drittel des Bildes sind auf einmal verschwunden, zu sehen sind nur noch die beiden sich fest umarmenden Schauspieler. Die Musik treibt dazu ihrem Höhepunkt entgegen bis zum fast tragischen Schlußakkord, der stehen bleibt – mit einem kleinen Nachhall ins majestätische Schwarz der völligen Abblende hinein.

Aber der eigentliche musikalische Trick dabei ist, daß der Schlußakkord im Harmoniesystem der vorhergehenden Melodie als »unaufgelöste Tonart« daherkommt, das heißt, es fehlt dem Zuschauer – ohne daß er es genau benennen könnte – der wirklich befriedigende Abschluß in der Musik. Damit wird die Geschichte zwar zum kurzen Innehalten gebracht, aber die Konflikte werden durch diesen musikalischen Scheinschluß ganz und gar nicht beendet, im Gegenteil: der Film öffnet sich eher gespannt den Dingen, die noch kommen werden – »Bleiben Sie dran, es wird noch viel passieren!« In solchen Momenten ist das Duo Delerue-Truffaut in Reinkultur zu bestaunen wie ein genialisches, sich ergänzendes Herrendoppel.

Erstaunlich ist, wie sich die strenge Hermetik der drei letzten Filme Truffauts – *Die letzte Metro, Die Frau nebenan, Auf Liebe und Tod* – in der Musik Delerues widerspiegelt: Truffauts erzählerischer Minimalismus ist inzwischen so weit, daß er kaum noch Himmel und Luft in den Kameraeinstellungen seiner Filme vorkommen läßt, die Filme werden zu dramaturgisch genau kalkulierten Abläufen, die Reinheit des Drehbuchs geht ihm über alles, und daran entlang entwickelt sich auch relativ eng die Musik. Sie hat keine polyphone Freiheit mehr zum Film wie früher, sondern bleibt gewissermaßen monophon an der Geschichte kleben wie eine Fliege am Papier. Nur die Anfangs- und Schlußthemen hat Delerue noch ganz zur Verfügung: der wunderbare Walzerjubel am Ende von *Dernier métro* erhebt sich fast trotzig, als habe Delerue nun endlich für einen Moment wieder Platz und könne noch mal aufatmen.

Bei diesem Stück erinnert seine Musik auch zum letzten Mal an jene Zeiten, in denen über das Drehbuchdiktat hinaus die Freiheit der Improvisation alle Filme mit einem ganz anderen Windhauch ausgestattet hatte: von der großen stürmischen Freiheit des Neorealismus der Nachkriegszeit war nämlich durch die Vermittlung der Nouvelle Vague immerhin ein letztes Gesäusel in die sechziger und siebziger Jahre gerettet worden. Während dieser Epoche – von *Jules et Jim* oder *Tirez sur le pianiste* bis zur *Nuit américaine* – konnte Delerue auch am heftigsten an seinem volkstümlichen Musikkarussell drehen: der »Cancan« und »Vacances« aus *Jules et*

Jim, die Titelmelodie vom *Pianisten*, die diversen Akkordeon-Walzer aus *Une belle fille comme moi* und der *Nuit américaine* – Delerue schafft stets mit Leichtigkeit den absoluten Ohrwurm.

Wenn man diesen Musetteklängen zuhört, meint man schon Gauloises-Zigaretten und Rotwein zu schmecken, aber in diesen scheinbar trivialen Musiken ist auch noch etwas ganz Anderes, Seltenes: Delerue beherrscht nämlich auch das zutiefst »Heitere«! Darin war er unter Truffauts Komponisten nun wirklich der einzige. Und auch wenn die Fröhlichkeit im Titel von *Vivement dimanche!* unter dem Gang von Fanny Ardant noch mal anklingen mag: Da ist es schon ein deutliches Selbstzitat des Regisseurs, ist genauso Vergangenheit wie das Schwarzweiß dieses letzten Films. Die leichtsinnige Rhythmik der Titelmusik ist zwar eigentümlicherweise die gleiche wie die in Maurice Le Roux' Musik zu Truffauts allererstem schwarzweißem Kurzfilm von 1959: *Les mistons*. Aber die wahre Heiterkeit ist aus Truffauts Filmen 1983 längst verschwunden wie das Lächeln aus einem Gesicht.

Die Farbe des Silberschmucks
Antoine Duhamel – der Feine

Duhamel komponierte nur für drei Filme Truffauts die Musik: *Baisers volés (Geraubte Küsse), La sirène du Mississippi (Das Geheimnis der falschen Braut)* und *Domicile conjugal (Tisch und Bett).* Warum er später mit Truffaut nicht mehr arbeitete, ist mir nicht bekannt. Denn Duhamel erscheint musikalisch als der Feinste und Dynamischste im Quartett der großen Filmkomponisten bei Truffaut.

Seine Melodien sind sehr zart gesponnen, seine Instrumentierungen sind durchsichtig und transparent. Bei ihm ist alles ausgearbeitet und sanft verziert wie Silberschmuck. Es gibt keine Streicherteppiche, er begräbt keine vielschichtigere Emotion unter einem eindeutigen Arrangement. Selbst wenn er rabiater werden muß wie bei den Actionsequenzen der *Falschen Braut*, in denen die Streichakkorde klopfen und jagen wie einige Jahre später in der legendären Musik des *Weißen Hai* – selbst dann wird er nie aufdringlich oder imposant.

La sirène du Mississippi beginnt mit einer der besten und temporeichsten Musiksequenzen bei Truffaut. Zunächst liegt ein drohender langer Streicherakkord über einer Vielzahl von gemurmelten Bekanntschaftsanzeigen – dem drohenden Akkord von Delerue zwei Jahre darauf zu Beginn der *Les deux anglaises* sehr ähnlich –, und dieser Ton wird gehalten, noch über die Informationen zum Schauplatz der Geschichte hinweg, der Insel Réunion im Indischen Ozean. Nach diesem kurzen erzählerischen Prolog aber – eher ein Exkurs – explodiert der Film plötzlich im Sonnenlicht der afrikanischen Insel mit einem hüpfenden, extrem dynamischen Rhythmus von Pizzicatos und Harfen. Wobei das Bild in ungewöhnlichen Sprüngen, in Jumpcuts hinten aus dem offenen Auto heraus, Belmondos Sekretär bei seiner Fahrt über die Insel begleitet. Und zwar so lange, bis er bei der Villa seines Chefs angelangt ist und endlich der Star den Film betritt. Das Tempo der Musik beeinflußt hier direkt das Tempo der Fahrt: Die Geschwindigkeit des Wagens ist manchmal optisch sehr langsam, Schnitt und Musik beschleunigen jedoch enorm und sorgen für einen gleichermaßen geheimnisvollen wie zügigen Beginn des Films.

Auch Duhamels Musik ist von Truffaut zeichenhaft verwendet, als Bausatz der verschiedenen Gefühle eines Films. Zum Beispiel für Dynamik: »Il a dit monsieur« in *Baisers volés* – pures, rabiates Tempo, überstürzter Aufbruch. Oder für Tragik und Verfolgung: dafür finden sich in *La sirène du*

Mississippi sehr eindeutige musikalische Verweise auf Bernard Herrmann und Hitchcock. Übrigens handelt es sich hier um den seltenen Fall eines Liebesfilms ohne eigentliche Liebesmelodie – vielleicht liegt ja hierin einer der möglichen Gründe für den kommerziellen Mißerfolg des Films?

Dafür gibt es dann in einem ganz anderen Film eine grandiose »Sirenen«-Liebesmusik: das »Mme. Tabard«-Thema in *Baisers volés* – ein langgezogener, sanfter Melodiebogen, zunächst von einem magisch verhallten Sopran gesungen, dann in vielen Terzen von den Instrumenten herzbewegend übernommen ... ein Liebesthema, das in einer Komödie beinahe unterzugehen droht.

Bei den Duhamel-Musiken wird aber neben dem Bausatzprinzip noch eine andere Maxime Truffauts deutlich: daß man einen Liebesfilm wie einen Thriller machen muß – und eine Komödie wie einen Liebesfilm. Die Genres mixen, der Oberfläche Tiefe geben, dem Amüsement Dunkelheit hinzufügen, der Leidenschaft Komik, der puren dramatischen Tragik immer noch direkte menschliche Nähe schenken – so wird jedes Gefühl mit seinem Spiegelbild konfrontiert.

Die Filme Truffaut-Duhamels fallen in die Zeit der größten erzählerischen Risiken und der heftigsten Suche des Regisseurs: die Zeit von *La mariée était en noir (Die Braut trug schwarz)* bis zu *Domicile conjugal*. Der Regisseur hatte nach den großartigen Anfangserfolgen in gewisser Weise seine Unschuld verloren und suchte nun nach einer Ausweitung seiner Themen und Erzähltechniken – *La sirène ...* war leider ein geradezu katastrophaler kommerzieller Mißerfolg, und Truffaut haßte Probleme und Mißerfolge. Hat er deshalb mit Duhamel später nur noch an *Domicile conjugal* gearbeitet? Spürte er vielleicht, daß in Duhamels Arrangements und Melodien das Volkstümliche der Musik Delerues fehlte, daß er – so filigran und einfühlsam diese Musik auch war – mit

Duhamel nicht so großen Erfolg haben konnte auf dem weiteren Weg in die Herzen der Zuschauer?

Ein Regisseur dieser Klasse und dieser gedanklichen Größe wie Truffaut läßt natürlich verschiedene Experimente, Richtungen, auch Menschen, die ihm begegnen, mit denen er arbeitet, zwangsläufig auf seinem Weg hinter sich. Aber kaum einer der Meisterregisseure war auf diesem Weg so um Kontinuität bemüht wie Truffaut. Er war ja ohnehin der Meinung, daß die besten Regisseure im Grunde immer wieder ein und denselben Film machen. Also war er auch recht anhänglich und konsequent in der Auswahl der Mitarbeiter, mit denen er seinen Weg bestritt. Ebenso wie er um Kontinuität der Themen und der erzählerischen Mittel bemüht war.

Was auch immer der Grund war, daß sie später nicht mehr zusammenarbeiteten: Antoine Duhamel hatte dem Universum Truffauts eine sehr eigene Farbe gegeben – die Farbe des Komplex-Melodischen, des feiner Gesponnenen, den Klang des zart Modernistischen –, und diese Art der Begleitmusik verschwand auch konsequenterweise mit Duhamels Musik nicht vollständig aus dem Werk Truffauts: Sie wurde später von der posthumen Verwendung der Musiken des verstorbenen Komponisten Maurice Jaubert übernommen.

Gruß nach Hollywood

Bernard Herrmann – der Große

Die mentale Karriere Truffauts, die Biographie seiner Ideen, nimmt äußerlich betrachtet einen zwiespältigen Weg: vom Konventionsverachter zum radikalen Jungfilmer, vom umjubelten Kunstfilmer über den Erfolgsregisseur zum konservativen Verfechter einer statischen Kinokultur wie etwa den Filmen Marcel Pagnols aus den dreißiger Jahren. Der böse Vorwurf Godards, »Truffaut will nur in die Académie française aufgenommen werden«, ist – auf die Entwicklung seiner Filme bezogen – nicht vollkommen falsch. Ebenso richtig ist übrigens auch gewiß der Anwurf Rossellinis an die gesamte Nouvelle Vague, ihre Vertreter filmten nur noch das »individuelle Fantasma«, sie hätten die einstigen Ideale des Realismus und der Freiheit verraten.

Truffauts frühe Liebe zum amerikanischen Kino hat seine Filme nicht nur positiv beeinflußt. Diese Zuneigung lebt sich in den Verfilmungen von amerikanischen Kriminalromanen am stärksten aus. Im Lauf seiner Karriere wird Truffaut zwar immer französischer, aber nach seinem stürmischen Beginn kommt er den amerikanischen Vorbildern – Hitchcock vor allem – sehr nahe, umkreist sie wie ein Satellit.

Bernard Herrmanns Musik, dessen Einfluß auf die Filmmusik der Gegenwart man nicht hoch genug bewerten kann, kommt einem immer wie eine Reise in die Finsternis der amerikanischen Seele vor. Bei Herrmann ist es so, daß die aufregendste Dynamik seiner Musik in der Verlagerung der Erzählung von Ort zu Ort zu finden ist, in der Reise oder der Verfolgung. Diese filmischen Grundbewegungen sind bei ihm ein einziges, sanftes rhythmisches Fließen: bei Truffaut das Hauptthema in *Fahrenheit 451* und die fatale Todesreise der Julie Kohler in *La mariée*– bei Hitchcock die Verfolgungen in *Vertigo*. Das sind Fahrten in die Dunkelheit, einen schwarzen Fluß hinunter – und die Figuren sind dabei ihrem Schicksal derart ausgeliefert, daß die Musik keinerlei Hast nötig hat. Ihre Triolen und Arpeggien hüpfen unbeeindruckt wie glucksendes Wasser vor sich hin, die Streicher- und Bläserarrangements im Hintergrund kommen und gehen wie unheilverkündende Windböen und entwickeln eine immense Bedrohlichkeit. Die Personen werden in diesen Fahrbewegungen zu Phantomen – eigentlich verwandelt Herrmanns Musik alle Filme zu Gespenstererzählungen.

Truffauts Arbeit mit Bernard Herrmann begann exakt in dem Augenblick, als dessen Zusammenarbeit mit Hitchcock endete. Und er verwendete Herrmanns Musik nicht zufällig in den einzigen Filmen seines Werks, in denen die Helden als scheinbar leblose Wesen auftreten, von einer komplett fixen Idee besessen, fast wie Untote wirken: der Feuerwehrmann Oscar Werner und der Todesengel Jeanne Moreau.

Herrmann stammt aus einer ganz anderen Welt als Truffaut, aus der Welt des barocken amerikanischen Schockkinos. Seine Arrangements haben stets etwas zutiefst Beunruhigendes, auch wenn sie scheinbar gelassen dahinsegeln. Liebesszenen, Momente von Idyllen klingen bei ihm melodisch oft derart süßlich, daß man den Gefühlen, die sie begleiten, keine großen Chancen geben sollte – denn die Finsternis wartet schon. Durch die eifrige Verwendung brachialer Tonsprünge erreicht er Schockeffekte wie vor ihm kaum ein anderer Filmkomponist. Den überwältigenden Eindruck des Themas von *Cape Fear* (J. Lee Thompson) macht beispielsweise der sogenannte »Tritonus« aus, eine verminderte Quint zwischen zwei Tönen, der sogenannte »Teufelssprung« in der Harmonielehre. Und der fahrende Feuerwehrwagen in *Fahrenheit* wird von einer rabiaten Streicherrhythmik begleitet, die ein erheblich schnelleres Gefühl vermittelt, als es der Wagen und die Bilder allein suggerieren würden.

Herrmanns Musik hat zumeist einen symphonischen, grandiosen Charakter – nicht nur in den lauten Momenten, sondern gerade auch in den leisen Sequenzen. Dann säuselt das Monster, das das Orchester bei ihm sein kann, geradezu scheinheilig, als bereite es sich im stillen schon auf die nächste Attacke vor.

Die Zusammenarbeit mit diesem wahren Strawinsky der Filmmusik ist bei Truffaut auch ein eindeutiges Zitat, ein Hinweis auf die Liebe zu Hitchcock. Der Kinowahn Truffauts entsprach einer Radikalität seiner Jugend. Derselbe Wahn droht beim erwachsenen Mann zwar ab und zu wie ein bewußtes Spiel zu wirken, aber die Bilder Truffauts stehen andererseits in einem wohlkalkulierten Mißverhältnis zur Musik Bernard Herrmanns, vor allem in *La mariée était en noir*.

Herrmann verwendet natürlich auch – wie Delerue oder Duhamel – unterschiedliche Themen, aber er komponiert viel mehr einen gesamten Score. Und diese Vorgehensweise reibt sich deutlich mit Truffauts Erzählmethoden, jedoch auf eine sehr spannende Weise. Herrmanns Musik entspringt ganz und gar dem industriellen Hollywoodsystem. Er ist Genre-Musiker, der die erzählerischen Gesetze des Thrillers, was Tempo, Spannung, Klimax angeht, erfüllt. Jede Kamerafahrt sollte zu dieser Art von Filmmusik möglichst präzise passen, jede Inszenierung sollte genau getimed sein.

La mariée était en noir hat aber sehr wohl wacklige, zarte Kamerabewegungen von Raoul Coutard und geradezu überlange Pausen in der Inszenierung. Ein gewisser Realismus, eine schöne, poetische Ungeradheit in den Mitteln herrscht dann vor – und zwar meist in den Momenten, in denen Herrmanns Musik schweigt. Wenn sie dann aber wiederkommt, dann vermittelt sie einen um so effektiveren erzählerischen Eindruck: Sie treibt im Eiltempo die Geschichte vorwärts, ist in ihren Absichten sofort präsent.

Diese Uneinheitlichkeit, Diskontinuität, Heterogenität der Mittel innerhalb einer Erzählung gibt einem Film ja auch eine Art von Freiheit. Sie erlöst die Hermetik der kohlrabenschwarzen amerikanischen Erzählungen von Cornell Woolrich und Ray Bradbury ein wenig, läßt Luft in die Enge der unbarmherzig vorwärts schreitenden Dramaturgie – was erneut auf Truffauts Prinzip der Gegensätze hinweist. Aber Herrmanns Musik bleibt in Truffauts Universum trotzdem nur ein Äquivalent zu seiner Raffinesse bei der Adaption der beiden Romane *La mariée était en noir* und *Fahrenheit 451*. Sie bleibt eine Fußnote, eine Grußadresse Truffauts nach Hollywood – sie wird keine wirklich originäre Kraft in seinen Filmen.

Die Sonne der Toten
Maurice Jaubert – der Frühvollendete

Einen Toten als Komplizen und Mitarbeiter zu haben, muß ein merkwürdiges Gefühl sein. Vier Filme hat Truffaut von Maurice Jaubert vertonen lassen, und es sind vier seiner besten in den letzten Jahren seines Lebens: *L'histoire d'Adèle H. (Die Geschichte der Adèle H.), L'argent de poche (Taschengeld), L'homme qui aimait les femmes (Der Mann, der die Frauen liebte)* und *La chambre verte (Das grüne Zimmer)*.

Jauberts Musik hört sich eigentlich stets an wie die eines musikalisch unbekümmerten, genialischen Autodidakten. Sie kann gewaltig sentimental sein (*14 Juillet* von René Clair), sehr populär (*L'Atalante* von Jean Vigo), auch sehr direkt in ihrer Emotion, teils modern, teils archaisch und stets für eine Überraschung gut in ihrer manchmal fast primitivistischen Quinten-Harmonik. In Truffauts Filmen klingt Jaubert sowohl festlich-barock und gravitätisch wie bei einem Staatsbegräbnis *(La chambre verte)* als auch lachend und fröhlich – wenn in *L'argent de poche* beispielsweise minutenlang Dutzende von Kindern die Treppen einer Kleinstadt hinunterlaufen wie purzelnde Glasmurmeln. Kurz: Man kann also über Jauberts Musik lauter Dinge sagen, die man ebenso über Truffauts Filme sagen könnte.

Maurice Jaubert starb im Zweiten Weltkrieg, im Alter von vierzig Jahren. Neben der posthumen Verwendung seiner Musik setzte Truffaut ihm ein kleines Denkmal in *La cham-*

bre verte: im Tempel der unzähligen geliebten Toten, die Julien Davenne (von Truffaut selbst gespielt) in einer eigens angemieteten Kapelle verehrt, befindet sich auch ein Bild von Maurice Jaubert: »Ich hatte ihn fast völlig vergessen. Aber als ich eines Tages im Radio ein Stück von ihm hörte, da merkte ich, daß seine Musik voller Klarheit und Sonne die beste ist, um die Erinnerung an all diese Verstorbenen zu begleiten«, sagt Davenne alias Truffaut über den Komponisten Jaubert.

Jauberts Musik ist gewissermaßen zweidimensional. Sie hat trotz all ihrer verschiedenartigen Melodien einen sehr kindlichen Grundcharakter, sie ist pure Freude an der Musik. Sie funktioniert auf der rein zeitlichen Ebene, das heißt im ständigen, phantasievollen Fortschreiten von Rhythmen und Melodien. Niemals breitet sie sich im Raum aus, nie erschafft sie einen Ton, der nur Stimmung wäre. Niemals bleibt in ihr die Zeit stehen. Ganz so wie in Truffauts Filmen. Auch dort folgt Emotion auf Emotion, Dramaturgie auf Dramaturgie. Nie steht ein Moment so unendlich lang wie etwa bei Antonioni, nie verläßt der Regisseur vollständig die Erzählung und geht an die Peripherie der Dinge, um von dort das Geschehen in der Mitte des Films wieder zu beeinflussen.

Bei Truffaut gibt es klare Hierarchien: Hauptsachen und Nebensachen, Anfang, Mitte und Ende des Films. Wo eine Einstellung bei ihm mal länger dauert, da dauert eben eine Tätigkeit der Hauptfigur etwas länger, und wir müssen dabei zusehen, weil Truffaut meint, der Film brauche jetzt mal eine kleine Atempause. Diese Pause ist ein rein rhythmisches Kalkül. Für einen Augenblick gibt Truffaut gewissermaßen den Film frei, so als ließe er einen Hund kurz von der Leine. Den nächsten Schnitt hat er aber dabei meistens schon im Sinn. Auch bei Truffaut kann man als Zuschauer natürlich ganz und gar den Kopf verlieren, aber stets verliert man sich dann in dramaturgischen Momenten, in Momenten der stürmischen Emotionen, ab und zu sogar in gut ersonnenen Ausschmückungen wie den Vorspännen. Niemals aber verliert man sich bei ihm in Momenten des reinen Seins, des Stillstands, denn stets bleibt der Erzähler im Vordergrund.

Diese Rastlosigkeit des Erzählens ist Truffauts Hauptmerkmal – für keinen Moment gibt er die Kontrolle aus der Hand. Seine Filme sind im Grunde gar nicht physisch, sondern bleiben zweidimensionales Erleben des Herzens und des Kopfes. Rührend imaginäre Liebesakte. Wie die Vorstellungen eines extrem schüchternen jungen Mannes vom Leben, das sich vor seinem Fenster abspielt. Es ist die ewige Kindheit und Pubertät, die aus seinen Filmen spricht. Stärker präsent werden Stimmungen bei ihm nur in den Filmen, in denen er aus der Perspektive von Kindern erzählt – nur da kann man die Sonne manchmal spüren, den Regen, die Kälte der Mauern und den Schatten.

Dies mag damit zusammenhängen, daß Kinder eine Raumvorstellung haben, die in ihrer Zweidimensionalität mit Truffauts Inszenierung übereinstimmt. Die Welt der Erwachsenen erfaßt er in ihren dramaturgischen Abläufen und in ihren emotionalen Fieberkurven – nicht in ihrer räumlichen Ausdehnung. Das zeigt sich am stärksten in der kontrastarmen Raumausleuchtung der letzten Filme, die keinerlei Ablenkung von der reinen Erzählung mehr zuläßt. Also ist die Musik eines Mannes, der nicht alt geworden ist, eine konsequente Wahl für Truffaut und seine Filme.

Truffaut schwankt oft zwischen cinephiler Gefallsucht und echter Gefühlswucht. Das ist ein Prozeß, der sich in der Entwicklung seiner Illustrationsmusiken ebenso stark widerspiegelt wie in der Entwicklung seiner Erzählung mit der Kamera. Aber Begriffe wie »Eklektizist« oder »Epigone« greifen bei ihm gottlob dann doch nicht: Seine schönsten Momente erreicht er eben gerade dann, wenn die Filme konkrete Lebenserfahrung wiedergeben. Auch wenn es dabei um ganz und gar bürgerliche Gefühlswelten und Sehnsüchte geht, so geschieht das doch stets originell und radikal. In solchen Augenblicken verschließen sich seine Filme nicht mehr in ihr ästhetisches oder erzählerisches System, sondern bleiben offen für das Leben. Dabei werden die Filme dann für Momente heterogen, vital und völlig antiperfekt!

Eins haben die beiden Komponisten Georges Delerue und Maurice Jaubert gemeinsam, nämlich die schon erwähnte grandiose Abblenden- und Schlußakkordkultur. Aber Jauberts »Chaconne« in *L'homme qui aimait les femmes* demonstriert dabei eine zutiefst berührende Variante dieses Elements: die tief melancholische, fast sakrale Melodie Jauberts untermalt einen Monolog, in dem der Hauptdarsteller sehr gefaßt und ohne jedes Selbstmitleid seine brennenden Gefühle ausspricht. Dieser sehr zügig und trocken gesprochene Monolog wird allmählich zu einem bewegenden Rezitativ, das sich unaufhaltsam steigert, gemeinsam mit der tragischen Musik, die die innere Leidenschaft der scheinbar distanziert sprechenden Person immer stärker unterstützt, und die mit ansteigenden Moll-Akkorden eine Zentrifuge der entschlossenen Monomanie des Redners zu erwecken scheint – um dann schließlich in einem Dur-Akkord zu enden, der die Person endlich zum Schweigen bringt wie in einer großen emotionalen Erschöpfung. Aber dieser Dur-Akkord könnte auch der Tod sein. Und der Tod kommt – wenn er so klingt – wie eine Erlösung.

ITALIEN

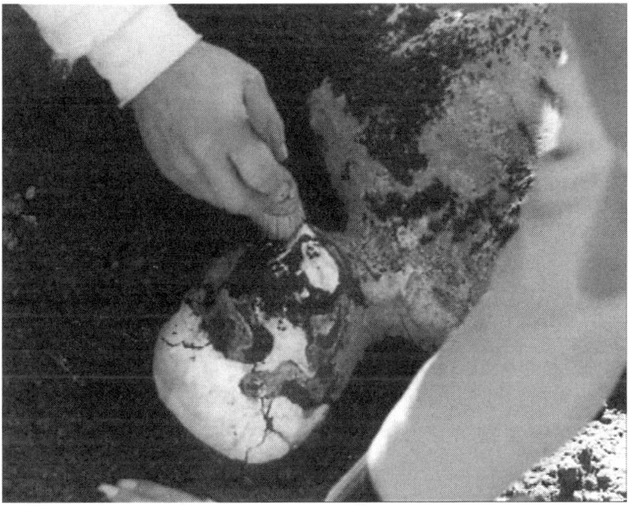

Viaggio in Italia von Roberto Rossellini © Koch Media

Wie inszeniert man Goldfische in einem Glas?
Die Kunst des Roberto Rossellini

Das Gleiten der Boote durch das Schilf in der Lagunen-Episode von *Paisà*. Die wenigen Worte dazu. Nur O-Ton. Der Wind. Die Rufe. Das Wasser. Dann nach der Schießerei in der Nacht unvermittelt das schreiende Kind in der Dämmerung vor der Hütte seiner ermordeten Familie. Am Ende sparen die Deutschen sogar ihre Munition und werfen die Partisanen einfach gefesselt in den winterlichen Fluß. Der Kommentar sagt dazu: »Als der Frühling kam, war der Krieg zu Ende.« Selbst Howard Hawks hätte diese gut zwanzig Minuten Film mit einer solchen lakonischen Eleganz der Aktionen und Bewegungen im Bild nicht überbieten können. Kein Meter Schiene, fast nur feste Einstellungen, chaotische Drehbedingungen, Laiendarsteller – viel besser kann man nicht filmen.

Roberto Rossellini, ein absoluter Chefdirigent der Umsetzung von Gefühlen in Orte. Knapper, härter als später Michelangelo Antonioni. Die Pompeji-Sequenz in *Viaggio in Italia (Reise in Italien)*: Als Ingrid Bergmans Erschütterung über die Ausgrabung jenes Paares aus versteinerter Asche hinüberschwappt in die Bilder des zerfallenen antiken Geländes. Kurz davor haben sie und George Sanders die Scheidung beschlossen. Sie will nur weg von den beiden verkrümmten Mumien, die sich im Leben vor 2000 Jahren vielleicht geliebt haben. Jede zerbrochene Säule, die aus der Wüste der versunkenen Stadt ragt, scheint ihr zu sagen: »Es ist zu Ende« – ihre Ehe ist vorbei. Renzo Rossellinis Musik begleitet die ganze Sequenz unheilverkündend, archaisch – aber am Schluß des langen Bogens wendet sich die Melodie überraschend hoffnungsvoll in Dur. Als der englische Weltstar George Sanders gerade nach dieser Szene wütend abreisen wollte, weil

Roberto Rossellini sich offenbar mehr für Pompeji und die Exponate dort begeisterte als für die Figuren seines Films, da versuchte der Regisseur ihn zu beruhigen: Warum er sich denn so aufrege, schlimmstenfalls käme bei alldem doch nur ein weiterer schlechter Film heraus? Und die genialen Musiken seines Bruders Renzo verspottete Rossellini öffentlich, indem er mehrfach sagte, es sei ihm lieber, wenn Renzo in seinen Filmen Musik machte anstatt bei ihm zu Hause. Und bereits sehr früh in seiner Karriere sagte er: »Ich liebe das Kino nicht.«

Der Thunfischfang in *Stromboli*. Der dressierte Affe in *Indien, Mutter Erde*. Die Begegnung mit dem Aussätzigen in *Franziskus, der Gaukler Gottes*. Das Schlußbekenntnis Vittorio Gassmans in *Schwarze Seele*. Nüchtern und pathetisch und zärtlich gleichermaßen. Er liebe das Kino nicht, sagte Rossellini Anfang der Sechziger dann immer lauter und öfter. Weder den kommerziellen Betrieb noch die lächerlichen Absichten der Filmkünstler. Den Glamour mochte er dagegen zunächst ganz gern – später aber auch nicht mehr. Er liebte die Kamera als Instrument zur Wahrheitsfindung, aber er verachtete den 16-Millimeter-Fetischismus der Jungstars der Sechziger. Den Zoom schätzte er sowohl als Skalpell für gewisse Szenen wie auch als Gerät zum Ertasten der Oberfläche der Welt. Später entwickelte er eine eigene Fernbedienung dafür, so daß er den Einsatz des Zooms – den man heutzutage im Film vollkommen verschmäht – unabhängig vom Kameramann selbst steuern konnte.

Achtzig Prozent des Werks von Rossellini sind momentan auf Video und DVD nicht zugänglich und vermodern in den Kellern der TV-Konzerne. So bestraft die Bilderindustrie ihre Dissidenten. Vielleicht war es auch so, daß Rossellini ahnte, daß das Kino zunächst mal ihn nicht mehr liebte und er dieser Absage wie ein stolzer Ex-Liebhaber zuvorkommen wollte, indem er sich ab 1962 dem historischen Schulfilm zuwandte.

Auch dann gibt es dieses seltsam versöhnliche Bild der Filmgeschichte, das man nicht mehr los wird, wenn man den Neorealismus für die Wiege des bestmöglichen Kinos hält (solange er bitte nicht aus Filmen besteht, in denen Silvana Mangano halbnackt in Reisfeldern rumstapft): Anfang der Vierziger in einem Gang des römischen »Centro sperimentale«, jener Filmschule, die der Sohn Mussolinis gegründet hatte, sitzt Roberto Rossellini – in den Dreißigern eher als römischer Playboy, reicher Erbe und Autorennfahrer bekannt – und versucht, Goldfische in einem kleinen Becken zu inszenieren für eine »fantasia sottomarina«, einen seiner ersten Filme. Und die Kamera dazu bedient der sehr junge Mario Bava, der spätere Herr der Finsternis des italienischen Horrorfilms der Sechziger. Ausgerechnet! Jener große »Mr. Neorealismus« und der spätere »Maestro di Maccabre« zusammen bei der Arbeit! *Viaggio in Italia* meets *Planet der Vampire* sozusagen, und die zwei Antipoden basteln einträchtig daran herum, ein paar Goldfische dazu zu bringen, das zu tun, was sie sich vorgestellt haben. Dieser Moment selbstvergessener Filmarbeit legt eine Sekunde lang ein ungewohnt warmes Licht über die grausamen Ambivalenzen der Filmgeschichte.

Die Freuden des italodynamischen Erzählens

Der Clan, der seine Feinde lebendig einmauert von Damiano Damiani, 1971

Ein grandioser Regieeinfall: Zwei Staatsdiener (Franco Nero als Staatsanwalt und Martin Balsam als Polizist) brüllen sich in der Gebirgswüste Siziliens an. Sie haben sich an einem sicheren Ort getroffen, um sich Verdächtigungen an den Kopf zu werfen. Sie halten sich beide gegenseitig für korrupt und für Günstlinge der Mafia. Keiner glaubt dem anderen, sie trennen sich unversöhnt. Beide steigen vor Wut versehentlich ins Auto des anderen. Die Kamera zieht auf, und wir sehen, daß sie einen sehr ähnlichen Kleinwagentyp fahren, beide schwarz. Sie bemerken den Irrtum gleichzeitig, steigen wieder aus, und jeder geht schweigend und trotzig am anderen vorbei zu seinem richtigen Auto. Diese Idee erzählt natürlich, daß sie eigentlich aus dem gleichen Schrot und Korn gemacht und beide alles andere als bestechlich sind. Am Ende des Films werden sie einander als einzige noch vertrauen können in der zersetzenden Atmosphäre, die die Machenschaften der Camorra über ein ganzes Land legt.

Damiano Damiani hat in der Italowestern-Ära angefangen, in den Sechzigern, in jener wahnsinnigen Zeit des italienischen Thrillers, dessen Schätze bis heute noch nicht alle gehoben sind. Die internationale Filmwelt starrte damals noch gebannt auf die Kardinäle des Neorealismus, während eine neue Generation von italienischen Regisseuren ein Feuerwerk von frivolen, bösartigen, ideenreichen, gewalttätigen, erotischen und hemmungslos spekulativen Genrefilmen abschoß: Sergio Leone, Mario Bava, Dario Argento und eben Damiani, der bis in die Achtziger hinein nahezu en bloc ein Dutzend großer Werke drehte. Filme wie *Der Tag der Eule (Il giorno della civetta)* und *Ich habe Angst (Io ho paura)*, die nur mit den Politthrillern von Francesco Rosi zu vergleichen sind. Rosi ist dabei aber formal ordentlicher, kontrollierter, gibt sich seriöser und inhaltlich gewichtiger. Damiani dagegen ist wilder, hemmungsloser und ungeduldiger.

Der Clan, der seine Feinde lebendig einmauert (Confessione di un commissario di polizia al procuratore della repubblica) von 1971 ist einer der besten Mafiafilme überhaupt, und Franco Nero erzählt in seinem Bonus-Interview stolz gleich zu Anfang, daß kein anderer italienischer Film jemals international so gut verkauft wurde. Der enorme Erfolg gerade dieses Films muß mit den fabelhaften Schauspielern, mit dem unverwechselbar italodynamischen Erzählstil, mit der förmlich spürbaren Wut des Regisseurs auf die verdorbene Führungsschicht seines Landes und vor allem mit der wirklich atemberaubenden Geschichte zu tun haben.

Die Story einer langen Rache zündet nach etwa vierzig tempogeladenen Minuten mit der erwähnten Schlüsselszene im Gebirge quasi noch mal einen inneren Turbo: In einer völlig überraschenden Rückblende werden die wahren Hintergründe des fatalen Massakers zu Beginn des Films, das einem verbrecherischen Baulöwen galt, geklärt. Mehr darf man nicht erzählen, denn wer den Film nicht gesehen hat, soll seine Freude haben an einigen verblüffenden Wendungen, Charakterisierungen und erzählerischen Kunstgriffen.

Martin Balsam kann man in seiner Darstellung des Polizisten nicht genug rühmen. Er wurde erst im letzten Moment besetzt und kam quasi vom Flieger aus den USA sofort vor die Kamera. Er spielt einen bitteren, integren Bullen, der ebenso hartgesotten charmant wie böse seinen einmal als richtig erkannten Weg zu Ende geht. Franco Nero läßt im Gegensatz dazu in einer toll diszipliniert eisigen Darstellung des Staatsanwalts lange Zeit Raum für Vermutungen und Verdächtigungen aller Art an seiner Person. Aber nur so lange, bis man seine ganze, fast zerstörerische Leidenschaft fürs Gesetz zu spüren kriegt.

In jedem guten Italo-Thriller offenbart sich in der Musik und in den Frauenfiguren das eigentliche Herz der Filme: Riz Ortolani hat hier den berühmtesten seiner hypnotischen Soundtracks komponiert. Und es gibt konsequenterweise nur eine einzige Frau in diesem Film über eine idiotische, verkommene Männergesellschaft: die vergessene Marilù Tolo. Sie spielt die Schwester des Mörders, die ihren Bruder vor Jahren aus Liebe an den Baulöwen verraten hat, der ihn in ein Irrenhaus hat stecken lassen. Dort ist der Bruder tatsächlich verrückt geworden und will sich jetzt rächen. Die Schwester ist eine tragische Figur, die anfangs nur schemenhaft auftaucht und fast wie ein Gespenst wirkt. Sie versteckt sich immer noch aus Scham vor ihrem Bruder – und vor sich selbst, vor ihrer Sehnsucht nach jenem Mann, der sie vor Jahren so schlimm benutzt hat. Als sie endlich von Balsam gefunden wird und ihren Ex-Liebhaber und all seine Komplizen ans Messer liefert, da läßt sie sich zum Schluß der Prozedur noch einmal das Bild des Mannes zeigen, den sie mal geliebt hat. Schnitt auf das Bild des Baulöwen mit der brutalen, attraktiven Fresse. Gegenschnitt auf ihr zutiefst verletztes, wunderschönes schmales Gesicht, wie sie ihn lange ansieht. Dann steht sie auf und geht. Keine Musik. Keine Zufahrt. Ende der Szene. So viele Untiefen der Seele sang- und klanglos in einen einzigen profanen Schnitt-Gegenschnitt zu legen – das macht heute so keiner mehr.

Prag in Trauer

***Malastrana* von Aldo Lado, 1971**

Es fehlen einem wirklich allmählich die Worte für all die Wunder des »Giallo«. Immer mehr Geheimnisse dieser schier unerschöpflichen italienischen Genre-Explosion aus den Sechzigern und Siebzigern kommen auf DVD zum Vorschein. Bei der unermüdlichen Firma Koch Media ist ein jahrzehntelanger Geheimtipp erschienen: *Malastrana*, der bekannteste Film des weithin unbekannten Regisseurs Aldo Lado. Mit Jean Sorel, einer blutjungen Barbara Bach, mit Ingrid Thulin und Mario Adorf.

Die Moldau trägt Trauer. Es ist Sommer 1971. Seit Monaten werden in Prag die Leichen junger Mädchen im Fluß gefunden. Der Film beginnt mit einem Sanitätswagen, der durch die Stadt rast. Darin liegt ein klinisch Toter, der jedoch nicht erkaltet und nicht in Leichenstarre übergeht. Denn er ist nicht wirklich tot, kann sich jedoch nicht bewegen. Er blickt die erstaunten Ärzte, die sich über ihn beugen, aus versteinerten Augen an und fleht stumm, daß sie ihm eine Chance geben mögen. Und in Rückblenden versucht er sich zu erinnern, wie er in diese Lage kam. Er ist ein ausländischer Journalist, der auf der – absolut wundervoll gefilmten – Suche nach seiner verschwundenen jungen Freundin an eine wahnwitzige, geheime Sekte geraten ist. Prag zeigt von Anfang an seine allerbeste Seite und trägt sein jahrhundertealtes, geheimnisvolles Flair wie einen dunklen Schleier, der mit dem maroden und schon recht löchrigen Devisensozialismus der Siebziger ganz hervorragend zusammengeht. Die Mitglieder der Sekte sind wahrscheinlich alle ungefähr so alt wie die Stadt selbst und saugen in regelmäßigen Orgien die frische Lebenskraft junger Frauen förmlich in sich hinein. Der ganz junge Jürgen Drews darf einmal nachts auf einer Brücke vor

Hippie-Touristen laut und verzweifelt ein (gar nicht mal so schlechtes) englisches Gitarrenständchen singen. Auf all die »Schmetterlinge, die nicht fliegen dürfen«. Die Schmetterlinge sind nämlich das Symbol der Opfer in diesem Krieg, den hier die Alten gegen die Jungen führen. (»Es gibt Sekten wie unsere auf der ganzen Welt!«)

Für die verbotene Entdeckung der unfaßbaren Wahrheit wird der Journalist Jean Sorel dann von den ewigen Greisen mit einer Art Todesserum bestraft. Allerdings wirkt dieses Serum offenbar nur ein paar Tage lang. Sorel wird aber nicht so zügig – eben lebendig – begraben, wie es seine Mörder erhofft hatten. Und deshalb ist dann der Schluß, als seine vermeintliche Leiche zur Sektion vor Studenten und Schaulustigen in der Universität ausliegt, subtilster Horror der Sonderklasse.

Man möchte täglich eine Kerze dafür aufstellen, daß die herrlich schmutzigen Phantasien all dieser Filme – bitte, bitte – vor jedwedem Kanongeschwafel der Filmgeschichtsverwalter geschützt bleiben mögen.

Der letzte Tango in Westberlin

Kleinhoff Hotel von Carlo Lizzani, 1977

Hier ist ein vergessener italienischer Film zum aktuellen Gedenkthema »Dreißig Jahre deutscher Herbst«. Ein Film, der sich unseriös und spekulativ, mit Sex und Crime der inneren Wahrheit des deutschen Terrorismus zu nähern versucht: Westberlin, 1977. Ein junges französisches Ehepaar löst seine Kurzzeitresidenz in Berlin auf. Der Mann, ein Architekt, muß zu einem Projekt nach Afrika, die beiden wollen sich bald zu Hause in Paris treffen. Sie lieben sich offenbar sehr. Warum bleibt dann aber die kleine Geste derartig stark in Erinnerung, mit der die Frau – Corinne Cléry – in der zweiten Einstellung des Films den Springbrunnen der gemieteten Villa abstellt? So, als wüßte sie bereits, daß sie bald einem anderen möglichen Leben begegnen wird.

Sie trennen sich in Tegel. Aber die Frau verpaßt ihren Aufruf nach Paris, weil sie dem Flugzeug ihres Mannes zu lange nachsieht. Ihr ganzes Gepäck ist bereits weg. Sie muß eine zusätzliche Nacht bleiben. Sie will zunächst ins Kempinski – da gehört sie auch hin, so wie sie aussieht –, entscheidet sich dann aber plötzlich für das altmodische »Hotel Kleinhoff« in einer Ku'damm-Seitenstraße (das Hotel gibt es dort mit einem anderen Namen immer noch). Sie will ein bestimmtes Zimmer, mit einem bestimmten Blick auf die Straße. Sie war offenbar schon mal dort, denn als sie den Raum betritt, sehen wir plötzlich Rückblenden ihrer Liebe mit einem anderen Mann. Oder sind es Vorausblenden auf das, was kommen wird?

Das Hotel ist so morsch wie der uniformierte Portier vor seinem Schlüsselbrett aus den Fünfzigern. Die Frau entdeckt eine Ritze in der Tür, durch die sie ihren Nachbarn beobachten kann: Es ist Bruce Robinson aus Truffauts *Geschichte der*

Adèle H. Er spielt einen auf seinen Einsatz wartenden deutschen Terroristen. Und er spielt seine Rolle so, wie Helmut Berger sie bei Visconti gespielt hätte – etwas übertrieben impulsiv, exaltiert selbstmitleidig, aber darunter kalt und einsam. So, wie die siebziger Jahre eben in Wirklichkeit waren. Peter Kern sagt zu Cléry später, Robinson gehöre zu einer deutschen »Stadt-Guerrilla-Bewegung«. Gemeint ist natürlich die RAF.

Kern ist eine zynische Figur und hat nur eine, dafür sehr gute Dialogszene: Er lebt als Westberliner Journalist gut von diffamierenden Artikeln über die jungen Terroristen. In Wirklichkeit bewundert er sie aber und empfindet ihre politische Bewegung gegen die Erben Nazideutschlands als völlig im Recht. Ein heimlicher, ein verlogener Sympathisant also. Seine harsche Meinung zum angeblich so freien Westdeutschland korrespondiert mit einer ziemlich tollen Szene, in der Katja Rupé auf einer Polizeistation lachend die KZ-Wächterinnen der Drogenfahndung anschreit: Sie müsse nicht untersucht werden, denn sie nehme sowieso alle Drogen, die sie kriegen kann, damit sie nicht so wird wie die anderen Leute in diesem Scheißland! Sie sieht dabei aus wie die großen Bühnendamen der Berliner Zwanziger, und sie lacht so breit mit knallrotem Mund wie einstmals Lotte Lenya.

Bruce Robinson wartet in dem Hotel, um einen vermeintlichen Verräter seiner Gruppe zu ermorden. Aber nach dem ersten schiefgegangenen Versuch in Kreuzberg stattet ihm der Verräter (Michele Placido!) seinerseits eine Visite ab. Er ist kein Verräter – die Polizei hat es nach einer Verhaftung nur so aussehen lassen, um ihn als Lockvogel zu benutzen. Im Wissen, daß seine Ex-Freunde kommen werden, um sich an ihm zu rächen. Placido hat sein Todesurteil aber seltsamerweise trotz seiner Unschuld akzeptiert und wartet nun in einer Art selbstgewählter Schicksalsberufung auf seinen Mörder.

Ganz schön starke Konstellation ist das, wie in einem Roman von Joseph Conrad. Eine faszinierende Szene zwischen den beiden Männern, die – die inzwischen von Robinson ziemlich erotisierte – Corinne Cléry durch die Hotelzimmerritze mitkriegt. Robinson ist verzweifelt über all die verlorenen Illusionen und Freundschaften in der Gruppe. Und der, den er ermorden soll, verläßt den Raum und sagt wie tröstend zu ihm: »Ich warte auf dich.« So wie in diesem Film war es natürlich alles nicht. Und so gut sahen sie im Untergrund auch nicht mehr aus wie hier Placido und Robinson (und der schon halb vergessene Werner Pochath in einem kleinen Auftritt). Und trotzdem fängt Carlo Lizzani in dem widersprüchlichen Fieber dieses Films etwas ein, was er manchmal erwischt – und manchmal wieder verliert.

Die Wahrheit liegt in dieser höchst künstlichen Kammerspielsituation, so wie sie in der Schlitteninschrift »Rosebud« in der Schneekugel *Citizen Kanes* gefangen lag. Dieser kleine Film versteht in gewisser Weise mehr vom Thema RAF als die stupende Ignoranz unseres aktuellen Blicks darauf: Als 2002 auf der Berlinale lauthals über Christopher Roths *Baader* gezetert wurde, da beschlich einen erstmals das Gefühl, daß es nun in Deutschland nicht mehr möglich sein könnte, einen »inoffiziellen«, einen Anti-Konsens-Film über die RAF zu drehen.

Frau Röhl keift inzwischen alles nieder, was den Namen ihrer Mutter nur in den Mund nimmt, und in großen Tageszeitungen ist zu lesen, es sei »heute nur noch schwer zu begreifen, daß es in den siebziger Jahren so viele Sympathisanten der RAF gegeben hat«. Wie bitte? Wo waren die alle? Der westdeutsche Staat verschonte die Funktionärskarrieren seiner Altnazis, und die Väter führten ab den Endfünfzigern Krieg gegen ihre Kinder – lange vor der RAF. Schon vergessen? Ich hatte – wie viele andere auch – einen Freund, der im

Untergrund verschwand. Und die Zurückgebliebenen waren zwar alle nur Sympathisanten der Sympathisanten, wir waren alle sozusagen Corinne Cléry – aber jeder wußte trotzdem ganz genau, was letztlich zu was geführt hatte.

Die Wahrheit lag dann in der Einsamkeit des Kampfes damals, in der Paranoia und in der Klaustrophobie, die in diesem Film sichtbar »wie Ratten im toten Herzen« des Terroristen Robinson hausen. Der kann – nachdem die Situation sich zugespitzt hat – noch einmal für ein paar Stunden mit Cléry, die ihn vor der Polizei schützt, wirklich Atem schöpfen. Und wie er aus dem eisigen Alptraum seiner Existenz kurz auftaucht, sehnt er sich nach einem neuen Leben. Als er kurz nach der heftigsten Sexszene zwischen ihnen, bei der er wie ein Kind weint, im Radio hört, daß die Polizei die Parallelspur von den Mördern Aldo Moros zu den deutschen Entführern von Schleyer aufgedeckt hat, da weiß er, daß er für immer in der Falle sitzen wird. Er schneidet sich mit der Scherbe einer Weinflasche die Pulsadern auf und verblutet neben der schlafenden Cléry.

Wie sie den Toten neben sich entdeckt, das sehen wir gar nicht. Wir sehen sie leise und traurig in einem Stuhl gegenüber dem Bett sitzen und auf den Leichnam starren, dann das Zimmer verlassen; die Kamera fährt zur Ritze in der Trenntür; und wir sehen sie sich im Nebenzimmer anziehen und mit dem Taxi zum Flughafen fahren. Ja, die Musik könnte besser sein (dabei hatten sie damals in Italien doch Komponisten wie Morricone, Ortolani, Donaggio). Ja, die Liebesszenen wirken etwas uninspiriert trotz der exquisiten Schönheit der Protagonisten. Aber der Film hat dafür Katja Rupé, die einen schauspielerisch und erotisch unglaublich starken Eindruck hinterläßt und Cléry mit ihrer Sekretärinnen-Opfer-Ausstrahlung in den Schatten stellt. Und der Film hat vor allem den Raum, dieses Hotelzimmer in Ku'damm-

Nähe als Bühne. Er hat das Westberlin von damals als Kulisse, mit dem herrlich grauen Charlottenburg und dem wundervoll kaputten Kreuzberg 36. Die Stadt zeigt sich hier noch in jener ehrlichen Häßlichkeit, die ihr so unwiederbringlich gut stand.

Zu sehen gibt's ja jetzt auch bald die Aust-Eichinger-Version von alledem. Und den RAF-Kanon-Film, der dann dabei herauskommen wird, werden die nächsten Generationen im Geschichtsunterricht vorgeführt bekommen. Deshalb sei vorher noch schnell darauf hingewiesen, daß es hier ein unbekanntes schmutziges Siebziger-Jahre-Werk für Erwachsene gibt, das durch eine Westberliner Hotelzimmerritze den bislang interessantesten Blick auf die bleierne Zeit anbietet.

Das Lächeln des Krokodils

Viva David Hess!

David Hess, ein hispanisch aussehender amerikanischer Hüne mit dem breiten Lächeln eines Krokodils galt ein paar italienische Filme lang in den Siebzigern als Inbegriff perfider Gewalttätigkeit. Zwei Filme ragen dabei heraus wie das World Trade Center aus der Siebziger-Jahre-Skyline Manhattans: die letztendlich überraschend subtile Gewaltstudie *Das Haus am Ende der Straße (La casa sperduta nel parco)* von Ruggero Deodato (sein berüchtigster Film: *Cannibal Holocaust*), in der David Hess im wahrsten Sinn eine unfaßbare Bestie darstellt. Zunächst erwürgt er in der Anfangssequenz aus purer Lust eine junge Frau quasi in ihrem Wagen im laufenden Straßenverkehr. Das ist schon dermaßen beunruhigend und aufreizend erzählt, daß man sich wie auf nächtlich glänzendes Glatteis gelockt fühlt. Dann – offenbar nur wenige Tage nach diesem Mord – lädt er sich selbst mit seinem etwas debilen Freund zu einer Party von reichen jungen Leuten in das »Haus am Ende der Straße« ein. In einer irren Mischung aus Verlockung und Bosheit ergibt sich dort zwischen den zwei Gewalttätern und den scheinbar harmlosen, aber hochnäsigen jungen und vor allem recht attraktiven Leuten eine Gemengelage, die an Ambivalenz schwer zu überbieten ist. Am Ende dreht sich die scheinbar eindeutige Story dann auch nochmals um, und zwar wirklich um 180 Grad.

Das Haus am Ende der Straße spielt in New York. Aber irgendwie ist jeder vermeintlich amerikanische Drehort in diesen häufig schnell, aus der Hüfte gedrehten Filmen so fotografiert als läge er im herrlich dekadenten Italien jener Zeit.

Das gilt noch mehr für den schier unglaublichen Film *Autostop rosso sangue (Hitch Hike/Wenn Du krepierst – lebe ich!)* von Pasquale Festa Campanile (sein bekanntester Film: *Als die Frauen noch Schwänze hatten*).

Ein sich redlich hassendes Verleger-Ehepaar (Franco Nero und Corinne Cléry!) wird auf einem völlig schiefgegangenen Versöhnungsurlaub in der Wüste Arizonas von einem vermeintlichen Tramper (Hess) in Geiselhaft genommen. (Der weite Westen der USA wirkt dabei auch so, als läge er eher in Apulien oder Sizilien.) Der Gangster David Hess spielt das Paar immer heftiger gegeneinander aus, ihre kaputte Beziehung steht mehr im Vordergrund der Inszenierung als die Attacken des Gewalttäters. Höhepunkt ist eine wiederum zutiefst zwiespältige Sequenz, in der Hess mit Corinne Cléry schläft, vor den Augen des gefesselten Franco Nero. Und für diese Szene rächt sich der gedemütigte Nero auch schließlich am Ende des Films auf bösartigste Weise – an seiner Frau.

Das scheinbar »Böse« schlechthin, personifiziert von David Hess, hat also eigentlich nur eine Katalysatorfunktion. Es erfüllt seinen Dienst, um aus den vermeintlich gutbürgerlichen Opfern eines Psychopathen im Lauf der Story nur noch viel abgründigere Monster zu machen. Die wahren Höllensuppen kochen in diesen Filmen erst dann auf, wenn Hess die Party gewissermaßen bereits verlassen hat, respektive eliminiert wurde. Er wirkt in beiden Filmen gegen Ende als das einzig echte »Opfer«. Diese Wendungen, wenn die Gewalt, die er provoziert hat, auf ihn zurückschlägt, kann David Hess besonders gut darstellen. Wenn sein Grinsen gefriert, wenn der Ausdruck seiner Augen in kindliche Enttäuschung, Entsetzen oder Angst umschlägt. Er wirkt im Todeskampf plötzlich wie ein aufgestörter, gefangener King Kong, der in den ersten zwei Akten des Dramas lediglich seiner »Natur« nachgegeben hat, während jetzt im dritten Akt die perversen Abgründe der normalen Gesellschaft ans Licht kommen. Das barbarische Untier David Hess ist nur der Funken, der die

Welt der braven Bürger entzündet und in eine monströse Spiegelwelt umschlagen läßt.

Auch einige charismatische deutsche Schauspieler, mit denen unser Autorenfilm damals nichts anfangen konnte (Ausnahme war natürlich Klaus Kinski), fanden damals in Cinecittà im Thriller und im Western freudige Aufnahme als sinistre, geheimnisvolle *bad guys*: da gab es Wolfgang Lukschy *(Für eine Handvoll Dollar),* Thomas Reiner *(Blutige Seide),* später Werner Pochath und den immer wieder großartigen Horst Frank. Und wenn diese beeindruckenden Kaliber bei uns zu dieser Zeit nur im *Kommissar*, im *Alten* oder in den Karl-May- und in den Simmel-Verfilmungen auftauchten, dann scheinen sie von heute aus gesehen damit so etwas wie eine unterirdische, eine sehnsüchtige Ader durch die Alpen hindurch gelegt zu haben. Denn für immer unerfüllt bleibt unser Verlangen nach den trivialen Genres im deutschen Film. (Und wenn wir schon mal dabei sind: Wer erzählt eigentlich endlich mal von den deutschen Frauen jener Zeit in Cinecittà? Beispielsweise von der großartigen, wunderbaren Doris Kunstmann?)

Der König des Gemetzels

***Luca il contrabbandiere* von Lucio Fulci, 1980**

Ein Schmugglerkrieg im Golf von Neapel. Anmutig fliegen die blauen Boote der »Contrabbandiere« unter Lucas (Fabio Testis) Führung in wechselnder Phalanx über das Meer. Bald darauf wird einer ermordet – Lucas Bruder –, und es bricht ein gnadenloser Krieg in der Unterwelt aus. Lucio Fulci, einer der größten Italo-Kings of Gore, hat neben seinen Zombie- und Splatterfilmen (*Ein Zombie hing am Glockenseil* und *New York Ripper*) auch die klassischen Genres bearbeitet. Und die meisten seiner Werke haben der Kinogeschichte völlig einmalige Tonarten hinzugefügt.

Einer wunderschönen blonden Frau, die als Drogenkurier fungiert, wird nach einer halben Stunde von Marcel Bozzuffi (der Killer mit dem Baguette aus *French Connection*) mit einem Bunsenbrenner das Gesicht grauenhaft verbrannt. Kurz vorher hatte die Dame mit der neckischen Baskenmütze auf dem Kopf noch verführerisch an Bozzuffis Jackett gerochen und sein auffälliges Parfum gelobt. Ebendieses zu schwere Parfum wird ihn später bei einem heimtückischen Mordanschlag an Luca zu früh verraten, und Fabio Testi geht dadurch seinen Gegnern im letzten Moment durch die Lappen. Der Anschlag ist nur der Schlußpunkt einer ultrabrutalen Mordserie, die Bozzuffi – »der Marseiller«, neu in Neapel – an seinen Konkurrenten verübt. Nachdem fast alle alteingesessenen »braven« Zigarettenschmuggler aus dem Weg geräumt sind, gibt es eine Razzia der Polizei in den Slums und in den Villen der Contrabbandiere, die ihresgleichen in der Filmgeschichte sucht. Minutenlang rasen Sirenen durch das Hafenviertel, fliehen Hausfrauen mit Zigarettenstangen in der Hand durch die Gassen, werden Männer vom Mittagstisch weggezerrt und vor den Augen ihrer weinenden Familien abgeführt. Als hätte Francesco Rosi die Sequenz inszeniert.

Sicher einer der teuersten Filme Fulcis. Aber der Maestro läßt sich keineswegs davon abhalten, den seriösen Realismus mit grausigen Billigeffekten zu versetzen. Und genau dadurch erhält das Ganze eine radikal erfrischende Uneinheitlichkeit. So als hätte ein lachender Lucio Fulci uns ein wirklich verwirrendes Erbe hinterlassen, das aus dem Grab heraus mit dem Finger aufs Kardinalproblem des heutigen Kinos weist. Der Bunsenbrenner-Mord an der Frau mit der Mütze beispielsweise – hier in der US-Fassung von *Contraband* bei Blue Underground natürlich »erstmalig ungeschnitten« – dauert schwer erträgliche zwei Minuten. Die Filmmusik dazu ist schön achtzigerfunkmäßig, das soll heißen, sie ist brutal unpassend. Die – pardon! – Brutzeleffekte sind aus heutiger, filmhochschülerperfektionistischer Sicht sicher reichlich bizarr, aber einfallsreich. Und gerade die grausige Pappmachéhaftigkeit daran ist es, die dem ganzen Vorgang – gepaart mit den sehr realen Schmerzensschreien – eine ungesehen ambivalente Grausamkeit verleiht. Die Szene tut natürlich ihre schockierende Wirkung und läßt uns den gefährlich wahnsinnigen »Marseiller« von dieser Minute an abgrundtief hassen.

Die Entführung von Lucas Frau durch Bozzuffis Mörderbande wird schließlich beendet von einer Gruppe alter wohlhabender Männer – ehemalige Richter, Polizeichefs, Unternehmer usw. –, die die Geiselübergabe zu einem listigen Versteckspiel mit freudvoll filmblut-verspritzenden Maschinengewehr-Massaker an den Gangstern umfunktionieren. Sie tun das offenbar aus einem gemeinschaftlichen Law-and-Order-Willen heraus und verschwinden danach ungesehen und straffrei wieder in ihr Pensionistendasein. Ihren Führer (Guido Alberti, der Produzent aus Fellinis *8 1/2*) hatte man bis zu diesem völlig überraschend grotesken Schluß immer nur alle zwanzig Minuten in seinem riesigen Palazzo vor verschiedenen Fernsehprogrammen sitzen sehen. Am liebsten mag er Italo-Western. Bei einem Erotikfilm, in den er hineinzappt, macht er eine wunderbar bedauernde Grimasse, so als sei dies leider nichts mehr für sein Alter.

Das ist Fulci. Er zeigt eine zärtliche Szene auf der Trabrennbahn, wie der kleine Sohn Testis den Sulky lenken darf, damit er den Schmerz über den Tod seines geliebten Onkels für wenige Minuten vergißt. Und derselbe nette Gangster, der ihm dabei hilft, wird kurz darauf während eines Rennens am gleichen Ort brachial in den Mund geschossen. Das Crossover ist Fulcis Stärke. In den privaten Szenen ein sanft melancholischer Spät-»Poliziotto«, der die moderne Ehefrau (Ivana Monti) gegen all die tödlichen Macho-Sandkasten-Allüren der Männer kräftig aufbegehren läßt, schlägt der Film scheinbar unkontrolliert plötzlich frauenfeindlich-grausig zu und haut in einer anderen Szene wie in einer Politsatire über die Stränge. Nein, das ist gar nicht politisch korrekt, was sich hier abspielt. Und Quentin Tarantino mit seiner Begeisterung für Revivals seiner reißerischen italienischen Kinovorfahren wirkt dagegen wie ein verkrampft cooler Waisenknabe, der eigentlich alles mißverstanden hat. Man könnte vielleicht sagen: Falls das erzählende Kino (nicht nur das Genrekino) überhaupt noch eine Zukunft hat, so liegt sie hier am Grund des Mittelmeers – in einer weitgehend verachteten, vernachlässigten, unordentlichen, wilden, uncoolen Vergangenheit.

Der ausdruckslose Blick des menschlichen Pitbulls

Allein gegen die Mafia, eine Serie von Damiano Damiani, 1984

Die Geschichte von *Commissario* Corrado Cattanis kompromißlosem Feldzug gegen die verbrecherische Organisation in seinem neuen Dienstbezirk, die darauf folgende erpresserische Entführung seiner Tochter und seine anschließende Rache hat in den Achtzigern über Wochen hinweg das Fernsehvolk in Atem gehalten. Die erste Staffel der Miniserie *Allein gegen die Mafia (La Piovra)* war Damiano Damianis erster großer Auftritt im Fernsehen und schlug weltweit ein. Damiani nutzte die durchschnittlich sechsmal sechzig Minuten, um ein präzises Psychogramm einer verbrecherischen Gesellschaft und ihres ebenso zwiespältigen Jägers bis ins kleinste Detail zu entwerfen. Der Mafiathrillerspezialist Damiani machte dabei kaum TV-Kompromisse. Die Morde und Untaten sind ebenso gnadenlos geschildert wie in seinen Spielfilmen. Man hat vom ersten Moment der Serie an – einer langen Autofahrt eines Fernsehteams in der Morgendämmerung zu einem Erschossenen am Rand der Stadt – den Eindruck einer souveränen Beherrschung von Dramaturgie, Psychologie, knapper TV-Erzählzeit, engem Kleinstadtraum, von äußerer Spannung und von allen inneren Konflikten.

Michele Placido war danach schlagartig ein Star. Attraktiv, minimalistisch, mit der Aura eines herrischen Priesters ausgestattet, der ein sehr unpriesterliches Geheimnis in sich trägt. Und Riz Ortolanis Musik ist – wie immer, wenn er für Damiani arbeitete – geradezu magnetisch aufgeladen. Das Hauptthema zieht einen wie an einem Köder durch alle Untiefen der ersten sechs Folgen.

Vier Frauen umgeben den Kommissar nach seiner Versetzung in die kleine sizilianische Stadt, die keinen Namen hat: die unglückliche drogensüchtige Prinzessin, die »Titti« genannt wird – sie wird seine Geliebte. Ihre Darstellerin Barbara de Rossi hatte danach leider nur noch einen größeren Auftritt, in *Quo Vadis* neben Max von Sydow und ist seither unerklärlicherweise aus dem internationalen Kino verschwunden. Dabei gehört sie ohne weiteres in die Galerie großer italienischer Frauen von Claudia Cardinale über Laura Antonelli bis Ornella Muti. Die dämonische Witwe, Bauunternehmerin und Mitwisserin der Mafiosi (Florinda Bolkan) – sie versucht zunächst vergeblich, Cattani zu verführen. Später bemüht sie sich ebenso umsonst, ihn von seinem Rachefeldzug abzubringen. Dann ist da Cattanis Ehefrau (Nicole Jamet) – sie will das zerstörte Eheglück wiederfinden, scheitert aber an der monströsen Selbstgerechtigkeit ihres Mannes. Und schließlich seine Tochter Paola (Cariddi Nardulli), die in ihrer beginnenden Pubertätsempfindlichkeit alle Kraftfelder zu Hause haarklein registriert. Sie verweigert später überraschend der Mutter die Gefolgschaft in die Trennung hinein und bleibt statt dessen bei ihrem Vater. Sie sagt zu ihm als Begründung: »Du bist für mich wie mein kleiner Bruder, und ich muß auf dich aufpassen.« Was ihr selbstverständlich zum Verhängnis wird.

Neben diesen geradezu überdimensionalen Frauen werden die Männer zu Nebenfiguren. Sowohl diejenigen, die den Comissario Cattani offen oder versteckt bedrohen, als auch seine großartigen Mithelfer und Freunde bei der Polizei. Sogar François Périer, der als Anwalt der Mafia stets wie ein düsterer Uhu aus seiner teuren Wäsche blickt, bleibt chancenlos gegen die Vielschichtigkeit und gegen die Tragik der Frauenfiguren.

An einem Abend gegen Ende der ersten Folge sind drei der großartigen Frauen zusammen. Auf einer Party bei der reichen, habgierigen Witwe Florinda Bolkan, von der gesagt wird, daß sie die Tochter eines Dienstmädchens ist. Die Szene ist Cattanis Einführung in die Kleinstadtgesellschaft. Die Frauen scheinen ihn seltsam zu umschwirren. Bolkan flüstert ihm zu: »Ich würde sehr gerne von Ihnen beschattet werden.« Und die heroinsüchtige Prinzessin »Titti« versucht, sich auf der Tanzfläche die Trauer um ihre Mutter wegzutanzen. Umsonst. Die Umstände ihrer Ermordung sind aber auch zu abgründig: die Mutter wurde vom Liebhaber Tittis, der sie mit Rauschgift versorgt und erpreßt, vor ihren Augen erschossen. Dieser Mörder wird Cattanis Hauptgegner werden.

Cattanis Ehefrau versucht ihn dagegen an diesem Abend durch den Flirt mit einem Journalisten eifersüchtig zu machen, um ihn aus der Reserve zu locken. Aber er bleibt ein implodierender Eisblock. Er stolziert mit Grandezza durch diesen Abend, scheinbar ungerührt, mit ironischem Gesicht, als wäre er nur gekommen, um die Arena für den bevorstehenden Kampf zu vermessen.

Die beste Frage in Polizeifilmen lautet ja immer: Wer ist eigentlich der härteste Gegner des Helden? Hier: Ist es die Mafia-Organisation? Sind es ihre Killer? Die Leute in Rom, die hinter dieser Organisation stehen? Oder ist es am Ende der Polizist etwa selbst? Sein Gerechtigkeitswahn? Seine Rachsucht? Sein besessener Ehrgeiz? Cattani kann nur einmal die Fassade des rechtschaffenen Ehrenmannes vor sich selbst nicht mehr aufrechterhalten, als er sich nämlich eingestehen muß, daß er Barbara de Rossi liebt. Und als hätte er es ja geahnt: den Frauen, die er liebt – und die wir mit ihm lieben –, bekommt das gar nicht gut. De Rossi nicht und seiner kleinen Tochter auch nicht.

Es gibt einen Killer in diesem Film, dessen Gesicht man nicht vergißt. Ein schweinsäugiger junger Mann, der aussieht wie ein beinahe hübscher Pitbull. Er erschießt am Ende der ersten Folge Cattanis netten, jungen Mitarbeiter in einem Café mit unglaublicher Härte. Und als am Ende des Dramas Paola, die Tochter Cattanis, wieder freigelassen wird, da zeigt die Kamera, wie sie aus dem Fond des Autos ihrer Entführer aussteigt. Dann fährt die Kamera nach vorn zum Beifahrersitz, wo der Pitbull sitzt und leer und ausdruckslos vor sich hinguckt, während hinten das Mädchen von uns weg in einen Park geht. Und man ahnt ohne ein Wort, daß die Freiheit, die Paola wiedererlangt hat, einen noch schrecklicheren Preis hatte, als wir zunächst dachten.

Ausnahmsweise noch ein Wort zur Technik: Die DVD kann nicht mit den Errungenschaften astreiner Digitalisierung protzen. Übertragen wurden offenbar ohne jede Kosmetik die alten Videobänder der Positivkopien. Gott sei Dank. Wir sehen nämlich das authentische Filmgefühl der Achtziger. Das Material für diese DVDs ist nicht dem farblichen Weichspülgang und der perversen elektronischen Überschärfe der Digitalisierung unterworfen worden. Die brachiale und minimalistische Härte eines typischen Achtziger-Jahre-Films bildet sich völlig ungeschönt ab. Der Nachthimmel über Sizilien erstrahlt im echten Dunkelblau der Achtziger, die Sonne des Südens flirrt unscharf in herrlichen farbkörnigen Kontrasten, die Farben der italienischen Anzüge und Kleider jener Zeit sind knallig (vor allem nachts). Man sieht, wie manche Innensequenzen tags typisch italienisch überhell ausgeleuchtet sind, und man sieht, daß die Gesichter damals im Fernsehen noch aussahen wie die Gesichter von Menschen und nicht wie die digitalisierten Visagen von geschminkten Marionetten. Statt der Internetnörgeleien über die mangelnde Bildqualität der DVDs wäre es gerechter, die Hersteller würden in Zukunft sogar noch mehr Geld dafür verlangen, wenn sie die herrlichen alten Filmkopien eins zu eins übertragen, statt uns mit der suppenweichen Kopie eines »digital überarbeiteten« Negativs zu belästigen. Schluß mit dem Digital-Fetischismus. Zurück in die Zukunft!

OSTEUROPA

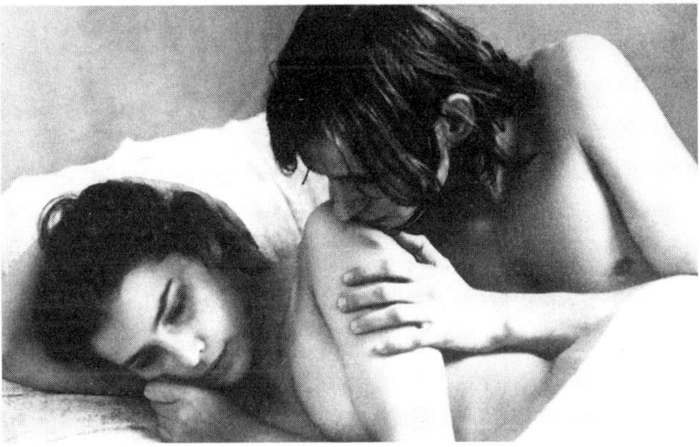

Adoption von Márta Mészáros © defd

Die Frauen sind ein einsames Heer

Das ungarische Kino vor fünfzig Jahren

Gerade mal vier Wochen nach der brutalen Niederschlagung des ungarischen Volksaufstandes durch die russische Armee trafen die Wasserballmannschaften beider Nationen am 6. Dezember 1956 bei der (Sommer!-)Olympiade in Melbourne aufeinander. Das Spiel endete in einer blutigen Prügelei und wurde beim Stand von 4:0 für Ungarn abgebrochen. Nur die Polizei hielt die australischen Zuschauer davon ab, gegen die russischen Spieler handgreiflich zu werden. Ungarn gewann am Ende des Turniers die Goldmedaille. Aber viele Spieler der Mannschaft kehrten nicht mehr nach Hause zurück.

In *Another Way (Egymásra nézve)* von 1982 zeigt Károly Makk eine Liebesgeschichte zwischen zwei Journalistinnen, die 1958, anderthalb Jahre nach dem Volksaufstand, spielt. In einer der ersten Szenen des Films schaut die schmächtige Eva (Jadwiga Jankowska-Ciéslak) ihrer wunderschönen Kollegin Livia beim Wasserballtraining in der Schwimmhalle zu. Sie sieht, wie Livia (Grażyna Szapołowska) trotz vier verteidigender Männer vor dem Tor geschickt antäuscht und donnernd den Ball ins Schwarze wirft. Spätestens in diesem Moment sind alle in Livia unsterblich verliebt. Der Film ist zärtlich und düster zugleich. Er beginnt damit, daß ungarische Grenzsoldaten im Winter 1958 eine Leiche bergen. Man ahnt ein zerfetztes, blutiges, undeutliches Mädchengesicht. Sie wurde in der Nacht zuvor von den Grenzern erschossen. Es ist Eva, die ihren Tod suchte. Schnitt: Ein großer, nackter Frauenkörper wird im Krankenhaus gewaschen. Querschnittslähmung. Die blonde Frau – es ist Livia – schimpft, weint, flucht unflätig über ihr Schicksal.

Beiden Frauen ist etwas für damalige Zeiten Furchtbares

passiert, nämlich die körperliche Sehnsucht nacheinander und am Ende sogar ihre Erfüllung. Das führte zur Katastrophe. Der Film beginnt nun zu erzählen, wie die beiden sich in der Redaktion ihrer Zeitung kennenlernten. Der extreme Ernst der Lage des Landes schwebt immer noch über allem. Das kleine Blatt ist nur mäßig linientreu und steht unter Beobachtung der Politbürokratie. Eva entwickelt sofort eine tiefe Sehnsucht nach Livia. Sie wirkt zunächst wie ein schüchternes häßliches Entlein, ist ganz schmal, aber extrem couragiert, energisch, im Beruf viel leidenschaftlicher und damit auch gefährdeter als die andere. Aber all ihre selbstzerstörerische Natur trägt sie mit einem unglaublich sympathischen Lächeln zur Schau. »Ich bin eine Null, ich bin niemand«, sagt sie grinsend beim Vorstellungsgespräch. Die andere ist ein blondes Prachtweib, kinderlos verheiratet mit einem sehr feschen hohen Tier bei der Armee. Es entbrennt pure Faszination der Frauen füreinander. Sinnlichkeit ohne Berührung.

Kokette Gesten der Scham und des Begehrens

In den ersten dreißig Minuten erzählt Makk mit Winzigkeiten voller Ironie und Erotik mehr an Klima und an Stimmungen des damaligen Ostblocks, als es fünfzig politisch korrekte Stasi-Dramen mit ihren Klischees jemals vermögen. Ein scheinbar kleiner Film mit überreichen Details. Ein plüschrotes Café kurz vor Weihnachten: die Tapete, das Licht, die Spiegel an der Wand, der Journalistenkollege, der leicht angesoffen endlich geht, das Café leert sich, die zwei Frauen sitzen allein, wollen nicht nach Hause in die elenden Weihnachtsferien. Und zum ersten Mal küssen, berühren sie sich halb verborgen hinter Livias Pelzmantel, in einer unbewegten Zweiereinstellung von zwei bis drei Minuten Länge gespielt. Das Café schließt, und sie gehen weiter in einen dunklen verschneiten Park, setzen sich auf eine Bank, von der die Polizei sie dann vertreibt. »Wir sagen es Ihrem Mann«, drohen die Polizisten Livia. Was diese sofort in Panik die Flucht ergreifen läßt. In einer Nacht auf dem Land dann, wohin die Frauen zu einer Recherche fahren und wo sie sich erstmals entschlossen einander hingeben wollen, da macht Livia dann im Suff, beim ausgelassenen Tanzen mit den Einheimischen und später im gemeinsamen Hotelzimmer eigentümlich kokette Gesten der Scham, des Begehrens und gleichzeitig der Abwehr. Schweigend, ängstlich. Eva wartet zwar auf sie, aber Livia büxt ihr und sich selbst in dieser Nacht noch aus.

Erst gegen Ende des Films finden sie endlich zueinander. Aber der Schluß ist tragisch. Der fesche Mann vom Militär erträgt nicht, daß seine prachtvolle Frau mit einer anderen Frau leben will, schießt auf sie in der Badewanne und verletzt sie folgenschwer. Damit ist die Beziehung zwischen den Frauen ohne Zukunft. Ein Inspektor verhört Eva. Er will vor allem wissen, wie Frauen es miteinander machen. Als Eva die Frage in ihrer fast naiven Aufdringlichkeit endlich kapiert, da hebt sie wütend drei Finger hoch, einen nach dem anderen: »Mit einem, mit zwei oder mit drei Fingern, die wir uns reinstecken, du Hundesohn.« Dann wendet sie sich ab und sagt nichts mehr. Der Regisseur Károly Makk erzählt lachend im Interview auf der DVD, daß ihre Antwort exakt die Antwort einer befreundeten lesbischen Frau gewesen sei, die der Koregisseur auf sein Drängen hin befragt hatte. »Sie müssen bedenken, es war 1981, wir hatten keine Ahnung von weiblicher Homosexualität und ihren Techniken.«

Die Schrecken des Volksaufstandes hatten sich im ungarischen Kino sozusagen auch als Vater aller Dinge erwiesen: Denn aus der Katastrophe von 1956 war in wenigen Jahren etwas gewachsen, das in der europäischen Filmgeschichte seinesgleichen sucht – ein Kino, erwachsen durch und durch, voll bitterer Lebenserfahrung, aber mit wunderbar sanften Figuren und mit brillanten neuartigen Erzählformen, die Avantgarde und Klassik miteinander verwoben. Mit *Another Way* fand bereits eine der letzten Großtaten dieses ungarischen Kinos unter der sozialistischen Herrschaft den Weg nach Cannes, bevor 1989 der Eiserne Vorhang aufging und sich für alle alles änderte.

Die meisten der Protagonisten der überraschenden ungarischen Filmwelle (Szabó, Jancsó, Mészáros, Makk, später Béla Tarr) waren während der Ereignisse 1956 schon auf der Budapester Filmschule gewesen. Sie waren Augenzeugen eines Aufstands, der maßgeblich von den Intellektuellen und den Künstlern des Landes angetrieben wurde. Die sich später auch beschämt zeigten von dem Ausmaß des Blutbades, das schließlich heraufbeschworen worden war. Aber wenige Tage lang, Ende Oktober, glaubten die Aufständischen in Budapest sich am Ziel. Das Land trat unter seinem politischen Helden Imre Nagy aus dem Warschauer Pakt aus und ging über zur Neutralität. Allgemeiner Jubel. Dann, am 4. November 1956, um vier Uhr früh, einem Sonntag, »der nie kam«, griffen die russischen Panzer doch noch Budapest an. Nach zehn Tagen Kampf und Gegenwehr war die Stadt »wie ein Friedhof«.

Und so scheinen die gleitenden Truppenbewegungen und die ständigen kleinen Siege und grausamen Niederlagen in *The Red and the White (Csillagosok, katonák)* von Miklós Jancsó (1961, ebenfalls bei Second Run) auf seltsame Weise das wechselhafte Geschehen der vierwöchigen ungarischen Revolution und ihrer Exekution zu spiegeln. The *Red and the White* ist wahrlich ein Kriegsfilm der besonderen Art. Er ist eigentlich eher Tanztheater mit der Kamera in wunderbarer Schwarzweißfotografie. Tanztheater mit Soldaten, mit Pferden und vor allem mit der Landschaft. Wir sehen von Beginn an sehr viele schöne Männer – hauptsächlich Magyaren –, die auf der Seite der »Roten« 1919 in Rußland gegen die Truppen der »weißen« Zaristen kämpfen. Alles spielt an einem sonnigen Sommertag, bei Tageslicht, bis in die untergehende Sonne hinein. Der Film suggeriert das Kampfgeschehen eines einzigen Tages in einer bäuerlichen, dünn besiedelten Gegend. Die Orte der Kämpfe unterteilen die Episoden, die entlang eines breiten Flußlaufs spielen: ein befestigtes ehemaliges Kloster, das zu Beginn den Besatzer wechselt, dann die Flucht der Roten über den Fluß, die Einnahme eines Krankenhauses am Fluß, die Rückeroberung dieses Krankenhauses, und am Ende geht eine kleine rote Truppe singend in den Heldentod gegen eine riesige weiße Übermacht, die sich weit entfernt in der Flußebene gesammelt hat. Über ihren toten Körpern schwört wiederum der nächste Rote mit gezogenem Säbel bereits Rache. Es ist der junge Soldat, mit dessen Gesicht der Film auch begonnen hatte. Die einzige überlebende Figur von allen, die einem im Laufe des Geschehens etwas näherkommen. Alle anderen sterben.

Aber es gibt kein Blut in diesem Film. Keine Schreie der Erschossenen. Keine Tränen. Als wären sie schon im Totenreich, quasi entmaterialisiert, von dem Moment an, wenn die Kugel, die sie gleich treffen wird, den Gewehrlauf verläßt. Gerade haben wir sie noch kämpfen, rennen, sprechen – einmal sogar lieben – erlebt. Sie bleiben anonym. Komparsen der Regie, Masse des Erzählers, der die Episoden in wenigen, unglaublich schönen, langen und geschwungenen Kamerabewegungen und Choreographien vorführt wie ein Dirigent. Der ganze Film hat insgesamt vielleicht fünfundzwanzig Einstellungen. Am Ende weiß man gerade deshalb nicht mehr: War, was erzählt wurde, ein Tag oder ein ganzer Sommer?

Meist sterben die Figuren im Hintergrund des Bildes, am Rand, im Off, in der Unschärfe. Sie werden in ihren Tod geschleppt wie Schafe, ohne Gegenwehr, auch wenn sie gerade noch quicklebendig und rebellisch waren. Durch diese Inszenierung findet der Film schnell aus jedem Schlachtenrealismus in die Ebene eines Traumes hinein, in dem Figuren nach Belieben auftauchen und verschwinden. Alle eingefangen in den krakenhaft ausladenden Kamerabewegungen. In den verblüffenden Totalen. Rauminszenierung auf unglaublichem Niveau, allerhöchste Virtuosität. Denkt man zu Beginn noch an realistische Action bei Hawks oder bei Rossellini (Jancsó gibt an, er mochte John Ford immer gerne), so wird das Ganze bald zur abstrakten Kunst. Filmische Land Art sozusagen. Im Zentrum der Bilder kommt selten einer zu Schaden. Erst ab zehn Meter aus der Bildmitte heraus beginnt die Todeszone. Eine unwirkliche Lakonie liegt dadurch über allem, ein schweigendes Akzeptieren von Tod und Schmerz, das beides hier ein ungezeigtes, ein optisch und tonlich ausgeblendetes Geheimnis der Figuren bleibt. Obwohl in diesem Film sicherlich an die 150 Menschen sterben, umgibt sie alle eine große Würde. Ein Film wie ein exquisiter Grabstein.

Miklós Jancsó sagt in einem bemerkenswerten Interview im Beiheft der DVD, er habe 1956 die russischen Soldaten über ihr Morden weinen sehen. »Die deutschen Soldaten im Zweiten Weltkrieg, die haben nie geweint.« Natürlich sind auch hier die Frauen die eindrücklichsten Figuren. Sie stehen neben dem Geschehen wie fassungslose Kindergärtnerinnen, denen ihre kleinen Jungs in Uniform aus dem Ruder gelaufen sind. Sie versuchen zu retten, was zu retten ist. Meistens nichts mehr. Nahezu jede menschliche Regung wird postwendend bestraft. In einer Episode werden die Krankenschwestern am Fluß aber von einem Vorgesetzten sanft gezwungen, mit seinen Soldaten zu tanzen. Nur tanzen, sonst nichts. Die Tanzpartner gehen dabei miteinander um wie fremde Volksstämme. Respektvoll und distanziert. Als würden sich im Krieg die Welten der Männer und der Frauen noch hundertmal mehr voneinander entfernen, als es ohnehin schon im Alltag der Fall ist.

Winterliche Bilder der Haut und der Nähe

»Niemand, nicht einmal der Regen, hat so zarte Hände …« wie die, mit denen die Kamera von Lajos Koltai in Márta Mészáros' *Adoption* (1975, in den Vereinigten Staaten bei Kino on Video erhältlich) die Menschen und die Welt des ungarischen Alltags gleichsam abtastet. Zwanzig Jahre nach dem Volksaufstand. Wir sehen eine Männergesellschaft zwischen Repression, halbherzigen Liberalisierungsversuchen und Melancholie. Die Frauen dagegen – ein einsames Heer. Die 42jährige Kata (Katalin Berek), eine Fabrikarbeiterin, lebt seit Jahren in einem geheimgehaltenen Verhältnis mit einem verheirateten Mann. Sie möchte ein Kind von ihm, der Mann will das auf keinen Fall. Statt Kata nun zu zeigen, wie sie mit ihrem Schicksal hadert, findet der Film eine andere Lösung: Kata freundet sich mit einem jungen Mädchen aus einem nahe gelegenen Heim an, Anna (Gyöngyvér Vigh). Das Mädchen ist ein Problemfall. Zunächst gewährt ihr Kata in ihrem kleinen Häuschen am Fluß auf ihre Bitte hin Unterschlupf, damit sie mit ihrem Freund schlafen kann. »Im Sommer ist es einfach, aber jetzt ist Winter.« Dann will Kata Anna aus dem Heim heraus ganz zu sich nehmen. Aber Anna will den jungen Mann heiraten und ein eigenes Leben führen. Kata ist zwar enttäuscht, bürgt aber schließlich für sie. Am Ende steht eine Hochzeit mit viel Fröhlichkeit und mit Tränen. Und dann adoptiert Kata doch noch ein Baby aus einem Waisenhaus. Das Schlußbild zeigt sie in einer Totalen, wie sie mit dem kleinen Bündel auf dem Arm einem Bus hinterherrennt. Als habe sie etwas gestohlen und trage die Beute schnell heim in ihre kleine Höhle am Fluß.

Die Zwischentöne dieses Films sind so zahlreich, daß man sie gar nicht alle erzählen kann. Die beiden Frauen kommen sich näher. Sanftes, weiches Licht, das ihre Gesichter zu streicheln scheint. Immer winterlich, regnerisch. Bilder der Haut, der Nähe. Duschen. Trinken. Im Bett rumliegen. Niemand schreit und zetert hier gegen sein schweres Schicksal an, alle scheinen sie sanft – selbst die schrecklichen Eltern der jungen Anna. Wer weint, lacht auch gleich wieder. Aber man ahnt alle Abgründe.

Es gibt einen seltsamen Moment in diesem Film. Am Ende geht Kata zum ersten Mal nach all den Jahren mit ihrem heimlichen Geliebten zu ihm nach Hause. Er will ihr seine Familie zeigen, damit sie sieht, was er aufgeben müßte für sie. Er gibt sie als Arbeitskollegin aus. Die Ehefrau redet mit Kata, von Frau zu Frau. Und der kleine Sohn der Familie schaut sie an. Sie schaut zurück: Kennt er sie? Weiß er, daß der Vater lügt? Und hat er sie nicht zu Beginn des Films an irgendeinem Bahnsteig auf dem Weg zur Arbeit schon einmal angesehen? Hatte er den Vater vielleicht verfolgt? Ist er der einzige, der von ihrem Verhältnis weiß? Der Blickwechsel zwischen Kata und dem Jungen dauert eine Weile, während der Dialog mit der Ehefrau weitergeht. Kein Kommentar. Zwanzig Sekunden Story sozusagen. Das reicht. Aber vielleicht habe ich das Gesicht des Jungen am Anfang des Films auch nur geträumt?

Diese Filme haben alle in ihrer Zeit Goldene Palmen und Bären gewonnen. Sie sind jedoch mit der Öffnung des Eisernen Vorhangs aus der kollektiven kulturellen Tradition nahezu völlig verschwunden. Es drängt sich einem beim Sehen die Vermutung auf, daß so schöne, zarte Filme heute nicht mehr entstehen könnten. Der Kapitalismus hat ja eine eigene Form der Zensur über unsere Kultur gebreitet. Und daß diese Filme die sozialistische Kulturbürokratie damals einigermaßen glatt überstanden haben (nur Károly Makks

Film mußte 1982 nach Cannes geschmuggelt werden), wirft ein seltsames Licht auf die nachrevolutionäre Diktatur in Ungarn. Die Männer und ihre Fehden und Abrechnungen untereinander nach 1956 sind hier überall präsent. Sie bilden zweifellos an der Oberfläche ein trauriges Patriarchat, eine Gesellschaft, die gar nicht wußte, wohin der Weg nach der Katastrophe gehen sollte.

Der ungarische Regierungschef von 1956 bis 1988, der »Verräter« der Revolution, János Kádár, hatte damals die Inhaftierung und spätere Hinrichtung des Volkshelden der Revolte, Imre Nagy, freundlich gesagt, »zumindest nicht verhindert«, und er trug angeblich schwer an seiner Schuld. Ein »shakespearescher Charakter«, wie Miklós Jancsó sagt. Aber Kádár und sein Regime konnten dennoch nicht zu den alten Lügen der Nachkriegszeit zurückkehren. Also verlegten sie sich in den folgenden Jahrzehnten auf »Halbwahrheiten« (György Dalos). Und man könnte sagen, die Schönheit dieser Filme kommt auch aus dieser tiefen Ambivalenz. Sie kommt aus der Unterdrückung, aus der erzwungenen Geheimhaltung von Gefühlen. Und die Filme verdanken somit der Repression einen ebenso großen Anteil ihrer Zärtlichkeit und Subtilität, wie sie natürlich der kreative Teil einer lang andauernden ungarischen Nach-Melancholie waren. 1960 bei der Olympiade in Rom wurden jedenfalls die Italiener Sieger im Wasserball, nicht mehr die Ungarn.

Aber als der Verräter Kádár 1989 starb, gingen Zehntausende an seinem aufgebahrten Sarg vorbei. Und am selben Tag sprach George Bush senior in Budapest in der »Ökonomischen Hochschule Karl Marx« darüber, mit wieviel Geld die Vereinigten Staaten die Marktwirtschaft in Ungarn auf Trab bringen wollten. »Die Büste des großen Namensgebers dieser Institution hatte man dabei taktvoll bedeckt«, schrieb György Dalos.

Der letzte Fiebertraum des polnischen Ulanen

Lotna von Andrzej Wajda, 1959

Eine weiße Araberstute rast im Sonnenschein über ein freies Feld vor einem rotbraun gefärbten Wald. Sie fliegt (daher ihr polnischer Name »Lotna«) durch zahllose Explosionen hindurch, die rundherum die Erde meterhoch in die Luft treiben. Eine wahnsinnige Einstellung. Kann man heute so nicht mehr drehen. Tierschützer würden sofort eingreifen und die ganze Filmcrew verhaften lassen.

Ein Ulanenregiment beobachtet aus sicherem Versteck den phantastischen Gaul. »Besser als eine Frau«, lachen sie. Der Kommandant des Regiments bekommt das Pferd kurz darauf von seinem Besitzer, einem sterbenden alten Mann auf einem gespenstisch verlassenen reichen Gutshof, geschenkt. Die Menschen in der Gegend sind panisch auf der Flucht vor den Deutschen, deren Geschützfeuer zu hören ist, deren Panzer bereits anrollen. Es ist der Beginn des Zweiten Weltkriegs. Die Ulanen selbst sind umzingelt von den deutschen Truppen, sie müssen die Linien durchbrechen. *Lotna* ist wie ein letzter, fiebriger Militär-Reitertraum. Der Kommandant der kleinen Ulanentruppe träumt im Nachmittagsschlaf, daß er stirbt, an einem Schuß ins Herz. Er erwacht und findet eine kleine Wunde an seiner Brust. Ein Wanzenbiß. Er läßt, von seinem Traum seltsam melancholisch berührt, seinen Fähnrich und seinen Offizier losen, wer das Wunderpferd *Lotna* nach seinem Tod erben würde. Widerwillig, aber lachend ziehen sie Streichhölzer. Kurz darauf fällt ihr Kommandant in der ungleichen Schlacht Pferde gegen deutsche Panzer, Säbel gegen Kanonen.

Das tolle Pferd wechselt in diesem Film noch zweimal den Besitzer, es ist die Hauptfigur, und es bringt keinem Glück, im Gegenteil. Die polnischen Ulanen werden ausgelöscht, ihre versprengten Reste retten sich am Ende über die Grenze nach Rußland. Das alles passierte gleich zu Beginn des Zweiten Weltkriegs, und der wahre Alptraum für Polen sollte danach erst beginnen. *Lotna* ist Wajdas allererster Farbfilm, 1959, direkt nach seiner weltberühmten »Kriegs-Trilogie« gedreht. Herbstliches Rot wechselt am Ende in frühwinterliche Farblosigkeit. (Die Kopie, von der der Film abgetastet wurde, ist nur teilweise farbecht, teilweise leider komplett braun verwaschen. Trotzdem ahnt man die Schönheit des Films.) Die Musik von Tadeusz Baird erzählt die Episoden der Geschichte mit: Man hört heldenhafte Militärtrompeten (wie ein Hohn angesichts des Massakers, das die Panzer unter den Ulanen anrichten), Liebesthemen, Soldatenlieder, ländliche Hochzeitsidyllen, Kirchenlieder – aber alles klingt eher wie eine Collage aus Stimmungen, wie Fetzen von Erinnerungen, die in einem breiten, dunklen Strom zu treiben scheinen. Der Film läßt einen in den besten Momenten denken an Hofmannsthals irre »Reiternovelle« vom Soldaten, dem an einem Herbstnachmittag im Pulverdampf eines Gefechts sein Doppelgänger begegnet und der kurz darauf getötet wird.

Wajdas Vater war Kavallerieoffizier und ist im Herbst 1939 gefallen. *Lotna* ist wie ein Grabstein für ihn. Es ist schon verblüffend: Der hochdekorierte und gefeierte Andrzej Wajda, diese polnische Regie-Ikone von Weltkanonfilmen wie *Asche und Diamant* (Filme, die leider teilweise nicht sehr gut gealtert sind), hatte offenbar immer schon einen geradezu genialen Zwillingsbruder: den polnischen Neuromantiker Andrzej Wajda, einen Träumer, einen sehr originellen Choreographen und Bildermaler, der seine Filme nicht in einen wertvollen Rahmen hinein inszeniert, sondern der die Luft des Films permanent anzuheizen versteht und der die Bewegung, den Schnitt leidenschaftlich weitertreibt, hastig, energiegeladen, manchmal mit riskant schwülstigen Bildersymbolen und sympathisch unsicher. Vor allem die erotischen Andeutungen mißlingen ihm hier oft ein wenig, aber auf eine sehr liebenswerte Weise, so als würde ein in der Liebe noch etwas unerfahrener Regisseur sich was trauen wollen und gleichzeitig vor Scham erröten.

Später entstanden dann aus diesem Erzählstil, der sich hier andeutet, die ebenso wundervollen wie völlig unterschätzten und heute nahezu unbekannten, allerbesten Filme Wajdas: *Alles zu verkaufen* und *Die Mädchen von Wilko*. In *Lotna* zeigte sich dieser grandiose Zwillingsbruder Wajdas zum ersten Mal. Er muß aber irgendwann in den Achtzigern verschollen sein, jedenfalls machte er nach *Wilko* bis heute keine solchen Filme mehr. Gelobt sei die Erfindung der DVD! Zumindest in den Vereinigten Staaten kann man diesen anderen Regisseur Wajda heute wiederentdecken. Zurück blieb weltweit für alle sichtbar der andere Andrzej Wajda, der polnische Kanonfilmer.

Ein wundersam fröhlicher tschechischer Herr

Der fünfte Reiter ist die Angst von Zbynek Brynych, 1965

Prag unter der deutschen Besatzung, ein großes Gründerzeitmietshaus. Viele Parteien, viele offene Geheimnisse hinter den Türen, Kleinkriege mit dem durchgeknallten Überwachungshausmeister, Ehekräche. Bis eines Tages der kleine Sohn der wohlhabenden Familie aus dem fünften Stock mal wieder auf seiner Kiste vor dem Haus sitzt und plötzlich lacht, weil gegenüber auf der riesigen, kopfsteingepflasterten Ausfallstraße ein einsamer Mann Fahrrad fährt – und dabei alle paar Meter umfällt. Betrunken am helllichten Tag? Ein Clown? Nein, ein schwer angeschossener Widerstandskämpfer auf der Flucht.

Jemand holt den Mann ins Haus. Die Kugel muß sofort raus. Damit beginnt der ganze Ärger. In der kleinen Wohnung unterm Dach wohnt ein Arzt, ein Jude. Er darf nicht mehr praktizieren. Er ist angestellt in einer gewaltigen Kafkabehörde, die die Besitztümer der deportierten Familien verwaltet und sie an nichtjüdische Bürger weiterverscherbelt. Sein Arbeitsplatz liegt zwischen Tausenden von Lampen, Stühlen, Küchenbuffets, Betten usw. Er führt über Eingang und Ausgang genauestens Buch. Er fühlt sich entsetzlich dabei, aber er überlebt verborgen auf diese Weise, er will keinesfalls auffallen. Aus seiner Wohnung unter dem Dach blickt er auf das stets leere Prager Fußballstadion. Wenn er durch die Straßen geht, sieht er überall die Möbelwägen der Deporteure wie Geisterkutschen. Eine Terry-Gilliam-Existenz. Aber jetzt muß er ran und den angeschossenen Mann operieren. Er weigert sich zunächst, aber dann findet er seine Identität in der trotzigen Rettung dieses Patienten wieder – und am Ende wird er von der Gestapo im Treppenhaus des Mietshauses erschossen.

Der fünfte Reiter ist die Angst (... a pátý jezdec je strach) ist eine Art todernster Tati-Film. Permanentes Geklingel überall, mal Telefon, mal die Wohnungstüren (die Leute verwechseln das Klingeln oft, sie reißen beim Telefon fälschlicherweise die Tür auf oder sie brüllen »Prosim?!« in die schwarzen Bakelitapparate, wenn einer vor der Tür steht und läutet), Versteckspiele treppauf, treppab. Wunderbare Alltagsbeobachtungen zunächst, dann Durchsuchungen, Denunziationen, Selbstmord. Alles hochmusikalisch, wenig Dialog, wie in einer Stummfilmgroteske, allerdings einer sehr grausamen. Eine unglaubliche Szene findet in einer riesigen Bar statt, in der sich die tschechischen Gewinner sowohl wie die Verlierer der Nazibesatzung treffen, sich kurzfristig versöhnen, Heimatlieder singen, saufen, huren und wo die Hauptfigur verzweifelt nach Morphium für den Patienten zu Hause sucht.

Ein Film, in dem alles, was Zbynek Brynych auszeichnet, sichtbar auf dem Niveau eines preiswürdigen internationalen Films angelegt ist (Carlo Ponti produzierte den Film immerhin): sein exorbitantes Raumgefühl, seine hochdramatischen Gefühls- und Spannungschoreographien, sein ebenso galliger wie liebenswerter Humor, seine kleinen, abgeschlossenen Welten, Biotope, in denen jeder jeden beäugt, mißtrauisch und gierig; und dann natürlich die immer wunderbaren Frauenfiguren bei Brynych, die latente Erotik und die Musikalität. Brynych gehörte zur großen tschechischen »New Wave«-Generation (wie Forman und Menzel), die den Prager Frühling gleichsam angekündigt hatte und die dann 1968 von den russischen Panzern in alle Winde zerstreut wurde. Und dennoch war dieser bemerkenswerte Film, seine anspruchsvollen Einstellungen, seine Teilnahme in Cannes 1965 doch nur ein Vorspiel in Brynychs Filmographie. Denn ausgerechnet uns Westdeutschen hat dieser wundersam fröhliche tschechische Herr gegen Ende der Sechziger in seinem Münchner Exil das vielleicht größte filmische Geschenk gemacht: Vier exorbitante Folgen des guten alten *Kommissar*, vier kurze Filme, die an schierer Vitalität der Erzählweise und der Figuren – und an heute noch glücklichmachender BRD-Schmutzigkeit – so ziemlich alles schlagen, wovon das deutsche Fernsehen – und der deutsche Film sowieso – je zu träumen gewagt hätte.

In München, in diesen Herbert-Reinecker-Plots, die immer wie mit einer Bleistiftlinie gezogen ins Herz der westdeutschen Nachkriegsbefindlichkeit trafen, da kam Brynychs Genialität noch mal zu einer neuen Bestimmung. In einem wilden Taumel der Befreiung sauste er in langen, aberwitzig rasanten und herrlich unordentlichen Zoom-Einstellungen durch ein schwarzweißes München der Hippiezeit *(Der Papierblumenmörder)*. Und durch ein Mietshaus-München, mit Marianne Hoppe und Johannes Heesters als abstrusem Wirtsehepaar, die ihren räuberischen Nachwuchs schützen wollen *(Parkplatz-Hyänen)*. Er hetzte gemeinsam mit Götz George als pfeifendem Zuhälter auf dem Fahrrad über rote Ampeln *(Tod einer Zeugin)* und taperte mit marodierenden alten Männern in einem furchterregenden Hinterhof-Schwabing herum *(Die Schrecklichen)*. Alle deutschen Schauspieler spielten bei Brynychs *Kommissar*-Filmen wie um ihr Leben, aber immer ein bißchen frischer und entspannter als sonst. Und der alte Herr vom Dienst mit Hut und Mantel, der einstige Ufa-Tänzer Erik Ode in jener letzten Rolle seines Lebens versöhnte sich – unter dem Einfluß von ordentlichen Mengen Bier und Schnaps in jeder Folge – mit dem kommenden München der Jungen. Mit den – hier nicht sehr netten – Blumenkindern, mit all den anderen Aufsässigen und auch mit den Jungdynamischen in seiner eigenen Ermittlungstruppe. Spürbar rückte mit jedem dieser kleinen Filme die orgiastische Olympiade 1972 ein wenig näher. Und wann gibt es dann bitte diese Meisterwerke auf DVD?

Polnische Geschichte, immer wieder neu erzählt

Zum achtzigsten Geburtstag des Filmregisseurs Andrzej Wajda

Zu Beginn des Films *Die Mädchen von Wilko* von Andrzej Wajda aus dem Jahr 1979 taucht das Gesicht eines alten Mannes hinter flackernden Kerzen im späten Dämmerlicht eines Friedhofs auf. Es ist der Autor der Romanvorlage des Films, Jarosław Iwaszkiewicz, der laut Wajda sein Leben lang nur ein einziges Thema hatte: »die Liebe und den Tod«. Im weiteren Verlauf des Films wird Iwaszkiewicz dann sozusagen von Daniel Olbrychski gespielt. So lange, bis Olbrychski am Ende dem Autor in einem Zugabteil wieder gegenübersitzt und sie sich lange anschauen. Olbrychski gibt ihm damit die Figur zurück.

Diese vielen Kerzen bei Wajda, die brennenden Schnapsgläser in *Asche und Diamant*, all die Feuer in seinen Filmen brennen ja immer für die toten Seelen. Meistens sind es die Toten der polnischen Geschichte. Hier brennen die Feuer aber weniger für die Menschen, sondern eher in Erinnerung an die Gefühle der Vergangenheit. Die meisten der Mädchen von Wilko, um die es in diesem Film geht, sind Mitte bis Ende dreißig. Sie sind die fünf Schwestern eines Guts, auf dem Olbrychski sich als Nachbarsjunge in der Jugend immer herumtrieb. Alle Mädchen waren damals in ihn verliebt, und er hat sich nie für eine von ihnen entschieden. Das war vielleicht sein Glück, aber es war sicher auch seine Tragik, denn sein Leben war natürlich nie schöner als damals. Die meisten der Schwestern sind inzwischen verheiratet oder bereits geschieden, sie sind in ihren Ehen verdrießlich oder traurig geworden. Eine – das für Olbrychski wichtigste Mädchen – ist gestorben; sie reinkarniert sich aber gewissermaßen in ihrer allerjüngsten Schwester, die ihn jetzt ihrerseits anhimmelt.

Jeder Lichtreflex vertieft die Stimmung

Die Rückkehr der Hauptfigur des Films in ihre glorreiche Jugend findet statt am Ende des ebenso glorreichen Jahrzehnts einer kurzen polnischen Demokratie in den zwanziger Jahren, einer knappen Epoche von Freiheit und starkem Selbstbewußtsein Polens. In der magischen Dämmerung, die über dem Film liegt, ist bereits die herannahende Nacht der Radikalisierung der polnischen Auseinandersetzungen in den Dreißigern zu erahnen, und dahinter droht natürlich die totale Finsternis des für Polen so besonders furchtbaren Zweiten Weltkriegs. Die Rückkehr des Helden in seine Jugend ist ein Erforschen der eigenen Vergangenheit, ob sie noch irgendwelche Chancen bereithalten könnte.

Außer einem überraschenden blitzartigen Schnitt auf eine der Schwestern vor fünfzehn Jahren gibt es keine einzige Rückblende in den *Mädchen von Wilko*. Dennoch sind alle Zeiten präsent. Die Vergangenheit ist immer da, weil sie in der Gegenwart beständig beschworen und damit nochmals neu definiert wird: »Weißt du noch?« Es sind viele kleine Details und Episoden, die in diesem Film die Erzählung fast zerfließen lassen: der seltsame, halb zynische, halb sehnende Tanz, den die unglückliche Schwester Jola um das große Auto ihres biederen Mannes aufführt, der nach einem zerstrittenen Nachmittagstee, bei dem die Scheidung der beiden auf dem Tisch liegt, sofort wieder wegfahren will und der hilflos versteckt in den Polstern auf seinen Chauffeur wartet. Eine Entenjagd Olbrychskis mit Tanja, der jüngsten Schwester, bei der die beiden aber nur picknicken und absolut keine Enten jagen. »Was liest du gerade?« fragt er sie. (Wer stellt heute noch derart selbstverständlich solche Fragen in Filmen?) Ein Galoppritt zu zweit in der Abenddämmerung mit einem überraschenden Schwenk zum blassen Mond am Himmel …

Am Ende gibt es dann tatsächlich noch die lang ersehnte erotische »Vertiefung« mit einer der fünf Schwestern, und zwar ausgerechnet mit Jola, der neurotischsten und unglücklichsten von ihnen. Dann geht Olbrychski fort, und überall bleiben Sehnsucht und Bedauern zurück, ironisch-traurig-zart-liebevoll. Die Kamera hat hier kein Gramm der Steifheit aus den frühen Wajda-Filmen mehr. Sie lebt den Film wie ein eigenständiges Organ mit. Jeder Lichtreflex scheint die Stimmung zu vertiefen. Die Musik dazu, ein Violinkonzert des polnischen Komponisten Szymanowski, klingt, als ob ihre orchestrale Vielstimmigkeit, als ob die Endlosigkeit ihrer Melodien sozusagen die Natur vertonen wolle, die sich in einen abgründigen Frühherbst eingesponnen hat. Dunkel schimmernd wie der Herbst in den Gedichten von Georg Trakl. Und Olbrychski ist in Wajdas Filmen ja sowieso immer viel besser, viel eindrucksvoller, sanfter und radikaler gleichzeitig als in den internationalen Puddingproduktionen, in denen er dann ab den Endsiebzigern auch vermehrt auftrat.

Von diesem sehr selten gezeigten Ausnahmefilm aus kann man jetzt sozusagen sternförmig in das Werk von Andrzej Wajda ausschwärmen. Anhand zweier DVD-Sammlungen aus den Vereinigten Staaten von insgesamt neun Filmen entsteht ein gutes Bild davon, wie ein großer Regisseur hinter dem Eisernen Vorhang zu kämpfen hatte und wie er über Jahrzehnte hinweg unablässig kreativ und vor allem unberechenbar bleiben mußte. Wajda versuchte einerseits, seine Filme vor dem Zugriff der politischen Zensur zu bewahren, und andererseits, sich selbst und seinen polnischen und internationalen Zuschauern ein authentisches, kritisches Bild der Vergangenheit und der Gegenwart seines geplagten Landes zu vermitteln.

Bei »Criterion« sind in bewährt zuverlässiger Art mit vielen Interviews und Zugaben die drei schwarzweiß gedrehten frühen Filme Wajdas erschienen, mit denen er das Weltkino schlagartig betrat: *Eine Generation* (1955), *Kanal* (1957) und der berühmteste aller Wajda-Filme, *Asche und Diamant* (1958). Und bei www.vanguardcinema.com gibt es die sogenannte Andrzej-Wajda-Retrospektive, eine sehr gute Auswahl von fünf Filmen aus dem wahren Höhepunkt von Wajdas Lebenswerk in den Sechzigern und Siebzigern plus noch einem Nachzügler von 2002. Offenbar im Zug von Wajdas Ehren-Oscar aus dem Jahr 2000 herausgebracht, ist diese Box gleichfalls randvoll mit Interviews des Regisseurs, Daniel Olbrychskis und vieler anderer Mitarbeiter. Die Filme und die Extras haben dabei sogar deutsche Untertitel, häufig mit liebenswert fehlerhafter deutscher Grammatik. Als Beigabe dazu, die sich ein wenig dem amerikanischen Markt anbiedert, gibt es noch einen schwergewichtigen Brief von Spielberg, der sich im Jahr 2000 gegenüber der Academy offenbar für Wajda stark gemacht hat.

In der »Criterion«-Kollektion der drei berühmten frühen Schwarzweißfilme der sogenannten »Nachkriegstrilogie« kann man ganz gut erkennen, daß Wajda sich zunächst trotz seiner stetigen Treffsicherheit in der Wahl der Stoffe (*Asche und Diamant* ist neben vielem anderen ja auch einfach eine großartige Bearbeitung der Romanvorlage) noch nicht ganz zwischen der altmodischen Steifheit des Nachkriegskinos und der neuen erzählerischen Dynamik der Sechziger entscheiden konnte. Cybulski, der legendäre Hauptdarsteller des Films, eine Ikone polnischer Rock'n'Roll-Moderne, reibt sich mit seinem lässigen Spiel ab und zu an Wajdas hier noch teils bühnenhaften Kamerapositionen. Man könnte vermuten, Wajda habe vom italienischen Neorealismus der frühen Jahre zunächst eher die plakativeren Mittel lernen wollen. Fünfzehn Jahre später jedenfalls, in *Promised Land (Das gelobte Land)*, der die Höllenfahrt dreier junger Unternehmer im sich wie verrückt gebärdenden Frühkapitalismus der Lodzer Textilbranche des 19. Jahrhunderts erzählt, gibt es zwar auch sehr beweiskräftige erzählerische Effekte – aber die werden jetzt durch das hohe Tempo und den heftigen Ton, den Wajda hier vom ersten Moment an anschlägt, völlig reibungslos ins Ganze hinein quasi aufgesaugt.

Die großartigen ersten sechzig Minuten des Films schildern vierundzwanzig Stunden im Stadtleben von Lodz 1880. Industrialisierung, Baumwolle, Wolle; neureiches dämliches Pack, armes leidendes Gesindel, alles direkt nebeneinander wie bei Charles Dickens. Die Schornsteine der Fabriken qualmen mythisch. Kurze Brennweiten der Kamera, rasende Fahrten, die die Dynamik der Erzählung permanent antreiben. Der Rhythmus der Musik peitscht. Ab und zu brennt aus Versicherungsgründen eine Fabrik mal ab, lakonisch vom Fenster einer Nachbarfabrik aus betrachtet. In Erinnerung bleibt vor allem eine zwölfminütige Szene im rappelvollen Lodzer Theater. In dieser demonstrativen Situation – den albernen Auftritten auf der Bühne und den noch viel durchgeknallteren Zuschauern, die ihre Rohheit und Dummheit allesamt während der Vorstellung zur Schau stellen – wirken Wajdas gelegentliche Überdeutlichkeiten inzwischen wie mühelos eingebunden. Fellini-Anleihen mit weißen Maskengesichtern sehen fast authentischer aus als bei Fellini selbst, weil es Wajda dabei nicht um diese diffuse neorealistische Poesiepose geht, sondern um eine rabiate, direkte und schön zynische Gesellschaftsschilderung.

Die tollsten Erkenntnisse und die bleibenden erzählerischen Momente erreicht man im historischen Kino aber wohl weniger mit der großen Dramatik der Situationen als eher mit genauer Topographie. Mit der Beschreibung von Wegen, wie sie von den Menschen der Vergangenheit zurückgelegt wurden, mit dem Erzählen von versunkenen Orten, die

Emotionen und Stimmungen wie von selbst in sich tragen. Solch ein Moment ist die Einfahrt der Familie des strahlendsten der drei Jungunternehmer ins »Promised Land« (auch hier wieder Olbrychski in der Hauptrolle) auf einem Pferdewagen, ins industriell tobende Lodz des 19. Jahrhunderts. Wajda berichtet im Interview, daß sie allein an dieser siebenminütigen Sequenz eine Woche lang gedreht haben. Unsere heutige historische Aufarbeitungsindustrie wirft genau solche Momente bereits im Drehbuch oder spätestens im Schneideraum auf den Müll.

Wajda erzählt in den insgesamt neun Filmen der beiden DVD-Pakete im Grunde von nichts anderem als von Polen und immer wieder noch mal von Polen und von der haarsträubenden, zerrissenen Geschichte des Landes. Polen weit vor der Zeit des Kommunismus, Polen im 19. Jahrhundert (1974/75: *Promised Land/Das gelobte Land*); er erzählt von den kurzen Momenten einer eigenständigen Demokratie in den Zwanzigern (1979: *Die Mädchen von Wilko*) hinweg, über den Endkampf und Zusammenbruch des Zweiten Weltkriegs, den er selbst erlebt hat (*Kanal, Eine Generation, Landschaft nach der Schlacht* 1970); er kommt über den diffizilen, kommunistischen Neuaufbau des Landes (1958: *Asche und Diamant*) schließlich zum Polen seiner eigenen künstlerischen Generation in den Sechzigern (1968: *Alles zu verkaufen* – einer der besten Filme übers Filmemachen!) und legt dann die gesamte Eiszeit des real existierenden Kommunismus in einen einzigen Film bis in die beginnenden Auflösungserscheinungen des Systems in den Siebzigern hinein (1976: *Der Mann aus Marmor* – vital, schnell, sexy, zweieinhalb Stunden lang unterlegt mit Pop aus Polen; ein Dokument von Wajdas Entdeckung seines weiblichen Stars Krzystyna Janda).

Wiedergutmachungsgefühle versperrten den Blick

Man hat es meiner Generation schwergemacht, Wajda selbst zu entdecken, weil er uns in den Siebzigern vom deutschen Feuilleton beständig vorgebetet wurde. Er erstarrte in der Bundesrepublik förmlich zum eigenen Denkmal, während er zur gleichen Zeit doch in Wirklichkeit filmisch immer moderner und experimenteller wurde. Man kann sagen, daß seine Filme damals ungerechterweise unter diesem speziell westdeutschen Kunstblick litten, der geprägt war von Schuldgefühl und gleichzeitig von einer ungewollt touristischen Ehrerbietung. Polen hatte ja lange Zeit allen Grund gehabt, einem Westdeutschland gegenüber mißtrauisch zu bleiben, das erst mit Brandts Kniefall in Warschau sichtbar begann, die verheerende Schuld gegenüber dem Nachbarland deutlich zu bekennen und abzutragen. Unter dieser politischen Vereinnahmung und diesem Wiedergutmachungsgefühlsgemenge bekam das Werk von Wajda vor 1990 nie so recht Luft zum Atmen. Was nicht das Problem der Filme ist.

Es springt einen heute vielleicht am frappierendsten in der ganzen Sammlung der Film *Alles zu verkaufen* von 1968 an, in dem der Regisseur den Unfalltod seines Stars und Freundes Cybulski spontan in eine irre Erzählstruktur von Doppelungen und Spiegelungen des Lebens im Filmemachen verarbeitet hat. Ein Regisseur sucht seinen verschwundenen Hauptdarsteller; der Dreh steht, alles läuft auseinander und versucht zu retten, was zu retten ist, Beziehungen zerbrechen. Am Ende ist klar, der Schauspieler ist tödlich verunglückt, man hat einen neuen (Olbrychski!), und man wird jetzt den Film drehen, den wir eigentlich eben schon gesehen haben: ein Porträt des Toten, aus Splittern zusammengesetzt.

Wir treffen auf eitle, selbstverliebte polnische Künstler, an ihrer Seite auf tolle und hellsichtige Frauen und Schauspielerinnen, die mit diesen im Grunde todtraurigen Männern und ihren eigenen Gefühlen zu ihnen versuchen klarzukommen. Es gibt verblüffende Szenen, eine nach der anderen; privat, gewagt, witzig, Film und Leben fallen zusammen in einen Strudel. Auch dieser Film könnte den Titel tragen *Eine Generation*, denn er setzt den polnischen Künstlern, die 1944/45 im Widerstand noch als junge Leute selbst mitgekämpft hatten und die dann mit dem Kalten Krieg zurechtkommen mußten, ein grandioses und auch wohl ziemlich ehrliches Monument.

Vor kurzem war über Andrzej Wajda zu lesen, daß er seine Landsleute in der erhitzten Debatte über die Erstaufführung des Hitler-Films *Der Untergang* in Polen zu beruhigen versuchte. Wajda stellte einfach fest, die ganze Aufregung lohne sich doch gar nicht, denn der deutsche Führerbunker-Film sei dafür viel zu »unerheblich«. Nach diesem bemerkenswert knappen Hinweis könnte man sich vorstellen, daß Wajda auch ähnlich kühlend in die Debatte über Volker Schlöndorffs Danziger Streik-Film hätte eingreifen können. Schließlich kennt er alle Beteiligten der Werftarbeiter-Aufstände von 1970, 1976 und 1980 persönlich sehr gut, auch die gegen Schlöndorffs Fiktion protestierende damalige Streikführerin Anna Walentynowicz. Von einem Mann wie Wajda jedenfalls kann sich deutsches History-Großkino ganz gut mal die Leviten lesen lassen, denn in den Interviews über die eigenen Filme ist er selbst sehr genau, sehr sympathisch und oft leise ätzend selbstkritisch. Nie stellt er sich in den Vordergrund, immer erwähnt er den Anteil der anderen an seinen Filmen.

Er erzählt offen, wie er Cybulski für *Asche und Diamant* eigentlich nicht haben wollte, weil er ihn als zu modern empfand, und wie erst sein Regieassistent ihn fast unmerklich zur Besetzung des späteren Stars hinschieben mußte. *Asche und Diamant*. Immer wieder. Der Film wird auf ewig mit Wajdas

Namen geradezu verknotet sein, aber er darf sich nicht vollends auf die anderen, schon fast entglittenen Filme legen. *Die Mädchen von Wilko, Alles zu verkaufen* ... ihre Verspieltheit, ihre Sanftheit, ihre Ironie treibt die Figuren dieser Filme uns förmlich entgegen, wenn man heute überraschend auf sie trifft: so als habe sich der Fluß der Zeit inzwischen umgedreht und als könnten wir die wunderbar verloren wirkenden Heldinnen und Helden der Filme erst heute so richtig vorbehaltlos umarmen.

DEUTSCHE KARRIEREN

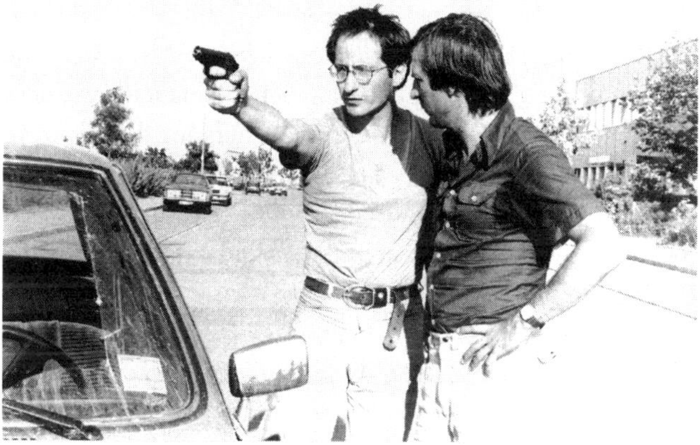

Dominik Graf und Klaus Wennemann bei
Dreharbeiten zu *Der Fahnder*, 1991 (Privatarchiv)

Im Orange der tiefstehenden Sonne

Erinnerung an den Kameramann Martin Schäfer und *Die Katze* (1988)

Die Dreharbeiten zur *Katze* im Sommer 1987 waren schwer. Der Film war in der Bavaria erheblich unterschätzt worden und wurde dementsprechend unterkalkuliert. Zu wenig Drehzeit, zu wenig Geld. Die vielen Perspektiven der Erzählung eines eintägigen Banküberfalls mit Geiselnahme in der Düsseldorfer Innenstadt erforderten eine enorme, für damalige deutsche Kinozeiten schier unvorstellbare Anzahl von Kamerastandpunkten und von optischen Variationen. Die Fernrohre der Polizei duellierten sich permanent mit dem Voyeursblick des einsamen Chefgangsters im distanzierten Hotelzimmer, und diese Perspektiven mußten wiederum unterschnitten werden mit Totalen des Ortes, mit halbtotalen Reaktionen der Polizei, mit anderen subjektiven, panischen Blicken aus der Bank der Geiselgangster usw. Fast jede Szene war aus mindestens einem halben Dutzend verschiedener Blickwinkel zu drehen. Die Actionsequenzen waren kompliziert. Der eine sonnige, heiße Sommertag, der im Film zu erzählen war, benötigte darüber hinaus möglichst gleichbleibende Lichtanschlüsse, auf keinen Fall Regen oder dunkle Wolken. Die Drehorte waren in Düsseldorf und später in München und im Studio. Das Ganze glich eher einer militärischen Operation, damit die Menge an Filmmaterial gesammelt werden konnte, die man brauchte, um später die dramatische Präzision im Schneideraum hinzukriegen. Eigentlich war alles an diesem Film ein wenig Neuland, fast für jeden von uns. Mir als Regisseur saß meine viel zu geringe Erfahrung mit größeren Kino-Dreh-Einheiten im Genick. Und es verfolgte mich damals auch noch der unmittelbar vorausgegangene herbe Flop mit einer Neuen-Constantin-

Komödie. Dieser Film hier mußte nun irgendwie was werden.

Martin Schäfer war in meinen Augen nach Vadim Glownas beiden Filmen *Dies rigorose Leben* und der aufwendigen Joseph-Conrad-Verfilmung *Des Teufels Paradies* in Thailand genau der erfahrene und der gleichzeitig ästhetisch sichere Kameramann, den ich brauchte. Sehr dringend brauchte, um die Nervosität solcher Dreharbeiten und um das permanent hochgehaltene Tempo meiner Inszenierung mit seinen klaren Bildern zu konterkarieren. Martin war aber leider nicht sehr glücklich mit mir, fürchte ich, weil ich für seinen Geschmack fast immer zu lange Brennweiten benutzen wollte. Er bevorzugte zumeist das »Normalobjektiv«, also Brennweiten um die 50 mm herum. Es gab den Figuren und den Bildern Luft zum Atmen. Ich dagegen wollte entweder erheblich kürzere oder viel längere Brennweiten haben. Oft mußten bereits aufgebaute Schienen noch mal umgebaut werden, um die komplizierten Kamerabewegungen mit den extrem langen Objektiven an Reihen von verschwitzten Schauspielergesichtern entlang zu ermöglichen. Ich wollte jederzeit einen immensen Druck auf die Figuren im Film verspüren, dramaturgisch und optisch.

Und die Arbeit ging den Produzenten überhaupt viel zu langsam vonstatten. Mein Aufwand, meine Schlagzahl an Einstellungen war ihnen ebenso zu hoch wie sie Martins Leuchtzeiten für zu lang hielten. Es gab Krisensitzungen, Streit, Nerven, die blank lagen. Auch zwischen Martin und mir. Man kann nicht unbedingt sagen, daß er sich bei der Arbeit schonte. Er rauchte zwei Schachteln Gitanes Maïs am Tag, wenn ich mich recht erinnere. Und ich rauchte zwar schwächere Marken, aber bei diesem Film dafür um so mehr. Einmal ging sein Assistent auf mich los, als ich ihn zur Eile antrieb. Er hatte natürlich recht. Ich hätte öfters mal die Klappe halten und den Druck der Produktion einfach runterschlucken sollen. Wenn mir damals nur mal jemand erklärt hätte, wie man das macht ...?

Man muß bedenken, das Ganze war ja kein Autorenfilm. (Autorenfilme lehnte ich als überzeugter Regiehandwerker damals sowieso total ab.) Es war ein klassischer Studiofilm. Das heißt, der Roman von Uwe Erichsen war von der Bavaria gekauft worden, und die Besetzung der Hauptrollen mit Götz George und Gudrun Landgrebe war eine automatisch damit verbundene Produzentenvorstellung gewesen, weil die beiden damals, Ende der Achtziger echte Stars waren. Sie garantierten eine gewisse kommerzielle Aufmerksamkeit schon mal vorab. Ohne Georges Mitwirkung wäre der Film sicher gar nicht erst angefangen geworden. Er war auch meine Idealbesetzung für die Rolle. Und mir hatte man als Regisseur damit noch eine Chance gegeben, weil ich zuvor ein paar schwungvolle *Fahnder*-Kurzfilme für die Firma inszeniert hatte. *Die Katze* war als typisches Achtziger-Jahre-Starvehikel geplant, nicht mehr und nicht weniger.

Wir wollten aber mehr. Martin Schäfer ebenso wie ich. Obwohl er aus einer ganz anderen künstlerischen Richtung kam. Ich fand diesen Stoff damals absolut einzigartig in Deutschland. Gut konstruiert, sehr spannend, zynisch und lustig gleichermaßen in den Figuren. Darüber hinaus lieferte er die einmalige Chance, in einem deutschen Kinofilm mal Ort und Zeit präzise zu erzählen, Raum und Stimmung. Heimat sozusagen. Und Martin und ich waren uns einig darin, daß wir beweisen wollten: kommerzielle Filme könnten vielleicht auch bei uns ganz gute Filme sein. Und kommerzielle Filme könnten vielleicht sogar böse Filme sein. So wie man das aus Frankreich oder USA damals kannte. So wie die Filme, die ich liebte. Es mußte doch irgendwie möglich sein ... Das dachten wir eigentlich beide damals, ohne ständig darüber zu reden. Diese Idee verband uns letztlich trotz aller

Hektik am Drehort. Und manchmal hatte man bei der Arbeit sogar den Eindruck, daß diese Idee zwar uns und die meisten Schauspieler und die engsten Mitarbeiter miteinander verband – aber sozusagen gegen den Rest der Welt.

Der härteste Drehtag fand in München-Neuperlach statt. Hundert Autos in der Komparserie, der Höhepunkt einer Verfolgungssequenz dann an einer Ampel. Vierzig bis fünfzig Einstellungen an diesem Tag, Stunts, Extremstreß, Organisationsmeisterleistung, sehr teurer Tag. Als die Sonne unterging, hatten wir das Pensum völlig wider (auch wider unser) Erwarten geschafft. Stolz. Auftritt damaliger Bavaria-Executive im tiefstehenden Sonnenlicht. Er sagte zu uns: »Hättet ihr es heute *nicht* geschafft, dann wären die fehlenden Einstellungen sowieso nie mehr gedreht worden.« Rohrbach und er hätten das im Vorfeld dieses anstrengenden Tags bereits beschlossen – sagte er. Martin bekam daraufhin seinen einzigen richtigen Wutanfall, und das Feierabendbier zerplatzte auf dem Pflaster. Es gab nur einen ruhenden Pol bei dieser Produktion, und das war Götz George. Er ging nach dieser Situation zu Rohrbach und sagte ihm, man solle den Druck auf den Drehort reduzieren und uns jetzt mal in Ruhe arbeiten lassen. Ein paar Tage lang war daraufhin Stille.

Im Zusammenschnitt war ja dann auch alles genau so in Ordnung, wie Martin es gedacht und gedreht hatte. Am Ende zeigte sich ja, daß der Film ohne Martins ästhetische Beharrlichkeit ein Tohuwabohu von Lichtanschlüssen und von Farben und Stimmungen geworden wäre. Das Talmigold der Tapeten in Georges Hotelzimmer bekam von ihm eine Art Spiegelung verpaßt, nämlich im echten Gold seines Sonnenlichts. Es gibt da einen gewissen Orangeton in seinen Filmen – nicht nur in der *Katze* –, der sich manchmal auch im Teint der Schauspieler reflektiert. Diesen Ton hab ich nur bei Martin Schäfer gesehen. Und als Götz George im Film am

Spätnachmittag – nach einem verbissenen, heimlichen Zweikampf mit einem Polizisten auf Leben und Tod – vom halbdunklen Hotelgang in sein Zimmer zurückkehrt, da steht die Sonne plötzlich niedrig. Sie scheint ihm ins Gesicht, als er durch die Tür kommt. Das Licht multipliziert den Eindruck seiner Erschöpfung. Die Luft steht förmlich im Zimmer, und die Sonnenstrahlen machen George fertig, wie ein neuer, zusätzlicher Gegner. Sehr viele Lampen mußten vor das gebaute Hotelfenster im Studio gestellt werden, um diesen Eindruck zu erzeugen. Martin arbeitete lange und angestrengt am Licht des später werdenden Tages, das sich immer heftiger und immer plastischer in den Schalterraum der Bank mit den gestreßten Gangstern und ihren Geiseln ergoß. Und das an den Wänden von Georges Hotelzimmer allmählich immer höher krabbelte. Die Räume wurden zu Höhlen, je länger der Film dauerte.

Die Schlußszene, die einzige Außen-Nacht-Szene des Films, geriet dann überraschenderweise zu einer Improvisation. Fast das ganze Team war nämlich schon weg. Die Produktion für den Tag hatte offiziellen Drehschluß angesagt. Man hatte sozusagen genug von Martin und mir und unseren Überstunden. Nur noch wenige Leute von der Lichtcrew blieben da. Wir machten – seltsam allein gelassen auf einer nächtlichen Straße nach all den Wochen mit dem Riesenapparat auf den Fersen – nur zwei, drei Schauspielereinstellungen. Statt eines langen Dialogs im Drehbuch zwischen Gudrun Landgrebe und ihrem Film-Ehemann Ulrich Gebauer kürzten wir die Szene ab. Und dann drehten wir noch zwei Zwischenschnitte auf die U-Bahn-Lichter, die in Freimann (es sollte alles immer noch Düsseldorf sein) überirdisch zwischen den Wohnblocks verschwinden. Martin war an dem Abend zum ersten Mal in einem ganz anderen Element. Kleines Team, das kannte er nämlich (ich nicht, ich hatte ja bis dahin immer diese Bavaria-Karawanen gehabt) – und damit konnte er ebenso gut umgehen wie mit großem Aufwand. Das war mir neu, und die Arbeit machte eine halbe Nacht lang einfach nur Spaß. Diese Schlußszene wurde dann eine meiner Lieblingsszenen im Film, weil ihr die Improvisiertheit und Leichtigkeit der Arbeit auch später noch im Schnitt anzusehen war.

Der Groschen fiel bei mir trotzdem erst Jahre später. Ich hatte an diesem Abend etwas kapiert, was lange danach erst wichtig für mich als Regisseur wurde. Wie man nämlich eine Szene zwischen Menschen nicht nur aus ihren Gesichtern, ihren Worten, Gesten, sondern auch aus ihren Eindrücken und aus fast unzusammenhängenden Impressionen zusammensetzen kann. Und wie frei man überhaupt beim Drehen manchmal sein muß, damit auch der Film am entscheidenden Ende noch die Luft hat, die er braucht. Um atmen zu können.

Martin Schäfer, geb. 1943 in München. Ab 1971 Kameraassistent unter Robby Müller. Ab 1977 Chefkameramann u. a. für Helke Sander, Rudolf Thome, Vadim Glowna. Bundesfilmpreis für *Dies rigorose Leben*. Zusammenarbeit mit Dominik Graf an *Die Katze*, 1987. Schäfer stirbt 1988 in Wangen im Allgäu.

Der Herr der Dunkelheit

Zum Tod des Tonmeisters Milan Bor

Vor zwei Wochen ist – von der Branche fast unbemerkt – der große Tonmischmeister Milan Bor gestorben. Ich denke, es muß etwa 1970 gewesen sein, als er aus Prag zu uns kam –, und seither hat er über fünfundzwanzig Jahre lang in der Bavaria in Geiselgasteig Filme gemischt. Daß darunter nicht nur die großen Bavaria-Kinohits und -Serien waren wie *Das Boot* oder Fassbinders *Berlin Alexanderplatz*, sondern auch Hunderte andere große und kleine Filme, deren Regisseure und Produzenten von weit her zu ihm kamen – das war sein Verdienst: denn er war ein absoluter Meister seines Fachs und war als solcher auch weltweit anerkannt. In seiner Zeit wurde die Tonabteilung der Bavaria zur ersten Adresse, mindestens in Deutschland. Milan Bor war als bisher einziger Tonmischmeister für einen deutschen Film für den Oscar nominiert, und als einziger erhielt er einen Bundesfilmpreis und einen der allseits beliebten Bayernpreise.

Er war seit Jahren herzkrank. Vor fünf Jahren, während der Mischung von Vilsmaiers *Stalingrad*, erlitt er einen Hörsturz und mußte seinen Beruf aufgeben. In der letzten Zeit war er ein großartiger Berater und Lehrer. Er war erst 62 Jahre alt. Er hat vielleicht auch ein wenig den Preis für die unzähligen Tage und Nächte zahlen müssen, die er – wie alle seine Kollegen – in der fast gänzlichen Schwärze der Tonstudios verbracht hat. Wer ein großes Mischstudio zum ersten Mal betritt, spürt sofort die enorme Fremde des Orts, wo so viele Filmschicksale entschieden werden – nur das Mischpult mit seinen unendlichen Reglern glänzt dem Besucher wie eine Wunderwaffe entgegen, steil von oben beleuchtet. Darunter sitzt wie ein einsamer Arbeiter: der Mischmeister, scheinbar allein mit dem Film vor ihm auf der Leinwand. Erst wenn sich die Augen an die Dunkelheit gewöhnt haben, nimmt man die zumeist schweigsame Menge der Zuhörer wahr, die daneben im Halbdunkel sitzen: Regisseur, Produzent, Cutter/in etc. Fetzen von Tönen zerreißen die Stille, vorwärts, rückwärts gehört, x-mal, Bruchstücke von Musik ... aber auf einmal kommt ohne Vorwarnung das Wunder: ein oder gar zwei Minuten Film am Stück perfekt gemischt und mit allen Tonelementen zum ersten Mal glasklar hörbar wie nie zuvor – wie der Regisseur es sich immer monatelang erträumt hatte. In diesen Augenblicken wird der profane Arbeitsraum zu einer geradezu sakralen Höhle.

Meine stärkste persönliche Erinnerung an Milan Bor stammt aus dem letzten Akt meines Films *Die Katze*: Am Höhepunkt des Showdowns zog er plötzlich unerwartet alle Schreie, Geräusche und die Musik gemeinsam in einen übergroßen Hall, hielt diesen bedrohlichen Klangteppich etwa sieben, acht Sekunden Film lang in der Schwebe – und dann riß er sämtliche Regler auf einmal herunter. Stille. Mit den Reglern noch in der Hand blickte er mich herausfordernd an, als wollte er sagen: »Na? Wie war das? Nicht schlecht, oder?« – Es war eine Meisterleistung und duldete absolut keinen Widerspruch. Wir waren alle fasziniert. Es war für ihn wieder mal »nur« das Ende eines langen Mischmeisterarbeitstages in der ewigen Dunkelheit gewesen ...

So wie sich in seiner Lebenszeit die Technik des Kinotons radikal änderte – von der simplen Mono-Tonspur zum THX-Sound –, so hatte er parallel dazu großen Anteil an einer Weiterentwicklung des Stils der Mischungen. Er verfolgte stets dasselbe Ziel: absolute Klarheit bei größtmöglicher Vielschichtigkeit der Tonebenen. Er kannte und realisierte die Sehnsucht des Zuschauers nach dem »großen Hörerlebnis« im Kino, aber er wußte auch recht genau um die Grenzen der Aufnahmefähigkeit des normalen Gehörs. Sein Arbeitsstil war dabei präzise, unnachgiebig und absolut geschmackssicher. Die immer gewaltiger und undurchdringlicher werdende Technik konnte ihm nichts vorgaukeln, er hatte seine eigene Ansicht von ihren Möglichkeiten und Unmöglichkeiten. In der kurzen Titelsequenz von *Berlin Alexanderplatz*, in der sich verschiedenste Tonfragmente abwechseln wie eine herrlich schräge Klangsinfonie, ist ein kleines Hör-Denkmal seiner Meisterschaft ausgestellt.

Milan Bor hat jetzt den großen imaginären, schweigenden Zuschauerraum betreten, in der alle vergangenen Größen der deutschen Filmgeschichte sitzen und uns von ferne starr ansehen. Hinter ihm klappt die Tür zu. Leise. Seine Schritte auf Teppichboden. Er setzt sich, ein Stuhl knarzt irgendwo. Er hat seinen Platz eingenommen. Wieder Stille.

Milan Bor, geb. 1936 in Prag. Ab 1968 Ton-Mischmeister bei der Bavaria in München. Entwickelt dort einen bahnbrechenden Mix-Stil. Berühmteste Arbeiten: *Das Boot, Berlin-Alexanderplatz.* Für Dominik Graf u. a. *Die Katze.* Bor stirbt 1998 in München.

Schläft ein Lied in allen Dingen …

Erinnerung an den so früh verstorbenen Kameramann Helge Weindler

Ich habe nahezu alles, was ein Filmregisseur erst mal über Licht, Raum, Kamerapositionen und Brennweiten lernen sollte, von Helge Weindler gelernt. Er war nur wenige Jahre älter als ich. Er hatte schon an der Filmhochschule einen Begriff von Professionalität. Ich nicht. Er hatte bereits einen absoluten Willen zur Ästhetik. Ich hatte nur dunkle Ahnungen. Und ich bin wahrhaftig nicht der einzige, der heute so über ihn und seinen Einfluß spricht.

Schule des Sehens

Es war so um 1980 herum und das gemeinsame Problem bestand für uns ganz entschieden darin, daß Deutschland in Kino und TV damals stets so aussah, wie Deutschland eben aussieht: ohne Weite, ohne Tiefe, ohne Größe, ohne Höhe, ohne »Härte«, ohne »Geschmack«. Wir haßten es. Wir mußten also entweder auswandern oder uns fotografisch in den Filmen ein anderes Deutschland erschaffen.

Helge machte mir begreiflich, wie man das überhaupt machen kann: einen Raum, eine Straße, eine Stadt anders zu fotografieren als ich sie mit bloßen Augen bei x-beliebiger Beleuchtung wahrnehme.

Die Objektive? Eigentlich nur extrem lange oder mäßig kurze. Die 250- bis 500-mm-Brennweiten verloren gleich alles aus dem Blickfeld, was wir im Straßenbild nicht mochten, und machten das, was wir sehr wohl mochten, schöner, einmaliger, hoben es aus der ersehnten Unschärfe der restlichen BRD-Welt heraus. Die kürzeren Brennweiten wurden bei Kamerabewegungen in die Tiefe eingesetzt, der Raum wurde so geradezu raubtierartig überbrückt.

Das Licht? Er zeigte mir natürlich die großen Chancen und die unangenehmen Eigenschaften des natürlichen Lichts. Die unendlichen Vorzüge der »magic hour« beispielsweise, jener kurzen Zeit des Tages, in der alles so wundersam zu leuchten scheint. Er fotografierte bei *Neonstadt* direkt gegen die tiefstehende Sonne, um die Figuren im Licht wie Scherenschnitte wirken zu lassen. Und um andererseits der Banalität des flachen, sonnenlosen, unkonturierten Tageslichts zu entgehen, drehte er draußen in den kalten Monaten meist ganz ohne die üblichen Kamerafilter. Wenn dann in diese bläulichherbstliche Welt die Sonne doch hineinbrach, so war sie gelb und warm wie ein Hoffnungsschimmer.

In Innenräumen ließ er die Fenster überstrahlen, auch, um nicht noch eine häßliche Häuserfassade von gegenüber ihre Fratze ins Bild strecken zu lassen. Er verwendete zusätzliche Fog-Filter oder pumpte die Räume voll Rauch. Wenn der sich gesetzt hatte und alle mit dem Husten fertig waren, dann entstand vor unseren Augen: greifbares Licht.

Er holte den Super-8-Film aus der Vergessenheit des Ferien-Film-Daseins, ließ das Material aufblasen auf 35 mm und kam zu einer Heftigkeit der Kontraste und Farbtöne, mit der er das erklärte Ziel erreicht: der Film wurde zu reiner Materie, zu grobkörnigem »Film-pur«. Und wenn die Muster am Ende auch so aussahen wie beabsichtigt, ballte er eine sehr frühe Boris-Becker-Faust vor Freude.

Ja, und Helge arbeitete hingebungsvoll mit allen Neonlampen im Bild, die erhältlich waren. Neutral oder farbig. Ein Raum oder eine nächtliche Straße konnten bei ihm – auch in den späteren Filmen – ganz andere Farben annehmen, überraschend, fast chamäleonartig. Das Motiv als solches ist oft nicht mehr zu erkennen. Unvergeßlich ist für mich in *Keiner liebt mich* die nächtliche Totale einer Brücke mit einer einzelnen Figur, die am Geländer steht ...

Das Rot von Helges Rotlicht war ja auch kein Bonbonrot, es war das Rot aus den New Yorker Filmen. Und die kamen einem sowieso eher vor wie ein guter Rock-Song, und so sollte es ja auch mal mit den eigenen Filmen sein.

»Die da träumen fort und fort ...«

Der Traum von diesem neuen Film-Deutschland kam eindeutig aus Amerika, da hatten Vilmos Zsigmond und Gordon Willis und auch Vittorio Storaro die Maßstäbe gesetzt, aber dieser optische Traum schien hier in der realen existierenden Republik auch in den »Dingen« angelegt zu sein, schon von ihnen geträumt zu werden; diese spießige Welt um uns herum begann in Helges Filmen gleichsam bereits zu ahnen, was aus ihr mal werden könnte, wenn sie groß und stark ist – im Kino. Er filmte meinem Gefühl nach oft diesen Traum der Dinge, davon, eines Tages sozusagen »anders«, schöner, erinnerungswerter sein zu dürfen.

Klar waren auch Robby Müller und Frank Brühne hiesige Vorbilder, aber die Melancholie vom »amerikanisch kolonialisierten Unterbewußtsein« (Wim Wenders) war uns total fremd. In unserem Traum – ich hoffe, das kann ich für einen Film wie *Treffer* sagen – war eher fordernde Bewegung. Und viel gemeinsames Gelächter.

Ich stand staunend neben seiner Arbeit und wandte mich angesichts all dieses wunderbaren neuen optischen Erzählspielzeugs, das ich hier begriff, gleich freudig einem enthemmten Formalismus zu. Der war ihm aber wiederum völlig fremd.

Bekam Helge für einen Film ein Kompliment zu seiner Kameraarbeit, so reagierte er konsequenterweise eher unwirsch, denn der Idealfall war für ihn eine Symbiose von Erzählung und Kamera, die unzertrennlich fürs Publikum einander bedingten. »Schöne Bilder« sind in dem Zusammenhang nichts wert, ihre bloße Erwähnung ließ ihn schon zweifeln.

Unmäßig viel geredet wurde bei der Arbeit mit Helge sowieso nicht. Viel Zeichensprache, einverständliches Zunicken. Ich hatte ehrlich eher das Gefühl, meine Augen zum ersten Mal wirklich zu benutzen. Irgendwann hatte ich dann meine fotografische und inszenatorische Grundlektion halbwegs begriffen, und in den letzten gemeinsamen Filmen, bei *Treffer*, bei den frühen *Fahndern* – 1983 – spielten wir ganz gut vierhändig auf der Bühne, die so komplizierte Drehtage für Kamera und Regie darstellen.

Er erwartete ja eigentlich auch ein neues Kameraverhalten von deutschen Schauspielern: ein Aufspüren der Blickwinkel, ein Verstehen der anderen Objektive, ein eben Sich-zur Kamera-Verhalten, Mit-der-Kamera-Arbeiten, auch wenn es dem theatralischem Naturalismus der Zeit widersprach. Irgendwie war damals ohnehin eine neue Definition von Filmschauspielerei in Deutschland nötig. Die alten rhetorischen Schutzmäntel des Theaterspiels mußten weg. Die Leute mußten lernen, zu »sein«, nicht mehr zu spielen.

Ganz in diesem Sinn plädierte Helge auch – aus bitterer Erfahrung – als erster dafür, daß nur noch Schauspieler engagiert werden, die wirklich gut Auto fahren können.

»Racing in the Street«

Die Rigorosität der Forderungen an Regie und Produktion, die Helge formulierte, waren mir bis dahin völlig unbekannt gewesen. Er machte mir klar, daß es zusammen geht, oder es geht gar nicht, daß ein Film wirklich eine Reise darstellt, daß die Kamera auch bereit ist, dabei die Mitverantwortung für alle anderen Bereiche des Films zu übernehmen. Es gab nicht die geringste Fachbesessenheit bei ihm, und so erwartete er es auch von den anderen Reisebegleitern.

Er konnte alle optischen Erfindungen sofort in Frage stellen. Er hatte Mut zur Selbstkritik wie kaum einer. Die Dreharbeiten glichen manchmal einer emotionalen Fieberkurve, die unserem jeweiligen Hochgefühl oder unserer Depression nach Ansicht der Muster ziemlich entsprach.

Ich war dabei noch ein nervöser Dilettant. Er kam mir hingegen oft so vor, als wäre er als Profi geboren. Seine erwünschte Fortbewegungsart durch die anstrengende Unternehmung eines Films schien mir einer ruhigen, kontinuierlichen Schnelligkeit zu entsprechen, angetrieben von einem stetigen, starken Feuer auf einer schnurgeraden Straße. Sozusagen »nur anhalten für Benzin«. Ich hatte später aus der Ferne den Eindruck, daß ihm diese Umsetzung seines professionellen Verständnisses wohl immer besser gelang.

Ich versuchte hingegen, was ich bei Helge gelernt hatte, jahrelang in den anderen Filmen weiter fortzuführen. *Die Katze* ist zum Beispiel – damals etwas zum Leidwesen des grandiosen Kameramanns Martin Schäfer – ein von unserer Arbeit noch enorm beeinflußter Film gewesen. Ich befürchte, Helge selbst fand den Film zu kühl.

Wir hätten noch mal zusammen arbeiten sollen, dann, in den Jahren mit der 199... vorne dran. Es kam nicht dazu.

Zum Ritual unserer Drehtage gehörte es, gemeinsam mit ihm in seinem Auto zum Drehort zu fahren, schweigsam, konzentriert, und später am Abend zurück, erschöpft, in freudiger oder banger Erwartung der Muster. Immer Musik im Wagen, laut... Das hab ich mir bis heute nie mehr abgewöhnen können.

Helge Weindler, geb. 1947 in Furth im Wald, Fotograf und stilbildender deutscher Kameramann der Achtziger und Neunziger. Filme: *Theo gegen den Rest der Welt*, *Die Heartbreakers*, *Der Schneemann* von Peter F. Bringmann; *Punk in London* von Wolfgang Büld; *Das zweite Gesicht*, *Neonstadt* und *Treffer* von Dominik Graf. Mit Doris Dörrie drehte er u. a. *Männer*, *Ich und Er*, *Keiner liebt mich*. Weindler stirbt 1996 in Almeria.

Der Unsichtbare

Zum Tod des Schauspielers Klaus Wennemann

Eine brutal unkomplette Karriere. Das Drama des hochbegabten Schauspielers im deutschen Fernsehen. »Abstieg zum Ruhm« – das soll er angeblich selbst über seinen Weg vom Theater zur TV-Karriere gesagt haben. Schade, wenn er es so empfunden hat. Klaus Wennemann war die Verkörperung meines Traums vom deutschen Genre-Schauspieler. Er war als Polizist ein Beißer, ein Greifer, ein Energiebündel – da hatte endlich einer die richtige Geschwindigkeit! Im Sprechen, im Gehen, im Denken, in allem.

Von den dreizehn *Fahnder*-Krimis, die ich mit Wennemann gemacht habe, gehören drei oder vier Folgen zu den Filmen, auf die ich bisher wirklich stolz bin. Diese Folgen waren für uns stets wie Vorstudien für spätere größere Filme. Sowohl für diejenigen, die dann wirklich gemacht wurden – ohne Wennemann (aus einer *Fahnder*-Episode von Bernd Schwamm 1986 wurde der Grundplot für die *Sieger*) –, als auch für die Kinofilme mit Wennemann, die niemals gemacht wurden. Und die verdammt noch mal hätten gemacht werden sollen.

Wie hätte der Kinofilm aussehen müssen, der ihm angemessen gewesen wäre? Ein Polizeithriller vielleicht, nicht teuer – statt dessen kam 1988 die etwas schrägliegende Komödie *Der Unsichtbare*. Wennemanns Jahre mit der Bavaria – vom *Boot* 1980 bis zu seinem *Fahnder*-Ausstieg 1992 – führten ihn zum Höhepunkt seiner Karriere. Und von dort ging es dann wieder zurück. Aber leider nicht zurück zu der Art Theater, das er so liebte. Liebte er eigentlich das, was er tat, jemals dann, wenn er es tat, oder liebte er es immer gerade nur dann, wenn er es nicht tat, sondern leider etwas anderes tun mußte? Als er mal wieder zu früh zum Drehort geholt worden war, rechnete er uns wütend vor, wie viele Stunden seines Lebens er im Wohnwagen bereits hatte verbringen müssen: »Mein halbes beschissenes Leben warte ich im Wohnwagen!!« O-Ton, nachts, irgendwo in der Stadt von der Seele geschrien.

Die Stadt hieß »G«, nichts weiter – eine anonyme Modellstadt. Gedreht wurde in München, ohne Straßenbahnen und bekannte Kirchtürme – wir waren sowieso meistens rund um den Hauptbahnhof zu Gange. Denn Wennemann war als Fahnder im Rotlicht am stärksten, da war er besser als in Vorstadtvillen beim Alibi-Abfragen. Er tauchte in die Clubs ein – und manchmal nur sichtbar widerwillig wieder auf. Er denunzierte seine Figur nicht, wollte nie besser und schlauer sein als sie.

Und so hätten in einem Kinofilm Szenen vorkommen können wie diese: Klaus Lemke – dessen epochale *Rocker* von 1972 als direkte Inspiration des *Fahnders* gelten können – tritt als träger, raffinierter Nachtclubbesitzer auf und öffnet dem Fahnder ein eingebautes kleines Loch in der Wand seines Hinterzimmers. Durch das Loch kann man in die sogenannte »strenge Kammer« des Etablissements blicken. Dort schreit ein Mann lustvoll unter den Peitschenhieben einer Dame. Wennemann erkennt ihn sofort. Es ist ein hoher Justizbeamter der Stadt. Lemke sagt zum Fahnder: »Das wissen jetzt wir beide, und mit dieser Information ist man gut versorgt …« Wennemann dreht sich vom Loch weg und spuckt beinahe aus vor Verachtung. Er geht, und Lemke sagt ihm hinterher: »Das arbeitet in dir … Gute Nacht«. Das Geheimnis des hohen Beamten, das der Fahnder nun gesehen hat, das verrät er niemandem. Niemals. Es ist wie sein eigenes zweites Gesicht, das er auch verschweigt: daß er sich nämlich wie ein intoleranter Spießer fürchtet vor den Abgründen und sie gleichzeitig in sich trägt.

Diese Szene ist enthalten in einem *Fahnder* von 1991, von Rolf Basedow geschrieben. Klaus Wennemann spielte die Doppelbödigkeit, die Kleinkariertheit und die Tiefe seiner Figur in dieser Situation genau so, wie man es spielen muß: ganz direkt, ohne sich im geringsten zu kommentieren.

Was die Dialoge betrifft, war Wennemann eine Landplage. Dauernde Diskussion. Manchmal schickte ich den Produzenten oder gar den Regieassistenten zum Diskutieren in den verhaßten Wohnwagen vor, ich selber hatte die Schnauze voll davon und hatte außerdem andere Probleme am Drehort zu lösen. Alles umsonst: Den Auseinandersetzungen mit ihm über die Texte bin ich selten entgangen. Und was die Sprache betraf, war er tatsächlich unglaublich kreativ und präzise. Wenn er diese typischen kleinen Fahnder-Monologe hatte, diese gebellten, zornigen Ausbrüche von Moral, Verständnis und Durchblick – dann konnte man ihm manchmal zuhören und zuschauen wie Alberto Tomba, der durch die Stangen eines engen Spezialslaloms saust: energiegeladen, zügig, mit rhythmisch schlau abgesetzten kleinen Atempausen, dann wieder neuerlich attackierend. »Dialogue is action« – bei ihm wie bei sonst keinem. Sprache – das war bei ihm identisch mit körperlichem Ausdruck. Das war härteste Arbeit. Er hatte einen Arbeitsbegriff, der durchaus der »Maloche« seiner Herkunft entsprach. Wenn er im *Boot* glücklich strahlend und ölverschmiert erscheint, um die erfolgreiche Reparatur des Motors seinem Kapitän zu melden, dann möchte man ihn schier umarmen. Dann erinnert er wirklich an einen stolzen Kumpel, der von unter Tage blinzelnd ans Licht gekrochen kommt …

Die Ruhrpottromantik war aber damals schon am Versinken, so wie auch der Fußball im Revier schon unterwegs war zum Idiotenkommerz. Und sentimental war Klaus Wennemann an der Oberfläche nie. Am Ende der ersten *Fahnder*-

Staffel verabschiedete er sich nicht während oder nach der ziemlich rauschenden Abschlußparty von mir, sondern vorher – mit einem Riesenbecher in der Hand. Den trank er nach der Verabschiedung und dem Handschlag aus und klappte für den Rest der Nacht die Maske des willigen Schauspielers nach hinten weg … Ich sah ihn nicht mehr, lag vielleicht selber zwischen den Stühlen und hörte ihn noch irgendwo brüllen. Er brüllte gegen sich selbst … Er stand damals am Beginn eines großen Erfolgs. Eines Erfolgs, den er leider nicht genug achten konnte?

Durch »G« wird dennoch immer der heißgeliebte grüne Ford Granada des Fahnders fahren. Und »G« ist durch Klaus Wennemanns Tod nun eine Geisterstadt geworden.

Klaus Wennemann, geb. 1940 als Sohn eines Bergmanns aus dem Ruhrgebiet. Theaterstar in Stuttgart und Frankfurt. Durchbruch im Film in der Rolle des Leitenden Ingenieurs in *Das Boot.* Von 1984 und 1993 Titelrolle in *Der Fahnder.* Wennemann stirbt 2000 in Bad Aibling.

Der Mann, der aus der Kälte kam
Ein Lob auf Peter Lohmeyer

Probeaufnahmen an der legendären Schauspielschule Bochum, 1985. Für eine Folge des *Fahnders* suchten wir ganz junge Schauspieler. Da tauchte Peter Lohmeyer zu Beginn der Kassette zunächst mal als er selbst auf, spielte die vorgegebene Szene, ziemlich eindrucksvoll und lustig. Und dann am Ende dieses Bandes mit lauter hoffnungsvollen Schauspielschülern hatte er sich plötzlich noch mal in die Probeaufnahmen geschmuggelt, hatte sich ein wenig umgezogen und sich einen anderen Namen gegeben und ein anderes Image. Das war schon mal ein ziemlich geschicktes Marketing für einen jungen Schauspieler in Deutschland 1985.

Peter bekam natürlich die Rolle, und als er dann zusammen mit dem noch viel jüngeren Jürgen Vogel ein kleinkriminelles Brüderpaar spielte, gab es eine Szene, in der er sich von seinem kleinen Bruder für die Dauer einer Zockernacht verabschiedete. Mit Seesack auf der Schulter zog er los, drehte sich aber noch mal um und machte zu Jürgen Vogel dabei eine Geste und eine Mimik, die mit mir nicht abgesprochen waren und die was Undefinierbares darstellte zwischen »Wirst sehen, ich mach sie alle fertig« und irgendetwas Obszönem und die mich nach erster Regieanfängerverwirrung – »Was macht denn der da plötzlich!?« – und einem »Was war das denn gerade?« des Kameramanns vollkommen überzeugte.

Das Improvisieren vor laufender Kamera war damals im deutschen Film nämlich noch gar nicht richtig üblich, kann man sagen – außer bei Klaus Lemke natürlich. Zumeist war alles sehr genau abgesprochen, oft zentimetergenau, die Kameraleute durften nicht verwirrt werden – wir wollten alle möglichst professionell wirken. Aber um von der ganzen schwerfälligen und lautstark rezitierten deutschen Nachkriegsschauspielkunst wegzukommen, da mußte sich die kommende Schauspielergeneration ihre Freiheit, Spiellust und Laune irgendwie neu erobern. Sie mußten sozusagen die Straßen der Bundesrepublik und die Luft der Wirklichkeit in tausend kleinen Momenten wieder in ihr Spiel integrieren lernen. Das hier war so ein Moment, und für mich als unsicherer Regisseur war da auch so ein Gefühl wie: »Ja, genauso geht es, so kann man Figuren anders erzählen – und zwar gemeinsam mit solchen Schauspielern wie Peter.«

Überhaupt sah man sofort, daß Peter Lohmeyer mit vollem Körpereinsatz bei der Sache war: Niemand konnte so unnachahmlich gut frieren wie er damals in dem *Fahnder*. Wenn er sein filigranes, langes Gestell mit möglichst engem, knappem Zockerdinnerjackett und vormals eleganten Halbschuhen in den Schnee stellte, dann sah er aus wie ein modernes tapferes Schneiderlein, das eine mächtig große Klappe hatte und immer lachte. Und zwar lachte diese Figur, die er da abgab, besonders dann gerne, wenn sie riskierte, dafür eins auf die – ohnehin früh gebrochene – Nase zu kriegen.

Man kennt das ja von früher aus der Schule: Da gab's oft diesen einen Mitschüler, der vom Lehrer für jedweden Krawall im Unterricht verantwortlich gemacht wurde und dafür manchmal noch eine schallende Ohrfeige bekam und der trotzdem noch grinste. Er konnte nicht anders als grinsen, selbst wenn ihm Tränen in die Augen traten. Solche seltenen, heldenhaften Figuren habe ich in Peter Lohmeyer damals wiederentdeckt.

Man brauchte spätestens ab Mitte der Achtziger etwas vollkommen anderes an Schauspielern im deutschen Film: schnellere Sprache, leichtfüßigere Leute. Humor, Realismus, Coolness, Rotzigkeit, Schluß mit dem Theaterpathos, aber trotzdem immer noch Mut auch zur Karikatur oder zum

Overacting. Loslassen, Wagnis, Spaß haben, Experiment. Filmedrehen war nach dem Erschlaffen des Autorenfilms für kurze Zeit eher ein Spiel, das gelingen oder mißlingen konnte. Hauptsache, man hatte dabei Freude. Bei Peter Lohmeyer ist es in meinen Augen immer das Erfinden selbst, das die Rollen für ihn interessant macht. Da gibt es kein »Diese oder jene Figur ist zu weit weg von mir«. Sondern in seinem Vertrauen ins Spielen an sich, ins Erspielen-Können von Rollen war er immer weit vorne.

Die Nähe von Theater und Film, die das deutsche Kino so lange – und auch oft so nervensägend – prägte, ist ja heute fast komplett verschwunden. Wir halten den Ball beim Schauspielen dermaßen flach zur Zeit im deutschen Film, wir reagieren wie überempfindsame Nervenpatienten auf alles, was an Schauspielerei vielleicht zuviel sein könnte, zu laut, zu groß, zu erfunden, daß wir sozusagen alles rohe Fleisch der Menschendarstellung aus den Filmen verbannen – wie von EU-Gesundheitskommissaren dazu verdonnert. Der deutsche Schauspieler heute ist im allgemeinen leise, dezent und haucht seine wichtigen Sätze künstlerisch wertvoll. Er wirkt – mit wenigen Ausnahmen natürlich – wie ein von einem ganz strengen Naturalismusgebot zu Tode gehetztes Wild.

Peter konnte aber immer das eine wie das andere, leise oder laut, Schminke oder Naturalismus – man mußte nur klar miteinander vereinbaren, wo der Zug hingehen sollte. Bei vielen Rollen hatte ich das Gefühl, daß er eine Brücke schlug zwischen der Freude des Schauspieler-Karnevals und der modernen Understatementschauspielerei. Immer schon hat er einen herausragenden Körpereinsatz, seinen Gang, in den Actionszenen seine großartigen Nehmerqualitäten, seine Mimik, seine Gestik – und beim Tanzen war er natürlich sowieso einmalig. Eleganz und Pantomime gleichzeitig, kaum Muskulatur.

Und immer war er sehr risikofreudig, und das im wahrsten

Sinne des Wortes: Ich weiß, daß einiges, was Peter Lohmeyer 1990 in unserem gemeinsamen Film *Spieler* geboten hat, sich damals auch dem Umstand verdankte, daß er die ganze Zeit eine extrem starke Brille tragen mußte, damit man seinen Augen dahinter die Kurzsichtigkeit glauben konnte. Und daß er deshalb gute zweieinhalb Monate lang bei der Arbeit im Grunde so gut wie nichts gesehen hat. Auch nicht bei einer hastigen Autobahnüberquerung angesichts von zwanzig heranrasenden Stuntwagen.

Peter Lohmeyer wäre, ein paar Jahre früher geboren, auch ein möglicher *Theo gegen den Rest der Welt* in Peter Bringmanns Film gewesen, auch so ein robustes Stehaufmännchen, wie sie offenbar vor allem in NRW wachsen. Diese Figuren spielen ja gewissermaßen immer gegen den Rest der Welt. Aber als er dann der Vater in Sönke Wortmanns *Wunder von Bern* war – da war es so, als wäre ebendieser Typus der unverwüstlichen Ruhrpottfigur den Weg zurück in die Nachkriegszeit gegangen hin zur Tragik der Heimkehrerväter. Und die deutsche Filmgeschichte kam außerdem zu einer unerwarteten Apotheose, nämlich zu ihrem bislang besten Fallrückzieher.

Dieser Fallrückzieher war ja auch so ein Moment, wo man denken konnte – um mit einem Dialogsatz aus dem Film zu sprechen, der uns beiden am liebsten ist: »Schrecklich, jetzt wird alles gut.« Aber wir wissen auch: Im deutschen Film wird niemals alles gut. Nichts wird vergeben – und vieles wird vergessen.

Um diesem Menetekel des deutschen Schauspielerdaseins, dieser Unmöglichkeit einer interessanten Starbiographie in Deutschland zu entkommen – und im Wissen darum, daß der Schauspieler ja mit jedem Lebensalter sowieso quasi eine neue Identität annehmen muß, hat Lohmeyer sich schließlich seit einigen Jahren wieder ganz woanders Schauspielerneuland erobert. Und zwar so, daß man langsam den Eindruck hat, wenn die Kubaner jemals irgendeinen Ausländer den mittelalten Fidel Castro spielen lassen würden – dann könnte das Peter Lohmeyer mit Bart sein.

Es gibt ein legendäres Tor von Fritz Walter, da erwischte er, waagerecht in der Luft liegend, an der Ecke des Strafraums den Ball mit der Hacke und schoß ihn quasi rittlings ins Tor. Ich hatte als Kind ein Buch, in dem die Flugbahn dieses unglaublichen Balls gestrichelt nachgezeichnet war. Auch Schauspieler können solche phantasievolle Virtuosität entwickeln, sie können den gleichsam unmöglichst möglichen Weg zum Tor suchen – und ausgerechnet der gelingt dann.

So ähnlich würde ich gerne mal in einem Buch in einzelnen Standbildern diese Geste und Mimik von Peter Lohmeyer aus unserem *Fahnder* von 1985 dokumentieren, um zu zeigen, zu was deutsche Schauspieler fähig sind – wenn sie sich die Freiheit nehmen, keine Drehbuchknechte zu sein. Peter Lohmeyer hat sich diese Freiheit und diese Luft zum Atmen von Anfang an wie selbstverständlich genommen.

EPILOG

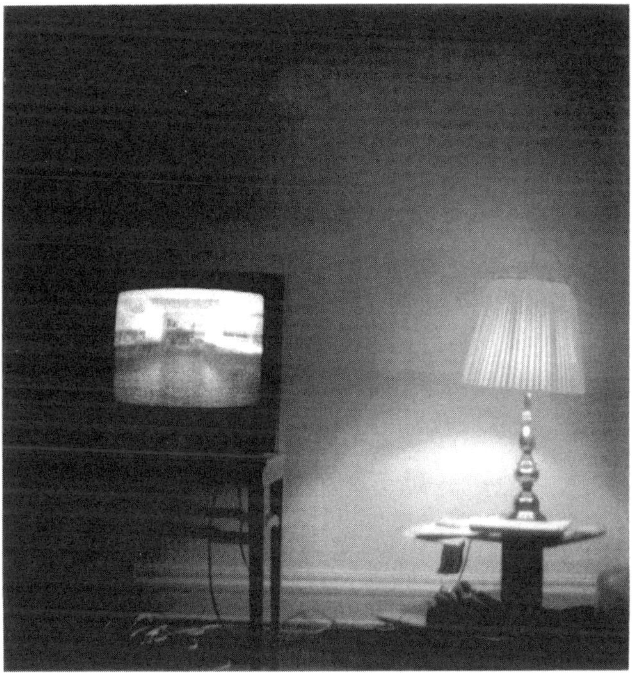

© Helge Weindler

Der Duft der alten Republik: Hof 1982

Wenn man sich heute alte Bücher aus dem Internet bestellt, dann bekommt man manchmal Exemplare, in denen einem aus jeder Seite eine beharrliche Duftwolke von Rauch und Tabak entgegenschwebt. (Deshalb gibt's inzwischen auch so viele antiquarische Bücheranzeigen mit der Bemerkung »Kein Raucherhaushalt!«). Dieser Geruch ist die alte Bundesrepublik. So rochen die Büros. So rochen die Kneipen, so roch mein Auto, so roch überhaupt alles ... Und im 16-mm-Positivmaterial aus dieser Zeit kann man diesen Geruch noch förmlich sehen. Er ist gleichsam im Licht gefangen, das sich in der Körnigkeit der alten Kopien einzigartig materialisiert. Man sollte sofort alle erhaltenen 16-mm-Positivkopien unter Unesco-Kulturdenkmalschutz stellen. Wenn Cézannes Satz »Alles verschwindet« und »Man muß sich beeilen, noch was zu sehen« jemals einen Sinn hatte, dann hier.

Damals Nebel. Gelbe Blätter auf der Autobahn. Letzte Woche im Oktober natürlich. 1982. Von Mailand über München nach Hof im Auto gerast. Das erste Mal überhaupt, daß ich in Richtung Transitautobahn unterwegs war und nicht wie hundertmal zuvor weitergefahren bin nach Westberlin. Zum ersten Mal statt dessen vor der DDR abgebogen, an der »Im Lauf der Zeit«-Grenze entlang Richtung Hof. Im Schaufenster des deutschen Films lief mein Kinodebüt mit Greta Scacchi und Thomas Schücke: *Das zweite Gesicht.* Psychohorrorfilm. Selbst geschrieben, mithin eigentlich auch voll und ganz Autorenkunst wie alles andere dort. Ehrfurcht und Beklommenheit gegenüber den berühmten Anwesenden. Zwei Filme von Wenders waren gezeigt worden, zwei von Achternbusch. *Stranger Than Paradise* hatte alle auf seine Seite gerissen, »Ah, diese herrliche Lakonie!« und »Oh, dieses wunderbare Schwarzweiß!« scholl es einem quasi an der

Stadtgrenze entgegen. Jarmusch hatte den ersten Schritt zur unverwüstlichen Independent-Größe getan. Hof war Weltkinozentrum – wie all die Jahre zuvor.

Am 1. Oktober hatten aber Kohl und Genscher in Bonn Helmut Schmidt gestürzt, und der erste Nachkriegskanzler, der auf die Nazizeit im Gnadenlicht einer späten Geburt blickte, installierte sich schnell. Der dicke Frontmann und seine Vasallen proklamierten als erstes Mal die »geistig-moralische Wende«, jenen Revisionismus, an dessen Höhepunkt dann fünf Jahre später ein ranghoher und machtbesessener Politiker der Regierungspartei tot in der Badewanne eines Luxushotels in Genf liegen würde. Fassbinder hatte sich im Sommer bereits erschöpft ins Nirwana verabschiedet. Kein Wunder.

Hof war wohlwollend zu meinem reichlich schwergängigen Erstling. Alle, die sich für den Film Zeit nahmen, erschienen mir hinterher geradezu gefährlich milde. Ich profitierte von der Gnade des interessierten Blicks auf Filme von Anfängern. Und die Anwesenheit der Hauptdarstellerin wurde von männlichen Filmkritikern erfreut registriert.

Im Raum stand aber unausgesprochen und um so bleierner in punkto deutscher Film: Was wird kommen, irgendwann (es war dann doch sehr bald, nicht irgendwann) nach den Helden des Autorenfilms? Es wird eine minderbegabtere Zwischengeneration kommen, davon waren alle Meinungsmacher leise aber sicher überzeugt.

Ich ertrug meinen Film in Hof zweimal in voller, quälender Länge, und mir wurde dabei mit jeder Minute immer klarer: um überhaupt meinen Lebensunterhalt als Regisseur zu verdienen, würde ich noch furchtbar viel üben müssen. Keine Handschrift haben wollen dürfen, kein Filmkünstler sein wollen. Am besten erst mal Konfektionsware inszenieren lernen.

Und irgendwie, irgendwann war das auch eine Befreiung. Eine Erleichterung. Aber das Gefühl kam erst später. Auch die Dankbarkeit dafür, daß man 1982 als Debütant noch ein paar Filme in den Sand setzen konnte, ohne gleich fallengelassen zu werden.

Diese zwei Tage in Hof bin ich aber fast die ganze Zeit im Hotel gesessen. Hab keine Bratwurst gegessen, hab kein Zusammensein mit Filmkritikern besucht, hab das Fußballspiel verpaßt. Vielleicht nur deshalb, weil ich befürchten mußte, irgendwo dann doch noch mal von jemand sehr Ernsthaftem auf meinen Film angesprochen zu werden. Ich war in meinen beiden Vorführungen und bin aus dem Kino gleich wieder mit eingezogenem Kopf ins Hotel verschwunden. Ich weiß noch die Zimmernummer. Sehe den Rauch im Zimmer und den vollen Aschenbecher. Die Tapete. Das nahe Fenster des Nachbarhauses, und wie dort am trüben frühen Nachmittag bereits das Licht anging. Und rieche den Duft der alten Republik, die damals nur noch sieben Jahre zu leben hatte.

ANHANG

Die besten DVDs

Genrekino

Night Moves: Gene Hackmans und Arthur Penns kleinster, bester, bitterster, ironischster, und deswegen wohl auch wahrhaftig anrührendster und zu Unrecht unbekanntester Film. Zu deutsch: *Die heiße Spur.* (Großartig deutsch synchronisiert übrigens.) Ultimativer Privatdetektiv-Film. Die USA-Version der DVD enthält ein kurzes Doku von den Dreharbeiten, das zwar nichts besonders Filmhistorisches hergibt, aber man sieht Penn auf einem Motorboot morgens zum Drehort des Showdowns in Florida rasen. Man hat von diesem Bild allein mal wieder den Eindruck, daß die siebziger Jahre in einem besonderen Sonnenlicht lagen. *(Dt. und US-DVD von Warner Home)* Ansonsten s. Seite 88 ff.

The Long Goodbye (Der Tod kennt keine Wiederkehr): Robert Altmans ewiges Meisterwerk. Zweit-ultimativster Privatdetektiv-Film. »Die lieb ich, und dich mag ich noch nicht mal«, sagt der kleine böse Gangster zu Elliott Gould drohend, nachdem er zur Demonstration der Härte seiner hübschen Modelfreundin ohne Vorwarnung eine Colaflasche im Gesicht zerhauen hat. Im abgrundtiefsten Zynismus werden die Amerikaner meistens am emotionalsten, denn dahinter versteckt sich immer noch die bewegendste Form ihrer Sehnsucht nach Ehrlichkeit. *(Ebenfalls dt. und US-DVD von MGM Home, diese mit einer Doku. Den deutschen DVD-Trotteln sind wohl selbst für die Jubiläumsausgabe zum Neunzigsten von United Artists schon die Untertitel für eine Doku zu teuer, nehme ich an.)*

Wild Side: Posthume Schnittfassung des letzten Films der leider nur vier Filme des legendären Schotten Donald Cammell *(Performance, White of the Eye, Demon Seed).* Zwei Gangster, der eine von ihnen ist vom FBI, werden von zwei Frauen, die sich auf den ersten Blick ineinander verlieben, um ihr sauer verdientes Geld gebracht. Hemmungslos unchronologisch von Cammell erzählt. Christopher Walken in einer wahnsinnigen Performance im teuren Luxusapartment im seidenen Morgenmantel, nahe an der Hysterie. Anne Heche toll, sarkastisch und sexy. *(Die restaurierte sozusagen Cammell'sche Schnittfassung ist nur in England bei Tartan Video erhältlich. Aber auch die deutsche DVD von AVU, die die »böse« gekürzte und chronologisch geschnittene Produzenten-Kurzfassung enthält, ist sehr gut. Und die Geschichte verliert trotz der konventionelleren Form – und einer ganz anderen Musik – nichts von ihrer trashhaften Bösartigkeit.)*

Police (Der Bulle von Paris): Maurice Pialats bester Film, tatsächlich ein waschechter »Policier«. Knapp, klar, dunkel-romantisch ausweglos. Am Ende starrt der verliebte Cop Depardieu in eine nächtliche Ladenauslage, hinter ihm sitzt das grausame (damals noch schön pummlige) Gangsterliebchen Sophie Marceau im Wagen und tut so, als ahne sie nichts von seinen Schmerzen. Dazu erklingt die einzige Off-Musik des Films: Góreckis berühmtes Auschwitz-Lamento der Symphonie Nr. 3. Als Pialat später die Goldene Palme für *Die Sonne Satans* bekam, wurde er in Cannes ausgepfiffen und rief seinen Kritikern von der Bühne entgegen: »Ihr mögt mich nicht, und ich mag euch auch nicht.« So muß es sein. *(Tolle DVD mit wunderbaren Extras bei Eureka, England.)*

Cat Chaser (Hexenkessel Miami): Abel Ferrara machte aus Elmore Leonards Roman ein sonnenverbranntes Meisterwerk. Kelly McGillis ist überraschend unbekleidet zu sehen in der berüchtigten »Pistolenszene« mit Tomas Milian (Achtung, nicht in allen DVD-Fassungen enthalten!), und diese Szene ist schon wieder dermaßen gewagt, daß Ferrara selbst den Film und diese Szene speziell nicht mehr so recht zu schätzen vermag. Und Kelly McGillis auch noch wüst hinterherschimpft. Was jedoch extrem für den Film spricht. Denn die ganze katholische New Yorker Hotelbibel-Verkäufer-Clique des US Kinos (= Cassavetes-Scorsese-Ferrara) ist ja durchweg seltsam bigott in der Beurteilung ihrer eigenen Werke. (Cassavetes mochte z. B. sein eigenes *Gloria* nicht.) *(In England bei Arrow Film oder in Code 1 bei Lions Gate.)*

No Way Out, Roger Donaldson: Sean Young, Göttin der Achtziger, untergegangenes Schauspielwunder. Für sie und ihre kometenhafte Kurzkarriere an der Spitze von Hollywood mit den Hauptrollen in diesem grandiosen Donaldson-Film und in *Blade Runner* gilt: »She's stardust now« (ein Zitat aus *Doctor Who,* bezogen dort auf Kylie Minogue). *(MGM Home)*

Body Double (Der Tod kommt zweimal): Brian de Palma, Verkleidungskünstler, »mad scientist« des US-Kinos. Er hat es wirklich geschafft, mit Klugheit, Obsession und unverhohlenem, nicht jugendfreiem Sarkasmus dem amerikanischen Hollywood-Traum einige seiner bösesten Blüten zu entlocken. Hier sieht man eine hinreißende junge Melanie Griffith – aber nur durchs Fernrohr. *(US-DVD mit Doku, dt. DVD bei Sony ohne.)* Bis heute hält de Palma das Kino in Atem. Extrem ärgerlich unterschätzt wurde 2006 seine *Schwarze Dahlie*, die den wahren Vierziger-Jahre-Alptraum Hollywoods grandios mit dem Trash des italienischen Genrekinos verbindet. *(Klasse-DVD bei Warner Home, herrliche Dokus)*

Womit wir beim »Giallo« und »Poliziotto« des italienischen Siebziger-Jahre Kinos sind:

Once upon a time in America (Es war einmal in Amerika): Sergio Leone, italienischer Kino-Apotheotiker per se *(mit seinen – pardon – etwas kindischen Zeitlupenwestern konnte ich nie richtig was anfangen)*, hat hier die endgültige Italo-Gangster-Oper geschaffen. *(Ich mag den Film sogar mehr als den* Paten, *zumindest mehr als Teil 1.)* Tuesday Weld ist der geheime Star dieses harten Brockens, der einen zu Tränen rühren kann. Leone krönte damit nicht nur seine eigene Kinokarriere, sondern schuf in Hollywood sozusagen das glänzendste und abschließende Juwel jenes kompromißlosen italienischen Genrekinos der Nachkriegsära. Mit all diesen grausam harten und unerbittlichen, dreckigen Filmen schickten die Italiener ihre faschistische Vergangenheit endgültig zur Hölle. (Was dem so schrecklich seriösen deutschen Kino bis heute versagt blieb.) *(Blöde Warner-2er-DVD ohne jedwede Extras. Muß trotzdem gekauft werden!)*

Planet der Vampire (Terrore Nello Spazio): Herrlicher Mario-Bava-Genre-Cross-Over, wie der Titel schon andeutet. Bava hatte so eine ungeheuer schöne, kindliche Freude an seinem Beruf! Man denke nur an die Goldfische im Centro Sperimentale! *(Tolle dt. DVD bei ufa mit Super-8-Version von Universum!)* s. Rossellini-Artikel Seite 242–244.

Malastrana, Aldo Lado: erster wunderbar atmosphärischer Giallo in Prag. *(Supergute deutsche DVD von Koch-Media)* s. Seite 248–249.

Night Train Murders (*La Ultimo Treno de la Notte* / dt. *Night Train – Der letzte Zug in der Nacht*): Aldo Lado startet eine Höllen-Zugfahrt auf dem Münchner Hauptbahnhof in einer Siebziger-Vorweihnachtszeit. Auf dem irren Weg über den Brenner bleiben am Ende zwei junge befreundete Mädchen grausig auf der Strecke. Schön widerlich: Macha Méril als Mistress of the Ceremony. *(DVD bei Blue Underground in Code 1 und in England bei Shameless in Code 2)*

Don't Torture a Duckling (Non si sevizia un paperino): Außer dem Titel ist alles grandios! Lucio Fulci zeigt sich von seiner allerbesten Seite. Suche nach einem grausamen Kindermörder in einem italienischen Dorf. *(USA-DVD bei Blue Underground, all regions)*

Hitch Hike (Autostop rosso sangue): der vielleicht beste aller italienischen Siebziger-Jahre-Knaller. (Gehört auch beinahe schon in die nächste Rubrik der »Paare, Liebe ...«) Rauh, subtil, macho-erotisch. Ein Ehepaar, das mehr miteinander im Krieg liegt als mit dem Gangster, der sie gekidnappt hat. Von dem Regisseur mit dem unglaublichen Namen Pasquale Festa Campanile, der ansonsten als einzig bekannten Film noch *Als die Frauen Schwänze hatten* vorgelegt hat. *(Englischsprachige DVD bei Blue Underground, Code 1, mit Corinne-Cléry-Interview!!! »We had a good time«, sagt sie darin. Das sieht man ...)* s. Seite 255 ff.

Paare, Liebe – unterwegs und daheim

L'Avventura (Die mit der Liebe spielen), Michelangelo Antonioni: Der Schock dieses Films sitzt im Grunde heute noch tief. Antonioni erzählt keine Geschichten mehr, nur noch Perlenketten von Stimmungen und Situationen. Unter den Extras der wundervollen *US-Criterion-DVD Code 1* ist vor allem Jack Nicholsons grandiose Vorlesung von Antonionis Gedanken zum Kino.

Viaggio in Italia (Reise in Italien): Ohne diesen Film wäre *L'Avventura* wahrscheinlich unmöglich gewesen. Eine Ehekrise auf einer Reise. Rossellini geht rabiat mit seinem Material um und schlägt mit seiner knappen Direktheit Antonionis Poesie manchmal sogar noch um Längen. Bestes Beispiel: der Besuch des Paars in Pompeji. Auch wenn die Schauspieler unzufrieden waren, weil der Meister zu sehr mit dem Abfilmen der Ausgrabungen beschäftigt war – die Sequenz ist genial. *(Englische DVD bei bfi, deutsch als Vierer-Box bei Koch-Media)*

The Sheltering Sky (Himmel über der Wüste) von Bernardo Bertolucci. Seltsam, warum liebt man einen Film, der eigentlich etwas mißlungen ist und von dem man sicher ist, daß ihn der falsche Regisseur gemacht hat? Antonioni oder Rossellini wären die richtigen Männer dafür gewesen. Aber vielleicht hatte Antonioni (so wie auch Nicolas Roeg, der Bowles' Roman ebenfalls mal verfilmen sollte) diesen Kernstoff der Moderne schon oft in seinen anderen Filmen gemacht? Debra Winger ist halt völlig einzigartig und Malkovich genau richtig. *(Tolle deutsche Doppel-DVD mit Doku bei Arthaus)*

Solaris, Andrej Tarkowskij: Die Gräser im Wasser zu Beginn, schwerelos wie die sich tödlich Liebenden im Raumschiff. *(Criterion-DVD, Code 1, oder bei Artificial Eye, Code 2)*

Don't Look Now (Wenn die Gondeln Trauer tragen): Nicolas Roeg verbindet englischen Pragmatismus, Schauerromantik, William Blakesche Mystik und seine eigene gelassene Grandezza mit dem Wahnsinn der italienischen Horror-Giallos. Ein unsagbarer schöner, kluger Film. Auf der Optimum-DVD findet sich ein begleitender Audiodialog mit Roeg, der seinesgleichen sucht. Meistens Schweigen, und wenn er was sagt, dann ist es ewige Filmweisheit in Brühwürfelform. Auf die Feststellung des Interviewers, daß bei seinen Filmen ständig etwas Unerwartetes passiert, antwortet er *lächelnd (man hört sein Lächeln im Ton)*: »Auch das Unerwartete darf nicht erwartet werden.« *(Optimum DVD England und dt. in der SZ-Edition)* s. Seite 167 f.

Je t'aime, je t'aime (Ich liebe dich, ich liebe dich), Alain Resnais: Aaaah, große Filmkunst vom sanften Radikalen Resnais! Ein geheimnisvoller, vierzig Jahre lang verschwundener Liebesthriller, der nun wie Phoenix aus der Asche wiedergekehrt ist. *(Schöne DVD aus Frankreich, aber bislang leider nur französisch ohne Untertitel. Die Franzosen spinnen sowieso mit den fehlenden internationalen Untertiteln auf ihren DVDs. Reine Geldgier; Editions Montparnasse)* s. Seite 175 f.

Bad Timing (Black Out – Anatomie einer Leidenschaft): Nicolas Roegs Fassung von Resnais' *Je t'aime*-Thriller. Härter noch in der Konfrontation der verzweifelten Zweisamkeit als *Don't Look Now*. Theresa Russell betrat hiermit endgültig das Weltkino. »With a Bang«, wie die Engländer sagen würden. *(Criterion, Code 1, oder deutsche Ausgabe ohne jede Extras)*

L'innocente (Die Unschuld): Luchino Viscontis vielleicht bester Film war auch sein letzter. Der übliche, oft so großangelegte Schwulst bei ihm ist diesmal streng gebremst in einer schön bösen d'Annunzio-Novelle, die eine Mailänder Aristokratenehe des 19. Jahrhunderts erzählt. Kernstück ist die sagenhafte Szene, in der der Gockel-Ehemann (Giannini) das Begehren nach seiner zuvor verschmähten Frau wiederentdeckt. Natürlich nur deshalb, weil sie einen Liebhaber hat. Laura Antonelli hat sich mit diesem Film für immer unsterblich gemacht. *(Engl. DVD bei Nouveaux Pictures oder US-DVD bei Koch Lorber)*

La collectionneuse (Die Sammlerin): Eric Rohmers vielleicht allerbester Film, gedreht mit fast null Budget. Eine flirrende Liebesversuchung an der Côte d'Azur der späten Sechziger. Am Ende wird der Held bei seiner Flucht von der begehrten Frau weg von einem englischen Touristen am Wegesrand gefragt, wo es zum Meer geht. Patrick Bauchau antwortet pampig: »Anywhere!« Der Tourist ist Donald Cammell. Die grandiose Sirene Haydée Politoff verschwand nach diesem Film in Trash-Rollen in Cinecittà. Ich bin mir ziemlich sicher, daß ich sie bei einem Romaufenthalt im Herbst 1971 im Circus Maximus spazierengehenderweise auf der Gegentribüne im Sonnenlicht gesehen habe. Sie war allein. Ich nicht. *(Tolle Criterionbox der sechs ›Moralischen Geschichten‹. Aber auch die deutsche Einzel-DVD von Arthaus ist o.k.)*

The Loss of Sexual Innocence, Mike Figgis: Völlig unterschätzter Episodenfilm des britischen Experimentierers. Die gesamte zweite Hälfte des Films (ab dem Moment, in dem Saffron Burrows das Terrain betritt), die in Italien und in Nordafrika spielt, gehört zum ewig allerbesten des europäischen Films. *(Nur in der US-Version auf Code 1 bei Sony erhältlich)*

Makellose Klassik

Rio Bravo, Howard Hawks: Unglaubliche Lakonie. Toller Humor. Erschöpfte Männer am Ende des Wegs. Klassisch wie antike Statuen. *(Special Edition – 2 Discs bei Warner Home)*

Only Angels Have Wings (S.O.S. Feuer an Bord), Howard Hawks: Kommentarlos ewig gut. Dunkel, lustig, abenteuerlich. *(Deutsche DVD bei Sony – nur der Film drauf, sonst nichts, egal.)*

Late Spring (Banshun – Später Frühling), Yasuijro Ozu. Vielleicht einer der fünf allergrößten Filme *ever made*. Tochter will ihren Vater nicht verlassen und deshalb nicht heiraten. Der Vater trickst sie aus Liebe aus, und am Ende ist er allein. *(Wunderbare DVD: Criterion oder schöne Artificial-Eye-DVD.)*

Le Plaisir (Pläsier): »Intelligente Regisseure sind immer ungeduldig …«, sagt der damalige Assistent von Ophüls im Interview auf der DVD – »… und wollen schnell nach Hause.« Deshalb habe Ophüls jede Szene stets möglichst in einer einzigen – wundervollen – Choreographie gedreht. Ophüls, der Magier. Hier verzaubert er Maupassant-Novellen, indem er ihnen ihre Härte zunächst zu nehmen scheint. Tut dies aber nur, um am Ende noch gnadenloser zuzuschlagen als der berühmte Autor selbst. *(In England Code 2 bei Second Sight oder Criterion Code 1)*

Les dames du bois de boulogne (Die Damen vom Bois du Boulogne): Bresson vor Bresson sozusagen. Sein früher, aber letzter nur mit Schauspielern gedrehter Film. Ich finde ihn sogar besser als *Pickpocket*, weil die formale Askese hier noch zu keinem Augenblick Selbstzweck ist und weil die Schauspieler Bressons radikale Maximen noch besser umsetzen als die Laien, denen er später zu systematisch huldigte. *(US-Criterion-DVD oder bei bfi, Code 2)*

All die anderen wundervollen großen Flops

Gut 80 Prozent der in dieser gesamten DVD-Liste genannten Spielfilme waren zum Zeitpunkt ihrer Kinopremiere Kassengift. Die in dieser speziellen Rubrik genannten Filme waren auf Grund ihrer teilweise kräftigen Budgets noch mal sozusagen »besonders« erfolglos – und daher einzigartig. Fast alle markierten sie Wendepunkte in den Karrieren ihrer Regisseure. Meistens nicht zum Besseren. Einige waren auch faszinierende Endpunkte.

Lola Montès (Lola Montez), Ophüls 1954. Grandiosester Film, der jemals in deutschen Studios hergestellt wurde. Die Halle 4/5 der Bavaria wird unsterblich werden durch Ophüls. Irrer Flop. Danach hieß es allgemein in der Branche: »Vor Ophüls wird gewarnt!« Woraufhin er kurz darauf starb. *(Bislang gab's nur eine miese US-DVD, jetzt aber eine wundervolle restaurierte Fassung in England bei Second Sight mit kostbaren Extras.)*

Eureka: Nicolas Roegs havarierter Großtanker von 1983. Ein Film to end all Films. *(MGM)* s. Seite 153–156.

Sorcerer (Atemlos vor Angst): William Friedkins bester Film, weil durchgeknallt und herrlich unkontrolliert ausufernd lang. Spannender und gnadenloser und poetischer jedenfalls als das Original vom immer etwas sterilen europäischen Kino-Professor Henri-Georges Clouzot *(Nur als US-DVD bei Universal)*

Blade Runner, Ridley Scott: Großkalibrige erste Umsetzung eines Romans des Meisters aller Sci-Fi-Klassen – Philip K. Dick. Man vergißt das heute: der Film war zunächst ein desaströser Flop. Wunderbar, jetzt endlich alle Versionen auf einmal sehen zu können. Der »Director's Cut« ist die schwächste Version. *(Integrale 4-DVD-Fassung, Warner Home)*

Slap Shot (Schlappschuß) – George Roy Hills wunderbarer Eishockey-Kracher. Melancholisch, lustig. Leider ganz schlechte neue deutsche Synchronisation!! *(Universal)*

The Little Drummer Girl (Die Libelle) – Noch mal George Roy Hill. Sein zweitbester und Diane Keatons bester Film *(Warner Home)* s. Seite 128–131.

All the Marbles: Robert Aldrichs letzter Seufzer. *Kesse Bienen auf der Matte* oder *Harry läßt die Puppen tanzen* heißt er auf deutsch! Peter Falk als Manager zweier Frauen-Ringer. Grandios bösartig, sentimental, knallhart, und mit einem Endkampf im Frauen-Ring von ca. fünfzehn Minuten Dauer. *(Den gibt's allerdings noch gar nicht auf DVD. Schimpf und Schande über die verdammten MGM Filmstudios! Machen eh nie Extras auf ihre DVDs, diese Geizhälse. Auf VHS erhältlich!)*

Casino, Martin Scorsese: *Casino* ist der nahezu einzige Scorsese-Film (neben *Color of Money* vielleicht), den man vorbehaltlos lieben kann. Wahrscheinlich deshalb, weil dieses Mal kein Vollneurotiker, kein Irrer, kein komplexbeladener Größenwahnsinniger die Hauptfigur ist. Sondern ein Robert De Niro ganz ohne Schauspielerweltmeisterattitüden, statt dessen melancholisch und groß. Unterhaltsam, gewalttätig, glanzvoll. Sogar sexy durch Sharon Stone. (Womit Scorsese wahrscheinlich als knackiger Kino-Katholik im nachhinein seine Probleme hat? Siehe auch Ferraras *Cat Chaser*) *(2er DVD, Universal. Wunderbare Extras)*

Bobby Deerfield: Sydney Pollacks Verfilmung des Rennfahrerromans von Remarque. Riesenflop. Al Pacino in Leidenschaft entbrannt vor den Pforten des Todes, die sich für ihn hinter einem Tunnel durch die Schweizer Alpen öffnen. Und sich am Ende hinter ihm wieder schließen … *(Warner Home)* s. Seite 101 ff.

Havanna (Havana): Pollacks zweiter Großflop (so viele waren's ja bei ihm nicht). Ebenfalls ein Film, der schöner, glamouröser und tiefer ist als die erfolgreichen Pollacks. *(Universal)*

Les deux anglaises et le continent (Zwei Mädchen aus Wales und die Liebe zum Kontinent): Ein Briefroman als Truffauts schönster Film und sein höchster Flug. Kommerziell sein tiefster Fall, was eigentlich natürlich egal ist, aber ihm war's gar nicht egal, dazu war er zu liebebedürftig. *(Wunderbare deutsche Ausgabe bei Concorde.)*

The Bonfire of the Vanities (Fegefeuer der Eitelkeiten): Brian de Palmas allergrößter Flop (und der hatte viele davon), aber einer seiner schönsten, bösesten Filme. Bezeichnenderweise wieder mit Melanie Griffith. *(Warner Home)*

Showgirls, Paul Verhoeven: Einer der allseits beliebtesten Riesenflops aller Zeiten. Elizabeth Berkley hat sich ein ewiges Denkmal geschaffen, für das sie jahrelang in Hollywood nicht mehr besetzt wurde. *(Deutsche Special Edition, zahllose Extras mit dem Audiokommentar von David Schmader, der sich über jede Szene lustig macht und den Film trotzdem liebt, ufa.)*

Europäische Erde, vergessen und noch mal frisch aufgeworfen

Die Mädchen von Wilko (Panny z Wilka), Andrzej Wajda: Bis heute ein weitgehend unbekannter, herrlicher Liebesfilm von Wajda, der im Polen der zwanziger Jahre spielt. *(6er-Boxset bei Vanguard, nur Code 1, mit Interviews)* s. Seite 282.

Alles zu verkaufen (Wszystko na sprzedaz): Wajda noch mal so gut, wie ihn niemand bis dahin erwartet hatte. Sinnlich, melancholisch. Was macht ein Filmteam im sozialistischen Polen der Sechziger, wenn der Hauptdarsteller verschwunden ist? (Vielleicht besser als Fellini.) *(Vanguard, Code 1, mit Interviews)* s. Seite 277.

Another Way (Egymásra nézve/Der andere Blick), Károly Makk: Wenn man wissen will, wie es hinter dem Eisernen Vorhang wirklich war, dann muß man vielleicht diesen Film gesehen haben? Eine verzweifelte Frauenliebesgeschichte im Apparatschik-Ungarn der Sechziger, nach dem großen tragischen Aufstand. Gedreht in den Achtzigern. Ganz groß. Ach, gäbe es nur einen einzigen deutschen Film, der diese Zeit mit einem so zärtlichen Realismus, so sanft, so witzig, so ab und zu gut gelaunt alkoholisiert und so bittersüß menschlich und brutal gleichermaßen abgebildet hätte! Grażyna Szapołowska (aus Kieślowskis *Ein kurzer Film über die Liebe*) und Jadwiga Jankowska-Cieslak sind unfaßbar gut. *(Code 1- oder vor allem die englische Code-2-DVD bei Second Run)* s. Seite 266 f.

Adoption (Örökbefogadás), Márta Mészáros: Ein schwarzweißes Wunder aus Ungarn in den Siebzigern. Auch hier kommen sich zwei Frauen näher, aber diesmal in einem anderen Rollenspiel. *(USA-Code-1-DVD bei Kino Video)* s. Seite 272–274.

Jean Eustache: Tja, Schweigen. Leider bislang komplette Fehlanzeige mit seinen Filmen. Außer dem wunderschönen allerersten Kurzfilm: *Les mauvaises fréquentations.* Den gibt's in Frankreich in einer sauteuren Kombi mit *Les nuits fauves* von Cyril Collard *(Die japanische Ausgabe von* Maman et la Putain *ist vergriffen, aber es soll in Frankreich eine DVD von* Mes petites amoureuses *bei cndp.fr geben.)*
Liegen lassen. Lieber warten ... warten ... warten ...

TV – very Best of

Allein gegen die Mafia (La Piovra), 1. Staffel: Damiano Damianis Start der legendären Serie. Unerreicht dunkel, spannend und sexy. *(3 DVDs, Koch Media)* s. Seite 261–264.

Doctor Who: Faszinierende Serien-Parallelwelt. Mein Enthusiasmus betrifft zunächst mal alle Folgen der neuen *Doctor-Who*-Serie seit 2005, die Steven Moffat geschrieben hat, z. B. »Silence in the Library« und »Forest of the Dead«. (Achtung, »Spoiler«!!: Who begegnet hier im tödlichen Kampf gegen die »Schatten« auf einem Bibliotheksplaneten – der nur noch in der Phantasie eines kleinen Mädchens existiert – einer Liebschaft aus seiner Zukunft, die er in der Gegenwart noch nicht kennt. Und die er – tragisch! Doppelspoiler!! – am Ende dieser Doppelfolge auch niemals kennenlernen wird!!) Ich würde als Einstiegsdroge die DVD »Serie 4, Part 3« empfehlen. *(Englische BBC-DVDs)*

Derrick Box 2 – Folgen 16 bis 30. Darunter drei Folgen des sagenhaften Exiltschechen Zbynek Brynych. Herausragend – und an Brynychs wahnsinnige vier Folgen der Serie *Der Kommissar* anknüpfend – ist Folge 30: »Yellow He«. Was für ein Titel! »He« ist ein Mädchen, Helga heißt sie. Sie wird im Kampf um den labilen Erben einer Großfirma von einem Zuhältertypen (Volker Eckstein) erfolgreich eingesetzt. Mord und

Sex im reichen Süden Münchens der Siebziger. (Beim Produzenten Ringelmann hatte eine Sonderart deutscher »Giallo« jahrzehntelang sein einziges Zuhause.) Brynych wurde in den Neunzigern von der Kölner Gruppe um die Zeitschrift *Gdinetmao* wiederentdeckt. Ein großer Lakoniker war er, fröhlich, den Damen beim Inszenieren zugeneigt. Aber auch die nur scheinbar so grauen deutschen Serienmänner Ode, Wepper, Tappert waren nie besser als bei ihm. *(5 DVDs, Universal)*

Kottan ermittelt – Folgen 1 bis 8: Der lustigste Kommissar der deutschsprachigen Filmgeschichte. Aber neben all der Komik, dem Übermut, der ausgestellten Lockerheit schwebt vor allem in den beiden ersten Folgen mit Peter Vogel so eine schöne Lethargie, so eine melancholische Antileistungsstreßhaltung, so ein fabelhafter Unwillen zu den Verfolgungsjagden, zu all den männlichen Ritualen des Polizeifilms. »Leck mich am Arsch« auf recht hohem Niveau. *(4 DVDs, Euro Video)*

Ein Mann will nach oben: TV-Verfilmung von Falladas Roman aus dem Mileu der Berliner Fuhrunternehmer der zwanziger Jahre. Neben dem großartigen Mathieu Carrière und einem Harald Juhnke, den man selten so gut und so richtig besetzt gesehen hat, ist der Star des Films die Titelmelodie von Erich Ferstl. Vielleicht die schönste deutsche Filmmusik ever, eine Hymne mit kleinem Orchester wie Delerues *Verachtung*. Die Trompete, die das Thema spielt, gibt dem Ganzen ein starkes Zapfenstreichgefühl … *(5 DVDs, Alive)*

Tatort – »Im freien Fall«: In einer ominösen holländischen Box von sechs Münchner *Tatorten* mit Nemec/Wachtveitl findet sich auch der wunderbare »freie Fall« von Alexander Adolph (Buch) und Jobst Oetzmann (Regie). *(Im Versand erhältlich, niederländische Untertitel nicht ausblendbar.)*

NYPD Blue, 1. Staffel: Sipowicz, Trinker und bester TV-Cop aller Zeiten. Gleich in der allerersten Szene pöbelt er die Staatsanwältin mächtig an, die ihn vor Gericht gerade hat ins Messer laufen lassen. Sie sagt malizös zu ihm: »I would say ›res ipsa loquitur‹ – if you would understand what it means«, und er faßt sich daraufhin ans Gemächt und bellt ihr hinterher: »Hey! Ipsa this, you pissy little bitch!« Später werden die beiden ein Paar. Mike Post hat die Titelmusik komponiert, in deren brachialen Trommeln die ganze sexy Power der bösen Neunziger steckt, aber in deren sanfter Hauptmelodie gleichzeitig die hoffnungsvolle Sehnsucht der Zeit vor 9/11 noch zu hören ist … *(6 DVDs, 20th Century Fox)*

Akte X – Staffel 3: Vor allem wegen der Folge »Der Hellseher«. Genial geschrieben. Peter Boyle grandios. *(7 DVDs, 20th Century Fox).*

CSI – Season 7.1: »Life imitates art«, sagt William Petersen ruhig (Achtung, einer meiner absoluten Lieblingsschauspieler!), als er an einen Kettensägentatort kommt, an dem das Blut attraktiv über die Decke gespritzt ist. Da ist sie wieder, die Ursuppe des US-Sarkasmus, unübertroffen, in ihrem Kern selbstzerstörerisch. In dieser Staffel erreicht die Serie nach Tarantinos Nägelkauer-Zweiteiler am Ende der 6. Staffel (der alle positiven und alle nervtötenden Eigenschaften aller Tarantinofilme wieder mal aufs schönste präsentiert) endlich eine neue Höhe. Beziehungen zwischen den Teamspielern bahnen sich an. Es gibt eine Folge, in der die Toten im Kühlraum erwachen und sich ihre Geschichten erzählen bevor sie ins ewige Vergessen fallen … *(3 DVDs, ufa)*

Deutsche Filme

Sex & Sühne: Box der drei überragenden Videofilme von Wolfgang Büld mit der englischen Schauspielerin Fiona Horsey. Die wenigen Momente, in denen der deutsche Film sich so etwas wie echte Freiheit und ein wenig Trashness erobern kann – die finden seit langem sowieso nur noch im Fernsehen oder in den Videofilmen von Klaus Lemke und Wolfgang Büld statt. *(4 DVDs bei epix)* s. Seite 61–64.

Die Ratte – Klaus Lemke: Gute deutsche DVD mit Original-Lemke-Audiokommentar. Mindestens die ersten fünfzehn Minuten des Films sind das Beste, was in Deutschland in den Neunzigern gedreht wurde. Da von Lemkes Großtaten aus den Siebzigern (nur *Rocker* gibt's noch) bislang das Gros auf DVD fehlt, weicht man solange gerne auf dieses Remake mit Thomas Kretschmann aus. *(Limited Edition bei epix).*

Unter den Brücken, Helmut Käutner: Wundervoll, wundervoll, wundervoll. Unerreicht. »Gib Pfötchen, Vera«, sagt Gustav Knuth mit schiefem Lächeln zur knusprig gebratenen Gans, als sie auf dem Teller liegt. Und allen ist der Appetit vergangen. Soll ich's unter »makellose Klassik« einordnen oder unter »deutschem Film«? Ich hab mich für letzteres entschieden, sonst wird das Kapitel zu klein. *(Ufa)*
Das war's. Mehr hat mir persönlich der deutsche Film bislang nicht zu bieten. Aber vielleicht wird's ja noch irgendwann mal was …

Essay-/Dokumentarfilm

Chris Marker: *Sans soleil/La jetée.* Schattenhaft träumende Bilder einer visionierten Zukunft, parallellaufend zu unserer realen Zukunft. Ewig und epochal. *(Criterion-DVD oder England Code 2)*

Arts du mythe: 2 DVDs einer faszinierenden Sendereihe bei arte über Kultgegenstände der Naturvölker. *(arte-DVD, französisch, aber mit englischen Untertiteln)*

Musik im 20. Jahrhundert: Sir Simon Rattle erklärt die unglaubliche Moderne der Musik im letzten Jahrhundert. *(7er-DVD einer tollen TV-Reihe. Musik im 20. Jahrhundert – Die Revolution der Klänge, Vol. 1–7, Arthaus)*

Architectures: 5er-DVD-Sammlung der arte-Fernsehserie. Fast jeder Film ein kurzes Wunderwerk an Bild und Ton. Eine geradezu erotisierende Analyse von Bauwerken. Mit beteiligt ist Stan Neumann, der mit *Paris, Roman einer Stadt* einen der wundervollsten und unbekanntesten Essayfilme überhaupt gemacht hat. *(arte-DVD, auch auf deutsch)*

Titelregister

Kursive Seitenzahlen beziehen sich auf die Seiten 320–333 *Die besten DVDs.*

Personenregister

Textnachweise

PROLOG
Für eine Unbekannte
Unter dem Titel »Wilde Erdbeeren« in: *Revolver – Zeitschrift für Film*, Heft 4

DEUTSCHLAND
Arme deutsche Filmseele: Nicht befreit
Der Gang in die Nacht von Friedrich Wilhelm Murnau, 1921
In: *Friedrich Wilhelm Murnau. Ein Melancholiker des Films*, Hg. von Hans Helmut Prinzler, Berlin 2003.

Die Frau, die weint und winkt
Sylvie von Klaus Lemke, 1973
SCHNITT 52, 04. 2008, Thema: Peter Przygodda.

Der Dschungelhauch der kleinen Filme
Der Alte – Zwei Mörder von Alfred Vohrer, 1977
Frankfurter Allgemeine Zeitung, 18. April 2006

Ich bin ein Gefangener
Die dritte Generation von Rainer Werner Fassbinder, 1979
Frankfurter Allgemeine Zeitung, 17. September 2008

Wenn sich die späten Nebel drehen
Lili Marleen von Rainer Werner Fassbinder, 1981
Nicht erschienen

Das Marnie-Syndrom
Zwei Filme von Wolfgang Büld
Frankfurter Allgemeine Zeitung, 24. Februar 2005

Augen, weit geschlossen
Frau Berta Garlan, ein Hörspiel von Max Ophüls, 1956

Unter dem Titel »So unbeschreiblich überflüssig« in: *Süddeutsche Zeitung*, 2. Januar 2003

AMERIKA

Die Büchse der Pandora
Kiss Me Deadly (Rattennest) von Robert Aldrich, 1955
In: *Filmgenres – Film Noir*, Reclam (Hg. Norbert Grob) Oktober 2008

Eine Frage der Selbstbeherrschung
The Private Life of Sherlock Holmes von Billy Wilder, 1970
In: *steadycam* Nr. 44/ Winter 2002

Der tödliche Rummel der guten Leute
George Roy Hills *Tollkühne Flieger (The Great Waldo Pepper)*, 1975
Frankfurter Allgemeine Zeitung, 9. Januar 2007

Wo waren Sie, als Kennedy erschossen wurde?
Night Moves (Die heiße Spur) von Arthur Penn, 1975
Erschienen unter dem Titel »Die Todesspur« in: *New Hollywood 1967–1976 – Trouble in Wonderland*, Hg. von Hans Helmut Prinzler und Gabriele Jatho, Bertz Verlag Berlin 2004

Sonderbar, daß man sterben kann, wenn man liebt
Zwei Verfilmungen von Erich Maria Remarque
Unter dem Titel »Der Himmel kennt keine Günstlinge« in: *Frankfurter Allgemeine Zeitung*, 4. November 2007

Das Land, in dem Banknoten verbrannt werden
Zwei Verfilmungen von Ross Macdonald
Frankfurter Allgemeine Zeitung, 6. Februar 2007

Das Grauen, das Grauen …
Apocalypse Now von Francis Ford Coppola, 1979
epd-film, 8/2005

Als Regisseure noch echte Männer waren
Das Kino des Robert Aldrich
Frankfurter Allgemeine Zeitung, 3. März 2005

Wenn das Eis bricht
The Dead Zone von David Cronenberg, 1983
In: *David Cronenberg*, Hg. von Marcus Stiglegger, Verlag Bertz+Fischer Berlin 2009

Der Preis des Begehrens
The Little Drummer Girl (Die Libelle) von George Roy Hill, 1984
Unter dem Titel »Auf dem Friedhof der vergessenen Filme« in: *Frankfurter Allgemeine Zeitung*, 6. Februar 2008

Eine Pinkelspur auf dem Teppich der Konzerne
New Rose Hotel von Abel Ferrara, 1998
Frankfurter Allgemeine Zeitung, 3. Juli 2003

Götterklein
Minority Report von Steven Spielberg, 2002
Unter dem Titel »Figures in a landscape« in: *Film – epd film* 7/2003

Kurzer Brief zum langen Abschied
A Prairie Home Companion von Robert Altman, 2006
Frankfurter Allgemeine Zeitung, 11. April 2007

ENGLAND
Da liegt der Hase begraben
The Wicker Man von Robin Hardy, 1973
Frankfurter Allgemeine Zeitung, 20. März 2007

Tod in einem englischen Garten
Don't Look Now (Wenn die Gondeln Trauer tragen) von Nicolas Roeg, 1973
Unter dem Titel: »Wasser. Blut. Zerbrechendes Glas« in: *Süddeutsche Zeitung*, 14. Juli 2005

In den rauchenden Trümmern des Kinos
Eureka von Nicolas Roeg, 1983
Frankfurter Allgemeine Zeitung/Sonntagszeitung, 16. April 2008

Zehn verlorene Jahre
White of the Eye (Das Auge des Killers) von Donald Cammell, 1987
Unter dem Titel »Der Prototyp der Serienkiller« in: *Süddeutsche Zeitung*, 8. April 1999

Die vier Fliegenaugen des fabelhaften Mr. Figgis
Timecode von Mike Figgis, 2000
Unter dem Titel »Die vier Fliegenaugen des fabelhaften Mr. Figgis – *Timecode* ist eines der kühnsten Filmexperimente der letzten Jahre und läuft in einem einzigen deutschen Kino« in: *Frankfurter Allgemeine Zeitung*, 20. Juni 2002

Als das Kino Trauer trug
Das wilde Werk des Regisseurs Nicolas Roeg
Unter dem Titel »Als das Kino Trauer trug – Psychische Labyrinthe, kosmische Eruptionen, laufende Desaster – das wilde Werk des Regisseurs Nicolas Roeg« in: *Süddeutsche Zeitung*, 21. August 2003

FRANKREICH
Die Doktrin des wirklichen Lebens
Jean-Luc Godard wird siebzig
Unter dem Titel »JLG 70« in: *Frankfurter Allgemeine Zeitung*, 2. Dezember 2000

Der Fluß der Zeit und seine Strömungen
Je t'aime, je t'aime (Ich liebe dich, ich liebe dich) von Alain Resnais, 1968
Frankfurter Allgemeine Zeitung, 3. September 2008

Etwas ist schiefgegangen auf dem Weg …
Zur Wiederentdeckung des fast vergessenen französischen Regisseurs Jean Eustache
Frankfurter Allgemeine Zeitung, 7. April 2005

Wo die großen Flüsse entspringen
Zwei Filme von Alain Tanner
Frankfurter Allgemeine Zeitung/Sonntagszeitung, 20. Februar 2008

Liebesbanalitäten
Mado von Claude Sautet, 1976
Frankfurter Allgemeine Zeitung, 3. Juni 2004

Zuckerkristalle am Glasrand des Drinks
L'été meurtrier (Ein mörderischer Sommer) von Jean Becker, 1983
Frankfurter Allgemeine Zeitung, 24. Juli 2007

Schlaumeiereien im Schützengraben
Un long dimanche de fiançailles (Mathilde – Eine große Liebe) von Jean-Pierre Jeunet, 2004
Frankfurter Allgemeine Zeitung, 10. Juli 2007

Der Sachensucher
Ein Buch über Chris Marker
Süddeutsche Zeitung, 15. Januar 1999.

Das Licht ist die Luft der Zeit
Was war die Nouvelle Vague?
Unter dem Titel »Reden« in: *Frankfurter Allgemeine Zeitung*, 14. Mai 2009

FRANKREICH/MUSIK
Der Soundtrack eines künstlerischen Dramas
Die Filmmusiken von Alain Resnais
Frankfurter Allgemeine Zeitung, 10. Juli 2008

Die Melodien eines Gesichts
Philippe Sardes Musiken für Claude Sautet
Süddeutsche Zeitung, 25. Mai 2001

Unter der süßen Haut
Die Wahrheit des Gefühls – François Truffauts Komponisten
Süddeutsche Zeitung, 22. Juli / 29. Juli / 12. August / 26. August 1999 – *Der Schnee der Gefühle / Das Spiegelbild der Gefühle / Gruß nach Hollywood / Die Sonne der Toten*

ITALIEN
Wie inszeniert man Goldfische in einem Glas?
Die Kunst des Roberto Rossellini
Unter dem Titel »Wie inszeniert man Goldfische in einem Glas? Eine schöne Lüge: Roberto Rossellini hat immer behauptet, er liebe das Kino nicht« in: *Frankfurter Allgemeine Zeitung*, 4. Mai 2006

Die Freuden des italodynamischen Erzählens
Der Clan, der seine Feinde lebendig einmauert von Damiano Damiani, 1971
Unter dem Titel »Die Freuden des italodynamischen Erzählens – Damiano Damiani bringt den Mafiafilm auf den Gipfel« in: *Frankfurter Allgemeine Zeitung*, 2. Mai 2006

Prag in Trauer
Malastrana von Aldo Lado, 1971
Unter dem Titel »Prag in Trauer – Die Wunder des Giallo: Aldo Lados *Malastrana*« in: *Frankfurter Allgemeine Zeitung*, 19. März 2008

Der letzte Tango in Westberlin
Kleinhoff Hotel von Carlo Lizzani, 1977
Frankfurter Allgemeine Zeitung, 15. Mai 2007

Das Lächeln des Krokodils
Viva David Hess!
Süddeutsche Zeitung, 31. Juli 2006

Der König des Gemetzels
Luca il contrabbandiere von Lucio Fulci, 1980
Unter dem Titel »Der König des Gemetzels – Ein Schmugglerfilm von Lucio Fulci« in: *Frankfurter Allgemeine Zeitung*, 29. April 2009

Der ausdruckslose Blick des menschlichen Pitbulls
Allein gegen die Mafia, eine Serie von Damiano Damiani, 1984
Frankfurter Allgemeine Zeitung, 20. Februar 2007

OSTEUROPA

Die Frauen sind ein einsames Heer
Das ungarische Kino vor fünfzig Jahren
Unter dem Titel »Die Frauen sind ein einsames Heer – Nach der Niederschlagung des Aufstands vor fünfzig Jahren rettete sich das ungarische Kino in die Zärtlichkeit« in: *Frankfurter Allgemeine Zeitung,* 17. Oktober 2006

Der letzte Fiebertraum des polnischen Ulanen
Lotna von Andrzej Wajda, 1959
Unter dem Titel »Der letzte Fiebertraum des polnischen Ulanen – In *Lotna* zeigt sich Andrzej Wajda zum ersten Mal als leidenschaftlicher Bildermaler« in: *Frankfurter Allgemeine Zeitung,* 12. Juni 2007

Ein wundersam fröhlicher tschechischer Herr
Der fünfte Reiter ist die Angst von Zbynek Brynych, 1965
Frankfurter Allgemeine Zeitung/Sonntagszeitung, 30. April 2008

Polnische Geschichte, immer wieder neu erzählt
Zum achtzigsten Geburtstag des Filmregisseurs Andrzej Wajda
Frankfurter Allgemeine Zeitung, 4. März 2006

DEUTSCHE KARRIEREN

Im Orange der tiefstehenden Sonne
Erinnerung an den Kameramann Martin Schäfer und *Die Katze* (1988)
Für das Ludwigsburger Symposion zu Martin Schäfers 20. Todestag (geschrieben im Februar 2007).

Der Herr der Dunkelheit
Zum Tod des Tonmeisters Milan Bor
Süddeutsche Zeitung, 23. Mai 1998

Schläft ein Lied in allen Dingen …
Erinnerung an den so früh verstorbenen Kameramann Helge Weindler
Süddeutsche Zeitung, 16. Januar 1997

Der Unsichtbare
Zum Tod des Schauspielers Klaus Wennemann
Süddeutsche Zeitung, 13. Januar 2000

Der Mann, der aus der Kälte kam
Ein Lob auf Peter Lohmeyer
Unter dem Titel »Der Mann, der aus der Kälte kam – Peter Lohmeyer spielt immer mit vollem Körpereinsatz und zeigt, wozu deutsche Schauspieler fähig sind, wenn sie sich die Freiheit nehmen, keine Drehbuchknechte zu sein« in: *Frankfurter Allgemeine Zeitung*, 13. Dezember 2007

EPILOG
Der Duft der alten Republik: Hof 1982
In: *Home of Films – Ein Rückblick auf 40 Jahre Internationale Hofer Filmtage*, rekkenze Verlag, Hof 2006

FILMBÜCHER IM ALEXANDER VERLAG BERLIN

In Vorbereitung:
DOMINIK GRAF/JOHANNES SIEVERT
Im Angesicht des Verbrechens
Die Entstehung einer deutschen Fernsehserie
Erscheint in Zusammenarbeit mit ARTE Deutschland TV GmbH im Sommer 2010

ANDRÉ BAZIN
Was ist Film?
Mit einem Vorwort von Tom Tykwer und einer Einleitung von François Truffaut
Herausgegeben von Robert Fischer

ROBERT BRESSON
Notizen zum Kinematographen
Mit einem Vorwort von Jean-Marie Gustave Le Clézio und einem Nachwort von Dominik Graf
Herausgegeben von Robert Fischer

JEAN-PIERRE MELVILLE
Kino der Nacht. Gespräche mit Rui Nogueira

INGMAR BERGMAN
Laterna magica – Mein Leben

LUIS BUÑUEL
Mein letzter Seufzer. Erinnerungen

ANDREJ TARKOWSKIJ
Die versiegelte Zeit
Gedanken zur Kunst, zur Ästhetik und Poetik des Films
Mit einem Vorwort von Dominik Graf und einem Nachwort von Hans-Joachim Schlegel